Axel Mittelstaedt

Strategisches IP-Management – mehr als nur Patente

Axel Mittelstaedt

Strategisches IP-Management – mehr als nur Patente

Geistiges Eigentum schützen und als Wettbewerbsvorsprung nutzen

GABLER

Bibliografische Information der Deutschen Nationalbibliothek
Die Deutsche Nationalbibliothek verzeichnet diese Publikation in der
Deutschen Nationalbibliografie; detaillierte bibliografische Daten sind im Internet über
<http://dnb.d-nb.de> abrufbar.

1. Auflage 2009

Alle Rechte vorbehalten
© Gabler | GWV Fachverlage GmbH, Wiesbaden 2009

Lektorat: Manuela Eckstein

Gabler ist Teil der Fachverlagsgruppe Springer Science+Business Media.
www.gabler.de

Umschlaggestaltung: KünkelLopka Medienentwicklung, Heidelberg
Druck und buchbinderische Verarbeitung: Krips b.v., Meppel
Gedruckt auf säurefreiem und chlorfrei gebleichtem Papier
Printed in the Netherlands

ISBN 978-3-8349-1399-9

❙ VORWORT ❙

Wir leben in spannenden und herausfordernden Zeiten. Zum ersten Mal in der Weltgeschichte entsteht für die hoch entwickelten westlichen Volkswirtschaften eine bedeutende Konkurrenz aus gleich mehreren Schwellenländern. Auch diese produzieren mittlerweile auf hohem Qualitätsniveau. Allerdings können sie wohl noch einige Zeit das Lohngefälle nutzen und ihre Waren zu deutlich niedrigeren Preisen anbieten. Es versteht sich von selbst, dass es in dieser Situation nicht ausreichen kann, den zumeist asiatischen Herstellern wettbewerblich allein auf der Ebene der Produkte zu begegnen und, angesichts des bedeutend höheren Kostenniveaus in Europa, schon gar nicht auf der des Preises. Wenn die europäischen Unternehmen von ihren Bezugsgruppen[1] weiterhin vorgezogen werden wollen, müssen sie für eine starke und deutlich vorteilhafte, mit dem Versprechen hohen Kundennutzens aufgeladene Wahrnehmbarkeit ihrer selbst und ihrer Leistungen weit über den eigentlichen Produktbereich hinaus[2] sorgen. All dies in einer Zeit, in der das Qualitätsniveau konkurrierender Erzeugnisse immer vergleichbarer[3] und Produkte zunehmend austauschbar werden[4] – und überdies technisch immer leichter kopierbar.[5] Dabei können – und müssen – die Unternehmen sich der Methoden und Mittel des Marketings und des Brandings bedienen. Zusätzlich müssen sie einen optimalen Schutz der Gegenstände und Inhalte der Wahrnehmung durch die Bezugsgruppen anstreben, um die nachhaltige Absicherung der Wahrnehmungsprozesse und Absatzchancen zu gewährleisten. Diesen Schutz zu bewirken ist die Aufgabe des Managements der Kennzeichen (Marken), Patente, Geschmackmuster etc. des Unternehmens, kurz seines geistigen Eigentums (englisch: Intellectual Property, abgekürzt IP).

IP-Schutz als Werkzeug der Unternehmensstrategie ist der entscheidende Wettbewerbsvorteil[6], den westliche Unternehmen im Ringen um die bessere Wahr-

---

1   Das sind naürlich in erster Linie die Kunden, aber auch die weiteren Personengruppen, die auf den wirschaftlichen Erfolg eines Unternehmens Einfluss nehmen, z.B. qualifizierte Arbeitnehmer, deren Leistung die Wettbewerbskraft des Unternehmens ausmacht.

2   Es sind nicht mehr nur Produkte, sondern immer stärker Problemlösungen gefragt.

3   Vgl. Göttgens, O./Gelbert, A./ Böing, C. (2003), S. 5: 85 Prozent der von der Stiftung Warentest geprüften Produkte erhalten das Testergebnis „gut".

4   Besonders betont von Bernd M. Michael, seit 2008 Präsident des Deutschen Marketingverbandes, absatzwirtschaft 2008, 14.

5   Vgl. Göttgens, O./Gelbert, A./ Böing, C. (2003), S. 156.

6   Vgl. Hunter in Bosworth, D./Webster, E. (2006), S. 66 : „...intangible assets as a source of differentiation and competitive advantage because they are much more difficult to imitate and transfer. They have thus moved center stage as a vital factor in competitive rivalry in many sectors of business."

nehmbarkeit in die Waagschale werfen können. Denn dieser Schutz bewahrt nicht nur die konkreten Erzeugnisse, für die westliche Produzenten wahrgenommen werden wollen, vor Nachahmungen; IP-Schutz beschirmt vor allem auch die Mittel, die diese Wahrnehmbarkeit bewirken, nämlich Unternehmensnamen und sonstige -kennzeichen, technische Produktspezifikationen, gestalterische Besonderheiten etc. Diese Mittel sind in aller Regel zugleich in der Lage, Schutzrechte zu ergeben, die, wenn erforderlich, mit staatlicher Hilfe energisch verteidigt werden können, und das nicht nur in Deutschland, sondern international – sogar in China, wie sich langsam herumspricht. Die Wirkungen der Schutzrechte und der Kommunikations- und Marketingmittel können einander ergänzen und wie in einer Aufwärtsspirale Synergieeffekte auslösen. Das herbeizuführen ist das Anliegen des strategischen IP-Managements SIP.

Angesichts der Ergebnisse einer vor nicht allzu langer Zeit durchgeführten internationalen Untersuchung[7] drängt sich der Eindruck auf, dass die Unternehmen in Europa die Bedeutung und vor allem die Möglichkeiten des IP-Schutzes bislang nicht ausreichend verinnerlicht haben.

Danach sind folgende Aussagen gerechtfertigt:

1. Die Hälfte der befragten Unternehmen (300 der größten Unternehmen unterschiedlicher Branchen in Europa) verfügt nicht über eine klar definierte und vor allem dokumentierte Strategie bezüglich der Verwaltung und Nutzung ihres geistigen Eigentums, auch wenn sie IP eine zentrale Bedeutung zumessen. Die deutschen Unternehmen schneiden dabei im Vergleich mit anderen Unternehmen in Europa am schlechtesten ab.

2. IP-Management wird zumeist nicht als Vorstandsthema behandelt.

3. Weniger als 40 Prozent deutscher Unternehmen kennen den Wert ihres geistigen Eigentums, ihrer Patente, Marken, Urheberrechte etc.; methodisch abgesicherte Bewertungen werden so gut wie nicht vorgenommen.

4. Die wenigsten Unternehmen verfügen über ein organisiertes System zur Aufdeckung von Verletzungen ihres IP.

5. Die Kenntnis über die Verteidigungsmöglichkeiten ist unterentwickelt.

6. Es fehlt weitgehend die Bereitschaft, in das Entstehen hochwertiger Schutzrechte zu investieren.

7. Ein hoher Anteil der befragten Unternehmen misst ihre IP-Leistungen nicht wirksam. Soweit Messmethoden angewandt werden, werden sie allerdings als aussagekräftig bezeichnet.

---

7   DLA-European Intellectual Property Survey (2004).

Die Situation bei mittelständischen Unternehmen dürfte gegenüber den bei Großunternehmen ermittelten Ergebnissen wohl noch deutlich ungünstiger ausfallen.

Eine Besinnung auf die Möglichkeiten und Vorteile eines qualifizierten IP-Managements ist notwendig und wird auch belohnt. Die Unternehmen, die IP ernst nehmen, eine IP-Strategie definiert haben und konsequent verfolgen, gehören regelmäßig zu den Besten ihrer Branche. Wer demgegenüber systematisches, strategisches IP-Management nicht als zentrale Komponente der Unternehmensstrategie versteht, läuft Gefahr, eine bedeutende Chance auf unternehmerische Zukunft zu verschenken. Reglos verharren, passiv bleiben, ist keine Alternative.[8]

Vermutlich sind Sie Angehöriger oder gar Leiter der Geschäftsführung eines mittelständischen Unternehmens der gehobenen Klasse. Sie nehmen den Wettbewerb vor allem auch mit größenmäßig überlegenen Konkurrenten aktiv an. Sie haben sich für systematisches und strategisches Verhalten in allen Bereichen Ihres Unternehmens entschieden und Sie sind hierfür ausreichend sensibilisiert. Ihr Unternehmen verfügt über eingetragene Schutzrechte, besitzt und benutzt seine Marke(n), ist vielleicht sogar Inhaber von Patenten und managt sein Lizenzwesen. Aber es hat vielleicht doch noch keine vollkommen umfassende Vorstellung vom Reichtum seines geistigen Eigentums und vor allem von den Möglichkeiten, es im Interesse seiner Weiterentwicklung und seiner Zukunftssicherung systematisch und strategisch zu nutzen und zu implementieren – vernetzt mit den Instrumenten des Marketings und der integrierten Unternehmenskommunikation. Damit hat es gegenüber den großen Unternehmen der Industrie und des Handels nicht unbedingt einen Rückstand aufzuarbeiten. Die Großen haben zwar strategische Systeme zur Begründung und Nutzung geistigen Eigentums eher entdeckt als der Mittelstand, aber auch dort sind bisweilen noch schmerzliche Defizite auszumachen: Mittelständische Unternehmen können aber bei der Installierung des Managements des geistigen Eigentums als strategisches Instrument der Unternehmensführung, das mit den Elementen der Unternehmensstrategie insgesamt harmonisiert ist, ihre größere Beweglichkeit und Entscheidungsschnelligkeit in die Waagschale werfen und sind damit per saldo gegenüber den „Großen" nicht unbedingt benachteiligt.

---

8   Hunter in Bosworth, D./Webster, E. (2006), S. 82 : „Doing nothing is not an option."

▌ INHALTSVERZEICHNIS ▌

Vorwort _____5

Einführung _____13

Die Grundlagen des Strategischen IP-Managements _____ 19

Stellenwert des IP-Managements für Unternehmen und seine Entwicklung____ 30

    Dynamik der Veränderung _____ 30

    Innovationskraft und Innovationswille _____31

    Zukunftssicherung _____31

Sinn und Zweck des IP-Managements _____ 32

    IP-Bestandteile _____ 33

    Wachsende Bedeutung von IP _____ 34

    Zukunftspotenzial und strategische Ressource _____ 35

    IP-Reaktionspotenzial_____ 36

    Erweiterung der Handlungsmöglichkeiten/Gewinn eigener Handlungsfreiheit
    36

    Erfolgsfaktor IP-Management _____ 37

    IP-Management und Wahrnehmung des Unternehmens_____ 38

    IP-Management im Verhältnis zur Konkurrenz _____ 38

    IP-Management als Teil des unternehmerischen Risikomanagements ____ 38

Strategisches IP-Management (SIP) _____ 39

Implementierung von IP-Rechten _____ 45

    Sicherung der Wertschöpfung durch schutzfähige Forschungs- und
    Entwicklungsergebnisse _____ 46

    Erwerb vielfach geschützter Wettbewerbspositionen _____ 48

    Abschotten von Entwicklungsmöglichkeiten zulasten von Konkurrenten __ 48

Externe Kommerzialisierung der unternehmenseigenen Technologie _____ 49

Verbreiten der Innovationsstärke in der Unternehmenskommunikation____ 49

Strategien des SIP_____ 50

Organisationsstrategie_____ 50

Informationsstrategie_____ 51

Strategie der Schutzbegründung _____ 51

Kooperationsstrategie_____ 53

Kommunikationsstrategie _____ 53

Verwertungsstrategie _____ 54

Kontrollstrategie _____ 54

Verteidigungsstrategie_____ 54

Implementierung des strategischen IP-Managements _____ 55

Disziplinen und Werkzeuge des SIP

Basis: Schaffen und Sichern von Vorsprungspositionen_____ 56

Schaffen von Schutzrechtspositionen_____ 77

Strategische Schaffung von Schutzrechtspositionen /
Schutzrechtsanmeldungen _____ 79

Gute Ideen unter Schutz stellen _____ 85

Marken/Kennzeichen _____ 99

Patente _____ 116

Schutz von Know-how/Schutz von Geschäfts- und Betriebsgeheimnissen
bzw. Unternehmens- und Wirtschaftsgeheimnissen _____ 125

Schutzrechtsportfolios_____ 129

Markenmanagement _____ 136

Patentmanagement_____ 140

SIP und Unternehmensfinanzierung_____ 150

Mit dem Rechtsschutz synergetisch wirkende
faktische Schutzmaßnahmen_____ 153

IP-Audit - Audit des geistigen Eigentums_____ 155

Systematischer Designschutz _____ 170

Zusammenfassung _____ 209

Kommunikationsorientierter Ansatz _____ **211**

Verknüpfung von SIP mit der
Integrierten Unternehmenskommunikation (IUK) _____ 211

Die Bedeutung einzelner Schutzrechte _____ 215

    Patente _____ 215

    Marken _____ 217

    Geschmacksmuster („Design") _____ 221

Geistiges Eigentum im Wettbewerbsrecht _____ 223

Anhang _____ **227**

Anhang 1: Fragenkatalog SIP für Entscheider _____ 227

Anhang 2: Betrachtung der Problematik mit systemtheoretischem Ansatz _____ 228

Anhang 3: Checkliste SIP _____ 230

Anhang 4: IP-Audit – Prüfungsstruktur (umfassendes IP-Audit) _____ 233

Anhang 5: IP-Audit-Fragebogen _____ 241

Abkürzungsverzeichnis _____ **249**

Literaturverzeichnis _____ **251**

Stichwortverzeichnis _____ **255**

Der Autor _____ **259**

I EINFÜHRUNG   I

Wesentlich für Entscheider

Dieses Buch beschäftigt sich mit der **Eroberung von Wettbewerbsvorteilen**.
Es geht um **Monopole** und den Weg dorthin.

Strategisches Management des geistigen Eigentums SIP bedeutet:

▶ Schutz und Schlagkraft für Unternehmen

▶ Erkenntnisse über finanzielle Werte

▶ Gewinn an „freedom to operate"

▶ Wirkungen des Marketings nutzbar machen zur Stärkung der Schutzrechte

▶ Und umgekehrt: Verstärkung von Unternehmenskommunikation und Marketing durch Marken, Patente und andere Schutzrechte

▶ Leichteres Erreichen der Unternehmensziele

▶ Steigern des Unternehmenswertes durch Generieren höherer Erlöse, Senken von Kosten und Verminderung von Risiken

Gewinner der Wissensgesellschaft schützen ihre Ideen und verwalten ihr geistiges Eigentum strategisch.

Um sich mit der Thematik und den Fragestellungen des Strategischen IP-Managements vertraut zu machen ist ein Blick auf den Fragenkatalog für Entscheider in Anhang 1 dieses Buchs empfehlenswert.

Sprechen wir hier zuerst vom **Nutzen** des strategischen, systematischen Managements des geistigen Eigentums.[9] Er erschöpft sich keineswegs darin, dem Unternehmen gegenüber Nachahmern Schutz und Schlagkraft zu bescheren und seine Führung mit Erkenntnissen über den finanziellen Wert und die operationale Bedeutung dieses Besitzstands und der gewonnenen Schutzrechtspositionen für ihr Unternehmen zu belohnen. Strategisches IP-Management[10] – SIP – führt darüber hinaus zu einer Vermehrung und Optimierung der strategisch entscheidenden Monopolstellungen, die das geistige Eigentum und sein adäquater Schutz vermitteln. Es wirkt sich unterstützend und sogar verstärkend auf die sonstigen kom-

---

9   Rechtlich: Gesamtheit der gewerblichen Schutzrechte, wie Patente, Marken und Geschmacksmuster, sowie des Urheberrechts (engl. *Intel lectual property (IP)*, frz. *propriété intellectuelle (PI)*, Synonym : *intellektuelles Eigentum*). Siehe S. 32 ff.

10 Begriffserklärung: SIP = Strategisches Management des geistiges Eigentums = Strategic IP-Management.

merziellen Strategien des Unternehmens aus, namentlich im Bereich der Unternehmenskommunikation und seines Marketings im Allgemeinen. SIP hilft der Unternehmensleitung,

▶ Handlungsfreiräume zu erobern,
▶ höhere Erlöse zu erzielen, etwa durch Erzielen von Lizenzeinnahmen,
▶ Kosten zu senken, z.B. durch Vermeidung unnötiger F&E-Anstrengungen, und
▶ Risiken zu vermindern, so durch Vermeiden von Kollisionen mit Schutzrechten Dritter.

In der Konsequenz wird der **Unternehmenswert** gegebenenfalls spürbar erhöht.

IP-Positionen und Kommunikations- und Marketingmaßnahmen von Unternehmen stehen dabei in einer Wechselbeziehung. Der Erfolg von Unternehmen und Produkten beruht in erster Linie auf ihrer starken und positiv erfahrenen, am Bedarf der Zielgruppe orientierten **Wahrnehmbarkeit**. Was nicht als attraktiv – weil vorteilhaft und nutzbringend – wahrgenommen werden kann, wird nicht beachtet und kann vor allem nicht vorgezogen werden.[11] Die Wahrnehmbarkeit des Unternehmens wird durch die Qualität seiner Leistungen und sodann vornehmlich von seinen Kommunikationsmitteln begründet, die zugleich seine Schutzrechte sind, wie beispielsweise Marken und Produktformen/Geschmacksmuster. Hierzu gehören aber sogar auch die Patente des Unternehmens.[12] Die Kraft und der Schutzumfang dieser Rechte wirken positiv verstärkend auf die Wahrnehmbarkeit des Unternehmens und seiner Produkte zurück. Sie und ihr Absatz profitieren aber – wie an Beispielen gezeigt werden wird – auch von der Kraft der unternehmerischen Kommunikationsmittel. Damit wird die Reziprozität von Wettbewerbsstärke eines Unternehmens und dem Niveau seiner Schutzrechtskultur offenkundig.

Durch ihr Zusammenwirken – und das ist entscheidend – bildet und verstärkt sich das unverwechselbare und kraftvolle Erscheinungsbild der Persönlichkeit des Unternehmens. Seine Wahrnehmbarkeit und die seiner Erzeugnisse wird verstärkt und aufgewertet. Es wird seinen Mitbewerbern vorgezogen. Die Unternehmensziele werden erreicht, und der Wert des Unternehmens steigt.

Das **besondere Anliegen dieses Buches** liegt darin aufzuzeigen, dass in Bezug auf

1. das gesamte geistige Eigentum eines Unternehmens – nicht nur seine Patente – und seine von ihm vermittelten Wettbewerbspositionen,

---

11 Der philosophisch interessierte Leser wird sich schon an dieser Stelle – aber auch im Weiteren – erinnert fühlen an die Aussage Schopenhauers, nach der die Erscheinungswelt nur insoweit existiert, als sie **wahrgenommen** wird und in das menschliche Bewusstsein, die Vorstellung des Menschen, gelangt.
12 Siehe S. 67 ff. hinsichtlich der Kommunikations- und Informationsfunktionen des Patentwesens.

2. seine Unternehmenskommunikation sowie

3. speziell sein Marketing

   ▶ eine tatsächlich gegebene Ganzheitlichkeit als Folge von Interdependenz und Wechselbezüglichkeit,
   ▶ eine mehrfache Vernetzung und
   ▶ eine mehrschichtige Kommunikation

festzustellen sind, die es zur Steigerung der Unternehmenskraft und Sicherung seiner Zukunft im Interesse der Lebenskraft und nachhaltigen Vitalität des Unternehmens zu beherrschen und zu nutzen gilt.

Diese Feststellung soll bereits an dieser Stelle kurz am Phänomen der Marke erläutert werden.

Zunächst das Rechtliche: Der im Markenrecht spezialisierte Jurist betrachtet die Marke als ein Recht mit absoluter Schutzwirkung gegenüber Jedermann. Sie ist eine spezielle Erscheinungsform der verschiedenen vom Staat gewährten Monopole. Dieses Privileg behält aber als Markeninhaber nur, wer seine Marke im geschäftlichen Verkehr auch ernsthaft benutzt.[13] Geschieht das nicht, wird die Marke wieder für alle verfügbar. Der Erste, der dann zugreift, kann daran wieder ein Monopol begründen.

Auch wirtschaftlich liegt der Zweck der Marke in ihrer Benutzung. Für den Kunden vertritt die intensiv benutzte und starke, mit eindeutigem Gehalt positiv aufgeladene Marke ein mit bestimmten Qualitäten, Eigenschaften, Erwartungen und Emotionen verbundenes Produkt oder auch Unternehmen. Möglicherweise richtet sich die markenbezogene Vorstellung des Kunden - je nach Informationsstand - aber auch auf konkrete Personen (Beispiel: Steve Jobs für „apple"). Marken stehen immer für etwas anderes - etwa für bestimmte Prinzipien, die der Hersteller verkündet und an die er sich immer und überall hält. Sie verbürgen Qualität, Sicherheit und Kontinuität. Ein Zeichen des Vertrauens.

Unter dem Gesichtspunkt der Unternehmenskommunikation und ihrer Wahrnehmung konkurriert die Marke mit den anderen Mitteln, welcher sich das Unternehmen in seiner Kommunikation mit seinen Bezugsgruppen bedient. Die Benutzung der Marke muss stimmig erfolgen mit der Wahrnehmung der anderen Kommunikationsmittel des Unternehmens durch seine Bezugsgruppen und dies widerspruchsfrei im Verhältnis zu ihnen.

Die Marke ist damit sowohl eine festgezurrte, rundum geschützte Rechtsposition als zugleich auch vorrangiges Mittel der unternehmerischen Kommunikation auf immer mehreren Wahrnehmungsebenen. Eine konkrete Marke existiert zunächst als vielschichtige und facettenreiche Vorstellung in den Köpfen der Ver-

---

13 Die Pflicht, die Marke zu verteidigen, tritt hinzu. Vgl. S. 169.

braucher, hervorgerufen durch Geschehnisse und Erlebnisse (Konsumvorgänge, Werbung, Marketingevents, Gespräche mit anderen Konsumenten etc.). Sie steht daneben als Symbol für die Hervorbringungen des Unternehmens und ist direkt darauf bezogen. Zwangsläufig ist die Marke damit auch primäres Tool des Marketings und der Wahrnehmbarkeit des Unternehmens schlechthin.

Das Wesen und die Funktion der Marke erfasst deswegen für unternehmerische Bedürfnisse richtig und vollständig nur, wer diese rechtlichen, ökonomischen und kommunikativen Aspekte insgesamt in den Blick nimmt. Denn das „Kommunikationsmittel Marke" ohne solide rechtliche Fundamente kann nicht gesichert nachhaltig wirken und Vermögenswert anreichern. Unternehmerisches Signal und Verbrauchervorstellungen müssen miteinander harmonieren, womöglich kongruent sein, damit die Wirkungen gelungenen Marketings eintreten können. Das Marketing muss - der Marke zuarbeitend - sicherstellen, dass die Marke hilft, die damit gekennzeichneten Leistungen als von einem Unternehmen herstammend zweifelsfrei zu identifizieren und von denen anderer zu unterscheiden. Denn die Marke muss Aufmerksamkeit erhalten, man muss sich an sie erinnern. Sie darf keinesfalls zu einer generischen Angabe verkommen und rechtlich verfallen.

Nach diesem Ausgangspunkt legt dieses Buch einen besonderen Akzent darauf - und will dazu anregen -, die ohnehin gegebene Vernetzung des Managements des gesamten geistigen Eigentums eines Unternehmens und der Unternehmenskommunikation sowie des Marketings proaktiv und konzeptuell zu verstärken und zu nutzen. Wie anhand von Beispielen belegt werden wird, wirken diese Elemente ohnehin zusammen. Werden sie in ihrem Zusammenwirken systematisch genutzt, entstehen ansonsten nicht erreichbare Synergieeffekte, die maßgeblich bei der Stärkung und Zukunftssicherung des Unternehmens mitwirken. Dieses Buch versucht, das geistige Eigentum, die Unternehmenskommunikation und das Marketing ganzheitlich zu betrachten. Viele Veröffentlichungen vernachlässigen den ganzheitlichen Ansatz und wenden sich nur den jeweils vorherrschend juristischen oder betriebswirtschaftlichen Aspekten zu.[14]

Im Laufe meines über 25 Jahre währenden Berufslebens als Rechtsanwalt im nahezu gesamten gewerblichen Rechtsschutz hat sich gezeigt, dass das Betrachten von wirtschaftsrechtlichen Problemlagen allein unter juristischen Aspekten immer zu kurz greift.

Dieses Buch richtet sich an Verantwortliche speziell in größeren mittelständischen Unternehmen. Mein Ziel ist es nicht, sie zu Juristen zu machen oder ihnen eine detaillierte Paragraphenkunde zu vermitteln. Ich appeliere an ihr Verantwortungsbewusstsein für ihr Unternehmen, an ihre Gestaltungsmacht und an ihre Gestaltungslust.

---

14   Von Wurzer, A., in GRUR (2008), 584, geteilte Beobachtung.

Ganzheitliche fachübergreifende IP-Betrachtung und -Beratung, die über die einzelne Disziplin – zum Beispiel das Patent- oder Markenmanagement – hinausgeht, ist in Deutschland derzeit noch ein Defizitgebiet.[15] Hier gilt es Lücken zu schließen.[16] Dieses Ziel verfolgt die vorliegende Arbeit. Zu diesem Zweck soll der Brückenschlag von den gewerblichen Schutzrechten zur Kommunikation und zum Marketing eines Unternehmens versucht werden. Betrachtungen allgemeiner Natur dazu werden in einem ersten Teil (SIP-Grundlagen) angestellt, um anschließend (SIP-Implementierung) die einzelnen Disziplinen und Werkzeuge des strategischen IP-Managements näher in Augenschein zu nehmen. Im dritten Teil (kommunikationsorientierter Ansatz) wird der Tatsache besondere Beachtung geschenkt, dass die SIP-Disziplinen und -Werkzeuge im Dienst der Unternehmenskommunikation stehen und mit ihr untrennbar verknüpft sind. Immerhin geht es hier um das Resultat dieser Kommunikation, nämlich des vorteilhaften Sichtbarwerdens und deren rechtliche Absicherung. Der Anhang dieses Buches enhält Fragebogen und Checklisten, die die Umsetzung in der Praxis erleichtern sollen.

---

15 Vgl. beispielsweise Ann, C., Know-how – Stiefkind des Geistigen Eigentums?, in GRUR (2007), S. 40. Bei der Betrachtung dieses Bereichs stellt man sowohl eine thematische Fragmentierung als auch eine eindeutige Techniklastigkeit fest. Veröffentlichungen widmen sich entweder dem Patent- oder dem Markenmanagement (z.B. Wurzer, A. (2004); Burr, W./Stephan, M./Soppe, B./Weisheit, S. (2007); Gassmann, O./Bader, M. (2007); Göttgens, O./Gelbert, A./ Böing, C. (2003); Vollhardt, K. (2007). Soweit es das Management von Patenten und Patentportfolios angeht, wird dieses zum Teil unter einer eigentlich unzutreffend weiten Themenauswahl dargeboten: Den umfassenden Titel „IP-Management" (IP=das gesamte geistige Eigentum) tragen Veröffentlichungen, die sich nur oder fast nur mit dem Management von Patenten und Patentportfolios befassen (z.B. Bosworth, D./Webster, E. (2006)). Die auch für diese Arbeit verwandte umfassende generische Bezeichnung „Strategisches IP-Management", deren Gegenstand deswegen die Verwaltung und Nutzung des gesamten geistigen Eigentums ist, findet sich auch auf Abhandlungen (z.B. Ernst, H. (2002)), die sich ausschließlich mit dem Management von Patenten befassen.

16 Damit folgt das IP-Management nur gerade der ohnehin gegebenen Entwicklung zur Ganzheitlichkeit: Beispielsweise vollzieht die Schweizer Pfizer AG den Wechsel von einer bloß kundenorientierten Unternehmenskultur zur umfassenderen Stakeholder-Kultur (vgl. absatzwirtschaft 2/2008, S. 23).

Die Grundlagen des Strategischen IP-Managements

Wesentlich für Entscheider

Definition: SIP ist das strategische Ausbauen, Bewahren und Schützen des geistigen Eigentums (IP Intellectual Property) eines Unternehmens eingedenk der allgemeinen Strategie des Unternehmens und unter Einbeziehung seines Marketings.

▶ **Jedes Unternehmen besitzt geistiges Eigentum – in mehr oder weniger großem Umfang. Das ist Unternehmensvermögen: Es ist ausbaufähig und von steigendem Wert.**

▶ **Gewinn von Wettbewerbsvorteilen durch zumindest temporäre Mono-polpositionen – darum geht es beim geistigen Eigentum.** Das Eintreten dieses Effekts ist im Zusammenwirken mit den Mitteln des Marketings in besonderer Weise geeignet, die Wettbewerbsstärke des Unternehmens zu steigern und den Unternehmenserfolg und die Zukunftsfähigkeit des Unter-nehmens zu sichern.

▶ SIP ist ein ganzheitlicher Denkansatz, dessen wesentliches Merkmal die Vernetzung verschiedener unternehmerischer Disziplinen ist, vornehmlich der Bereiche F&E, Intellectual Property Management, Marketing, Unterneh-menskommunikation, Vertrieb und Produktion.

▶ SIP hilft, die Entwicklung des IP unter Kontrolle zu nehmen und optimal zu fördern.

Drei Aussagen treffen den **SIP-Kern**:

1. Der Erfolg von Unternehmen und Produkten hängt davon ab, wie ihre Be-zugsgruppen sie wahrnehmen und bewerten. Für eine starke und mit dem Versprechen eines hohen Kundennutzens positiv aufgeladene **Wahrnehm-barkeit** von Unternehmen und Produkten sorgen die Innovationskraft des Unternehmens und seine Unternehmenskommunikation einschließlich aller Marketingmaßnahmen.

2. Gegenstände solcher Wahrnehmbarkeit können zumeist durch Schutz-rechte (z.B. Marken, Produktformen/ Geschmacksmuster, aber sogar auch Patente) abgesichert werden. Der Wert von Schutzrechten wird durch ihren **Schutzumfang** bestimmt. Dieser richtet sich nach der Qualität und Intensität der Wahrnehmbarkeit von Unternehmen und Produkten. Auf sie kann von der Schutzrechtsseite her verstärkend eingewirkt werden, denn das geistige Eigentum fördert mit seinen Marken, Patenten etc. die Sichtbarkeit des Unternehmens.

3. Schutzrechte vermitteln **Monopolpositionen**. Sie schließen Wettbewerber von der Nutzung neuen Wissens aus. Mit Hilfe der Monopolpositionen wirken die Schutzrechte positiv verstärkend auf die Wahrnehmbarkeit zurück. Die Wettbewerbsstärke eines Unternehmens und das Niveau sei-ner Schutzrechtskultur hängen damit eng zusammen.

Jedes Unternehmen ist bestrebt – und muss es sein –, Wettbewerbsvorteile zu er-langen. Gerade im globalisierten Wettbewerb ist es unerlässlich, geistiges Eigen-tum von Anfang an intelligent und nachhaltig zu schaffen und die von ihm vermit-telten Monopolgewinne wirksam zu schützen und zu nutzen.

Die Schaffung geistigen Eigentums und dessen Absicherung und Verteidigung sind jedoch keineswegs neu. Sie erhalten und verdienen Aufmerksamkeit nicht erst seit Beginn des Globalisierungsprozesses. Der traditionelle Weg zu diesen im Wettbewerb teils hochwirksamen Monopolpositionen führt in der Regel[17] über die Anmeldung einzelner Schutzrechte wie Patente und Marken bei staatlichen Pa-tent- und Markenämtern und deren Verteidigung vor den Gerichten. Solche Rech-te zu begründen und sie prozessual wirksam einzusetzen, ist, wenn das souverän gehandhabt werden und zu nennenswerten Erfolgen führen soll, schon für sich ge-nommen überaus anspruchsvoll und verlangt und bindet in einem hohen Maß Auf-merksamkeit und Energie. Damit ist der Fokus traditionell jeweils stark auf das Einzelrecht gelegt und eher auf die Begründung statischer Positionen.

Das aber hat Nachteile: Die Konzentration auf Einzelpositionen und sie berüh-rende Vorgänge verhindert es vielfach, den Blick über das einzelne Schutzrecht bzw. über die betreffende Schutzrechtskategorie hinaus auf die gesamte Positio-nierung des Unternehmens im Kosmos des geistigen Eigentums zu richten. Vor al-lem die Fokussierung auf deren Entwicklungsdynamik ist nötig, um die sich hier bietenden Vorteile insgesamt nutzen zu können.

Zu fordern sind eine **ganzheitliche fachübergreifende IP-Betrachtung** und ein entsprechendes IP-Gesamtmanagement.[18] Manager sind aufgerufen, IP-Manage-

---

17 Über das Entstehen solcher Rechte und Rechtspositionen infolge faktischer Vorgänge siehe bei den einzelnen Schutzrechten, siehe S. 77 ff.
18 Vgl. Wurzer, A. (2008), S. 584.

ment-Fähigkeiten als grundlegende Managementtools zu betrachten und zu erwerben. Die Herausforderung eines strategischen IP-Managements richtet sich über die betroffenen Fachabteilungen hinaus an die Führungsetagen, und zwar nicht nur wegen seines strategischen Stellenwerts, sondern auch weil IP-Positionen immer dringlicher als wesentliche Bestandteile des Unternehmensvermögens angesehen werden müssen.

Das Ziel, Monopolpositionen zu schaffen und sie nachhaltig zu nutzen, verfolgen sowohl faktische Vorsprungsstrategien[19] als auch juristische Schutzstrategien[20]. Entscheidend ist, beide strategischen Ansätze miteinander zu vernetzen, damit sie sich gegenseitig verstärken.

Im Abschnitt „Implementierung von IP-Rechten" (S. 45 ff.) ist näher aufgezeigt, wie das strategische IP-Management implementiert werden kann, um diesen Ansprüchen gerecht zu werden. Natürlich wird sich für viele Leser die Frage stellen: „SIP – ganzheitlicher Ansatz, gut und schön, aber wie soll das gehen? Was muss ich wissen und was muss ich mindestens machen, damit ich mein IP-Portfolio optimieren kann?"

Die Antwort darauf lautet:

Auch Ihr Unternehmen besitzt, wie Sie sicher wissen, geistiges Eigentum (IP). Sobald Ihr Unternehmen arbeitet, vermehrt sich Ihr IP zwangsläufig. Nur geschieht dies zumeist eher zufällig und unkontrolliert und nicht im Rahmen eines systematischen Managements des geistigen Eigentums nach strategischen Gesichtspunkten, was weitaus effizienter wäre. Strategisch gemanagt, hilft Ihr geistiges Eigentum Ihrem Unternehmen, Wettbewerbsvorteile zu erobern. Sie verbessern die Wettbewerbsstärke Ihres Unternehmens und sichern seine Zukunft, indem Sie Handlungsspielräume gewinnen. Sie steigern den Wert Ihres Unternehmens, indem Sie umfangreiche und rechtlich abgesicherte Monopolpositionen gewinnen. Das vergrößert die Basis Ihrer Unternehmung und erweitert ihr Operationsfeld.

Dabei müssen Sie in Rechnung stellen, dass die Rechte des geistigen Eigentums in ihrer Wirkung für das Unternehmen einerseits miteinander vernetzt sind. Sie müssen also gesamtheitlich gemanagt werden. Andererseits stehen sie bei der Entfaltung ihrer Wirksamkeit in einem engen Zusammenhang mit den weiteren Disziplinen der Unternehmenskommunikation und speziell des Marketings. Alle drei Disziplinen IP-Management, Unternehmenskommunikation und Marketing müssen also zusammengeführt werden, um optimal wirksam zu werden.

---

19 Beispielsweise Entwicklung und Implementierung starker Vertriebswerkzeuge (Tupperware-Distribution), Geheimhaltungssysteme (Coca-Cola), Aufbau eines konkurrenzlosen Marken- und Unternehmensimages (Porsche). Näher siehe S. 153.
20 Beispielsweise wirksame Begründung von Schutzrechten und deren Verteidigung.

Was müssen Sie also tun?

▶ Sie veranlassen mit einem IP-Audit[21] eine IST-Analyse und eine Bestandsbewertung Ihres geistigen Eigentums.

▶ Dann erstellen Sie aufgrund der Aussagen und Empfehlungen des IP-Audit-Gutachtens das IP-Konzept Ihres Unternehmens, das mit den Zielen Ihrer Unternehmensstrategie übereinstimmt.

▶ Daraufhin entwickeln Sie entsprechend Ihrer Unternehmensstrategie das IP-Portfolio Ihres Unternehmens systematisch weiter, abgestimmt mit dem Ausbau Ihrer gesamten Unternehmenskommunikation und speziell Ihres Marketings – alles aus eigener Kraft oder zusammen mit externen Experten.

▶ Sie entwicklen daneben Strukturen zur Kontrolle und Evaluation der SIP-Ergebnisse.

Es wird sich für Sie lohnen. Die Resultate:

1. Inhaltlich: klare Sicht auf die eigene Schutzrechtslage und deren strategische Entwicklungsmöglichkeiten, Erschließung von Monopolpotenzial, Nutzen von Synergieeffekten, Steigerung der Innovationskraft.

2. Rechtlich: optimaler Schutz durch maximale Schutzumfänge.

3. Finanziell: Unternehmens-Mehrwert durch wertvolle Innovationen und Schutzrechte, Chancen zu Erwirtschaftung von Lizenzen in erheblichem Umfang, Erleichterung der Unternehmensfinanzierung.

4. Strategisch: Gewinn von Handlungsmöglichkeiten.

Der strategische Stellenwert

Das IP-Management, das faktische Vorsprungsstrategien und juristische Schutzstrategien miteinander vernetzt, ist strategisch, weil es sich an der allgemeinen Strategie[22] des Unternehmens und den zukunftsgerichteten allgemeinen Unternehmenszielen orientiert. Es versteht sich bewusst vernetzt mit den weiteren Aktivitäten, die das Unternehmen entfaltet, um die Ziele des Gewinns von Wettbewerbsvorteilen und der Steigerung der Wettbewerbsstärke und des Unternehmenswertes zu erreichen. Dabei nimmt der Anteil der strategischen Funktionen des IP-Managements im Verhältnis zum reinen Imitationsschutz zu.[23]

---

21 Siehe S. 155.
22 Definition (Wikipedia, 6.1.2008): Strategie ist ein längerfristig ausgerichtetes Anstreben einer vorteilhaften Lage oder eines Ziels.
23 Vgl. Wurzer, A., in GRUR (2008), S. 580.

Der ökonomische Stellenwert

Die Bedeutung des geistigen Eigentums (z. B. Patente, Marken, Internet-Domains, Urheberrechte, aber auch Software und Datenbanken, Know-how, Verfahren und Prozesse, Kundenstamm, Netzwerke auf der Einkaufs- und Produktionsseite, Vertriebsnetze etc.) steigt für Unternehmen rasant.[24] Dem entspricht die subjektiv empfundene Zunahme der Bedeutung des geistigen Eigentums; es wächst das Bewusstsein, dass Investitionen in immaterielle Ressourcen überdurchschnittliche Renditen bescheren.[25]

▶ BEISPIELE:

Der Marktwert der 500 größten US-Unternehmen, darunter *Coca-Cola, Microsoft, GE,* beträgt das sechs bis 6,5-fache ihres Buchwertes, und zwar vor allem infolge des geistigen Eigentums – bei steigender Tendenz.[26] Im Durchschnitt beträgt der Anteil der immateriellen Wirtschaftsgüter („intangible assets") am Unternehmenswert insgesamt mehr als 50 Prozent.[27] Die Anteile der immateriellen Vermögensteile inklusive Schutzrechten am Marktwert der jeweiligen Unternehmen erreichen bei *Procter&Gamble* 84 Prozent, *amazon*.de 93 Prozent und bei *Microsoft* 95 Prozent. Binnen weniger als 20 Jahren – bis 1997 – verschob sich bei den S&P 500 Aktivindex-Unternehmen der Anteil der immateriellen Vermögensteile von 20 Prozent zu 73 Prozent.[28]

Bei *Texas Instruments* übersteigen seit 15 Jahren Lizenzeinnahmen aus Schutzrechten die Produktionsumsätze. Die französische Firma *THOMSON* finanziert ihre F&E-Aufwendungen zu 100 Prozent durch Patentlizenzeinnahmen. *IBM* konnte die Einnahmen aus Lizenzen binnen zehn Jahren von 30 Mio. US-Dollar auf nahezu 1 Mrd. US-Dollar steigern.[29]

Unternehmen mit strategisch eingesetzten Schutzrechten sind deutlich gewinnstärker als solche, die über keine Schutzrechte verfügen.[30] Die zunehmende Wichtigkeit des geistigen Eigentums lässt sich aber auch quantitativ durch das Ansteigen der Patent- und Markenanmeldungen weltweit belegen.[31]

---

24 Vgl. dazu Jolly/Philpott (2007), S. 287ff.; Wurzer, A., in GRUR (2008). S. 580; Achleitner/Jarchow/ Schraml/Nathusius (2008), in GRUR (2008), S. 585.
25 Vgl. Wurzer, A., in GRUR (2008), S. 581 m.w.N.
26 Vgl. Ernst, H. (2002), S. 293.
27 Vgl. Wurzer, A. (2004), S. 25 m.w.N;; ders. in GRUR (2008), S. 582.
28 Quelle: PATEV GmbH & Co. KG, 2004.
29 Vgl. Wurzer, A. (2004), S. 11.
30 Vgl. z.B. für den Bereich der Marken: Göttgens, O./Gelbert, A./ Böing, C. (2003), S. 5.
31 Vgl. z.B. Ernst, H. (2002), S. 292, 297; siehe i.ü. die statistischen Übersichten in den Internet- Veröffentlichungen der für Schutzrechtsanmeldungen zuständigen nationalen und internationalen Ämter.

Der Gesetzgeber trägt der gestiegenen Bedeutung von IP Rechnung

Es entsteht ein wachsender gesellschaftlicher Konsens darüber, dass die Zukunft der Volkswirtschaften Europas in der Innovation/Kreativität (Wissensvorsprungswirtschaft!) liegt. Diesem Bewusstseinsstand trägt der Gesetzgeber mit der Fortentwicklung des Schutzes für geistiges Eigentum bereits seit einiger Zeit Rechnung. Folgende Beispiele zunehmenden Schutzes gegen Produkt- und Markenpiraterie (für Innovationswettbewerb und gegen Imitationswettbewerb) seien genannt:

▶ 1990: Produktpirateriegesetz, bereits vom 07.03.1990
▶ 1995: Öffnung des Markenrechts für neue Markenformen, z.B. produktabbildende Formmarken (Schutzmöglichkeit gegeben sogar aufgrund bloßer Verkehrsdurchsetzung!)
▶ 2002: nicht eingetragenes Gemeinschaftsgeschmacksmuster
▶ 2004: erstmalige Kodifizierung des wettbewerbsrechtlichen Nachahmungsschutzes in § 4 Nr. 9 a) bis c) UWG mit Beispielstatbeständen (mit nicht abschließendem Charakter der Aufzählung)
▶ 2008: Richtlinie 2004/48/EG zur Durchsetzung der Rechte des geistigen Eigentums (in Kraft getreten am 1. September 2008)

Die Rechtsprechung wirkt mit

Bei dieser schutzausdehnenden Entwicklung zieht die deutsche und europäische Rechtsprechung wirkungsvoll mit. Ein besonders bedeutsames Beispiel ist die Entwicklung des Schadensersatzrechts. Rechtsverletzer, die schuldhaft handeln, müssen verursachten Schaden ersetzen. Dieser Grundsatz galt schon immer. Aber in der Vergangenheit kamen die Marken- und Produktpiraten meist recht billig davon, wie manches Unternehmen schmerzhaft erfahren musste, dessen Waren kopiert wurden. Das hat sich jedoch in Deutschland deutlich geändert, und zwar schon in der Zeit vor der Umsetzung der EU- Durchsetzungsrichtlinie 2004/48/EG.

In einer wichtigen Entscheidung hat der Bundesgerichtshof (BGH) es beispielsweise dem Schädiger, der seinen Gewinn herausgeben muss, den er mit dem Vertrieb von Nachahmungen gemacht hat, verwehrt, bei der Berechnung des Gewinns anteilig alle Kosten seines Unternehmens vom Umsatz abzuziehen.[32] Abzugsfähig ist danach nur noch der Anteil an den Gemeinkosten, der gerade auf die Nachahmung des Produkts (seine Beschaffung und Vermarktung) und nicht auf andere absatzbezogene Faktoren zurückgeht.

---

32   BGH, Urteil vom 2.11.2000 (I ZR 246/98), GRUR (2001), S. 329 – Gemeinkostenanteil.

In einer weiteren grundlegenden Entscheidung des Jahres 2005 hat der BGH bestimmt, dass bei umfangreichem Anbieten von Plagiaten geschmacksmuster-geschützter Produkte in Printmedien (Katalogwerbung!) oder im Internet allein für die Werbeabbildung Lizenzen in erheblicher Höhe als Schadensersatz zu zahlen sind.[33] Dabei ist vor allem Folgendes interessant: Während für den Verkauf von Nachahmungsprodukten prozentuale Lizenzen (mit meist niedrigen Sätzen) an-knüpfen an das VK-Preisniveau des Plagiators, sind im Fall der Berechnung der fiktiven Lizenz nach der „Catwalk"-Entscheidung des BGH die Beträge nach dem zumeist bedeutend höheren Lizenzniveau des Nachgeahmten zu berechnen.

Und noch ein weiteres Beispiel für die schadensersatzrechtliche Besserstel-lung der Rechteinhaber: Mit einem Urteil vom 19.7.2007 hat der BGH[34] eine frühere Rechtsprechung aufgegeben, nach der Schadensersatz nur für Einbußen gefordert werden kann, die nach dem Zeitpunkt liegen, an dem der Geschädigte Kenntnis von der Beeinträchtigung erhalten hat. Seit diesem Urteil muss der Schädiger selbst allumfassend und detailliert Auskunft über alle beanstandeten und damit im Wesentlichen übereinstimmende Verstöße erteilen, auch soweit sie in weiterer Vergangenheit liegen.

Für den Bereich des Schutzes von Know-how, der für Unternehmen praktisch überaus wichtig ist[35], erleichtert die deutsche Rechtsprechung für die prozessuale Durchsetzung von Ansprüchen die Darlegung von Sachverhalten und relativiert die Anforderungen an die Beweisführung.[36]

Auch die Rechtsprechung des Europäischen Gerichtshofs ist grundsätzlich eher geneigt, die Positionen der Kreativen und Leistungserbringer anzuerkennen und zu stärken. Sie fordert von ihnen jedoch auch, die gewährten Schutzpositionen zu verteidigen, wenn sie des Schutzes nicht verlustig gehen wollen.[37]

Geistiges Eigentum und Marketing – gemeinsames Element

Das somit auch nach dem gewährten Schutz immer wichtiger werdende[38] gei-stige Eigentum und das ebenfalls immer bedeutsamere Marketing stehen in einem Kontext. Es gibt eine gemeinsame Grundlage der Effizienz des Marketings und des

---

33 BGH, Urteil vom 23.6.2005 (I ZR 263/02), GRUR (2006), S. 143 – Catwalk. Danach kann „der Inhaber ei-nes Geschmacksmusterrechts ... bereits für das Anbieten eines rechtsverletzenden Gegenstands ... ei-nen nach den Grundsätzen der Lizenzanalogie zu berechnenden Schadensersatz verlangen."
34 BGH, Urteil vom 19.7.2007 (I ZR 93/04), wrp 2007, 1187 – Windsor Estate.
35 Vgl. näher dazu S. 125 ff.
36 Vgl. zur Darlegungspflicht bei der Geltendmachung der Verletzung von Betriebsgeheimnissen: BGH GRUR 2008, 727 – Schweißmodulgenerator.
37 Vgl. EugH GRUR Int. (2006), S. 597, 599 – Levi Strauss ./. Casuci (Mouette), Textziffern 30 und 31.
38 Vgl. dazu Ernst, H. (2002), S. 292, 297, 323; Jolly/Philpott (2007), S. 14 ff.; Wurzer, A. (2004), S. 7; nach deutschem Verständnis genießen geistiges Eigentum und Know-how immerhin Grundrechtsschutz nach Art. 14 GG (vgl. Ann, C., Know-how – Stiefkind des Geistigen Eigentums? in GRUR (2007), S. 42).

(Stellen-)Werts der Schutzrechte eines Unternehmens: Das ist die starke und mit dem Versprechen eines hohen Kundennutzens positiv aufgeladene Wahrnehmbarkeit eines Unternehmens und seiner Leistungen. Sie ist die Quelle für den Gewinn mindestens temporärer Monopolpositionen und sorgt dafür, dass das Unternehmen anderen vorgezogen wird.

Entscheidend für den Erfolg eines Unternehmens am Markt ist seine Wahrnehmung durch die Bezugsgruppen. Sie wird weitestgehend bestimmt durch die Unternehmenskommunikation.[39] Der Begriff der Unternehmenskommunikation ist weit zu fassen, denn zu ihren Gegenständen gehören alle Faktoren, die der Wahrnehmung durch die Bezugsgruppen unterliegen, nicht nur unmittelbare Mittel wie persönliche Kommunikation, Printmedien und elektronische Medien. Auch die Gestaltung von Produkten sowie deren technologisches Niveau und ihre fertigungstechnische Qualität sind Botschaften und bestimmen mit, wie das Unternehmen selbst wahrgenommen wird.

Sobald ein Unternehmen beginnt, wirtschaftlich zu handeln, fängt es an, für seine Bezugsgruppen, insbesondere seine Zielgruppen, sichtbar und von ihnen wahrgenommen zu werden. Sind die Gegenstände der Wahrnehmung auch höchst unterschiedlich (Design und Stil der Geschäftspapiere und -drucksachen, Marken und sonstige Kennzeichen, Korrespondenzstil, Telefonverhalten der Mitarbeiter, Produktformen und Verpackungen, Erscheinung der Unternehmensgebäude, der Messestände, der Firmenfahrzeuge, Mitarbeiteruniformen etc.[40]), ergeben alle Wahrnehmungsinhalte - so sehr sie sich auch voneinander im Einzelnen unterscheiden - am Ende doch immer ein ganzheitliches Unternehmensbild. Menschen tendieren dazu, Wahrnehmungsgegenstände in ihrer Gesamtheit zu perzipieren, wozu sie - sofern erforderlich - stets mehrere Sinne gleichzeitig einsetzen[41]. Sie setzen die das Unternehmen betreffenden Wahrnehmungen zu einem Gesamtbild zusammen.[42] Ob dieses positiv oder negativ ausfällt, wird von einer Vielzahl von Faktoren bestimmt. Diese nicht im Sinne des Unternehmens zu beeinflussen, ist schlicht leichtfertig.

Die professionelle Gestaltung und Implementierung der Unternehmenskommunikation hat sich zu einem Erfolgsfaktor erster Güte entwickelt.[43] Das Unternehmen muss sich profilieren und ein starkes, einzigartiges Vorstellungsbild seiner Persönlichkeit vermitteln. Erst dann besteht die Chance, dass das Unternehmen anderen vorgezogen wird, und erst damit wird das Erreichen der Unternehmensziele möglich.

---

39 Vgl. Hoffmann/Meckel, Wahrnehmung und Unternehmensbewertung, Reputationsarbeit der Kommunikation, in Frankfurter Allgemeine Zeitung, 29.5.2007.
40 Weitere Beispiele bei Schlögl (2003), S. 64.
41 Vgl. Goldstein, B.E. (2002), S. 179, 222, 273, 413, 495, 564, 605, 678.
42 Herbst (2003), S. 129.
43 Vgl. z. B. Herbst (2003).

Weil das Vorstellungsbild der Unternehmenspersönlichkeit aus der Sicht der Bezugsgruppen immer ein Ganzes ist, muss das Managen der Faktoren, aus denen es sich zusammensetzt, ganzheitlich erfolgen. Aus diesem Grund werden in diesem Buch die Rechte des geistigen Eigentums und die Gegenstände sowie der Prozess der Unternehmenskommunikation in ihrer Gesamtheit betrachtet. Da sie in ihrer Wirkung nicht voneinander getrennt werden können, bliebe diese Arbeit unvollständig, würde sie die Verknüpfung von SIP mit der Unternehmenskommunikation[44] negieren und auch die Notwendigkeit und Möglichkeiten des systematischen Schutzes von Erscheinungsformen (Designschutz[45]) nicht in Beziehung zur Wahrnehmbarkeit des Unternehmens setzen.

Doppelnatur wahrnehmbarer Elemente

Instrumente der Unternehmenskommunikation, wie die Marke des Unternehmens, seine sonstigen Zeichen und Symbole, Produktformen, in den Produkten zum Tragen kommende Erfindungen, Werbeaussagen etc., sind in aller Regel Bestandteile seines geistigen Eigentums. Damit offenbart sich die Doppelnatur dieser Instrumente: Sie sind Werkzeuge aktiven unternehmerischen Handelns vor allem im Marketing, und sie sind zugleich Objekte weitgehenden rechtlichen Schutzes.

Angesichts der Bedeutung der Instrumente der Unternehmenskommunikation und ihrer Doppelnatur müssen sie optimalen Schutz genießen, damit sie ungestört dazu beitragen können, das Unternehmen zu profilieren, ihm Wettbewerbsvorteile zu sichern, die Handlungsfreiheit zu vergrößern und den Unternehmenswert nachhaltig zu steigern. Das planmäßige Herbeiführen solcher Wertsteigerungen und die systematische Sicherung solchen Schutzes ist die Aufgabe des IP-Managements. Dabei steht IP für „Intellectual Property" (= geistiges Eigentum). IP-Management hat zwangsläufig einen strategischen Ansatz, damit es die gestellte Aufgabe bewältigen kann. Es ist Bestandteil des allgemeinen strategischen Managements des Unternehmens und fällt schon von daher in die Kompetenz der Unternehmensführung.

Die Wettbewerbsstärke eines Unternehmens und die Ergebnisse seines IP-Managements stehen in einem Verhältnis wechselseitiger Bedingtheit. Es geht darum, dieses Spannungsverhältnis profitabel zu nutzen und Unternehmensstärken umzumünzen in temporäre Monopole.

---

44 Siehe S. 211.
45 Siehe S. 170.

Praxiserfahrung

Horror-Szenarien wie dieses sind nicht selten: Das erfolgreiche Produkt eines renommierten Herstellers wird nachgeahmt. Das Begründen von Schutzrechten und sonstigen wirksamen Schutzpositionen war versäumt worden. Der Nachahmer kann nicht abgefangen werden. Er hat Forschungs- und Entwicklungskosten eingespart und kann – selbst bei gleicher Qualität – deutlich billiger anbieten und hat somit am Markt Erfolg. Seine Gewinne investiert der Nachahmer in die Weiterentwicklung des Produktes oder die Schaffung von Substitutionserzeugnissen, die auf diese Weise ein höheres technologisches, qualitatives oder ästhetisches Niveau erreichen können. Für diese Hervorbringungen erwirbt der Nachahmer seinerseits Schutzrechte. Mithilfe dieser Rechte drängt er den Hersteller des nachgeahmten Produkts, dessen finanzielle Konkurrenzfähigkeit gelitten hat, aus dem Markt.

Einer solchen Entwicklung ist im Interesse des Erhalts des Unternehmens und der Sicherung seiner Zukunft vorzubeugen. Alle legalen Mittel, die eigene Wettbewerbsstärke zu fördern, sind dazu auszuschöpfen.

Faszinosum Monopol

Wettbewerbsvorteile können durch Monopolgewinne erlangt werden. Zu diesem Zweck bietet der Gesetzgeber eine Mehrzahl von Monopolen an durch die Gewährung von Sonderschutzrechten (Patente, Marken etc.). Diese legalen – und volkswirtschaftlich nützlichen und also auch in jedem Sinn legitimen – Privilegien sind kennzeichnend für den exklusiven Bereich des geistigen Eigentums. Jedes Unternehmen besitzt geistiges Eigentum, oft mehr als ihm bewusst ist. Richtig gemanagt kann daraus ein beachtliches „Profit-Center" werden.

Das setzt das Installieren und Implementieren einer geeigneten „geistigen Infrastruktur" des Unternehmens voraus. Benötigt werden sowohl faktische Vorsprungsstrategien als auch juristische Schutzstrategien zur Absicherung von Fortschritt und Vorsprung. Entscheidend ist, beide Ansätze systematisch miteinander zu vernetzen: Das ist die Aufgabe des „Strategischen IP-Managements" (SIP).

Zum **Gesamtkomplex SIP** gehören somit:

▶ Maßnahmen zur zweckoptimalen Begründung von Schutzrechten (z.B. Markenanmeldungen, Begründung von Patent-, Gebrauchs- und Geschmacksmusterrechten) – zweckoptimal orientiert an den Bedürfnissen des Unternehmens
▶ Identifikation des Bestands von IP (IP-Audit), Arrondierung und Weiterentwicklung des geistigen Eigentums
▶ optimale Nutzung des geistigen Eigentums
▶ systematischer Schutz von Gestaltungs(Design)leistungen

▶ strategische Verknüpfung von SIP mit der Integrierten Unternehmenskommunikation (IUK)

▶ wirksame Verteidigung der erworbenen Rechte

Die unternehmerische Kunst in diesem Bereich besteht darin, die verfügbaren internen und externen menschlichen Leistungsressourcen zu aktivieren, damit für das Unternehmen wertvolles IP entsteht und gesichert sowie notfalls verteidigt wird. Dies dient dem Ziel, die Wettbewerbsstärke des Unternehmens zu erhöhen und seine Zukunft langfristig und nachhaltig zu sichern.

Es ist spannend – und durchaus lustvoll – sich vorzustellen, dass die Instrumente der Unternehmenskommunikation, die einem die gewünschte Aufmerksamkeit der Bezugsgruppen gewähren, zugleich weitgehend und wirksam unter gesetzlichen Schutz gestellt sind. Und in aller Regel ist es so, dass der Schutz desto weiter reicht, je kommunikationsstärker die Träger von Wahrnehmungsinhalten wirken. Damit besteht Kompatibilität und Komplementarität zwischen den beiden Zielen, möglichst wirkungsvoll zu kommunizieren und diese Wirkung durch verlässlichen Schutz abzusichern. Es gilt, für die kommunikativen Unternehmensaktivitäten den Rückenwind zu entdecken und zu nutzen, mit dem das Recht die Unternehmenssegel füllen kann.

Eine entscheidende Dimension des IP-Managements, nämlich dessen betriebswirtschaftliche Kosten-Nutzen-Betrachtung, gewinnt ständig an Bedeutung. Parallel zur steigenden Sensibilität für die Wichtigkeit des IP-Managements wird der Entwicklung der Instrumente für die Bewertung von Schutzrechten Aufmerksamkeit geschenkt. International steigt die Zahl der zu diesem Thema erschienenen Veröffentlichungen.[46]

Es zeigt sich, dass das Bewusstsein dafür wächst, dass bestmöglicher Schutz für geistiges Eigentum von Unternehmen eine Frage ihres wirtschaftlichen Überlebens sein kann.[47] Zugleich wächst in dem Maß, wie die postindustrielle Wirtschaftsgesellschaft sich zur Wissensgesellschaft („knowledge based economy") entwickelt[48], die Überzeugung, dass das geistige Eigentum einen hohen volkswirtschaftlichen und betrieblichen Wert darstellt und als die entscheidende Kraft angesehen wird, die wirtschaftliches Wachstum und kulturelle Entwicklung hervorbringt.[49] Nicht von ungefähr wird das geistige Eigentum als das inzwischen

---

46 Vgl. z.B. Breesé (2002); Breesé, P./Kaiser, A. (2004); Bosworth, D./Webster, E. (2006); Repenn, W./Weidenhiller, G. (2005); Hanser, P. (2004) in absatzwirtschaft, S. 26 ff.; absatzwirtschaft-Sonderveröffentlichung 2004: Markenbewertung Die Tank-AG; jeweils mit weiterführenden Hinweisen; s. auch Rebel, D. (2007).

47 Vgl. Bosworth, D./Webster, E. (2006), S. 7.

48 Vgl. Breesé, P. (2002), S. 2 ; sinngerechter wäre der Begriff der Wissens*vorsprungs*gesellschaft.

49 Christie in: Bosworth, D./Webster, E. (2006), S. 23; vgl. auch Wurzer, A. „IP-Management – Schlüsselkompetenz in einer Wissensökonomie", in GRUR (2008), S. 577.

wesentliche[50] und kostbarste Kapital des Unternehmens angesehen.[51] Von daher steigt der Bedarf nach Techniken, die die realistische Bewertung von IP und der Methoden des IP-Managements erlauben.[52]

Stellenwert des IP-Managements für Unternehmen und seine Entwicklung

Dynamik der Veränderung

Unternehmen erzielen Umsätze, indem sie Aufträge erledigen und die Auftragsbücher neu füllen. Dabei stellen sie ihre Kompetenz unter Beweis, liefern höchstmögliche Qualität, stellen ihre Kunden zufrieden oder – was zu fordern ist – begeistern sie sogar und legen damit täglich erneut Grundsteine für die Zukunft des Unternehmens.

Mit der Umformung der postindustriellen zu einer immer stärker auf Wissen und vor allem auf Wissensvorsprüngen basierten Wirtschaftsgesellschaft gewinnt Wissen – seine Hervorbringung und das Managen gewonnenen Wissens – eine immer größere Bedeutung.[53] Daneben bekommen Begriffe wie Forschungs- und Entwicklungsmanagement (F&E-Management) und Innovationsmanagement für die Unternehmen einen immer höheren Stellenwert.

Dabei wachsen die Aufwendungen für den Prozess der Wissensgewinnung und -verwertung proportional im Verhältnis zur Fortentwicklung der Technologien. Gleichzeitig beschleunigt sich die Entwertung von Wissensvorsprüngen. Zwei Faktoren erhalten damit für die Generierung von Wettbewerbsvorteilen eine entscheidende Bedeutung, nämlich einerseits die steigende Innovationsfähigkeit der Un-

---

50 Die Entwicklung innerhalb von weniger als 30 Jahren ist beeindruckend: 1978 betrug der Wertanteil des immateriellen Eigentums am gesamten Unternehmensvermögen gegenüber dem Wert des materiellen Eigentums durchschnittlich 20%, um 1997 auf 50% zu steigen. Per 2006 hat sich das 1978er Verhältnis genau umgekehrt: der Wertanteil des immateriellen Eigentums betrug 80% (vgl. Iain Russell in Jolly, A./Philpott, J. (2007), S. 264).

51 Wurzer (2004), S. 7.

52 Soweit es die finanzielle Bewertung angeht, ist festzustellen, dass die Veröffentlichungen zu diesem Thema (vgl. etwa Repenn, W./Weidenhiller, G. (2005) oder Breesé, P./Kaiser, A. (2004) gerade in letzter Zeit zahlreicher und die Bewertungsmethoden augenscheinlich ausgefeilter werden.

53 Siehe dazu S. 63.

ternehmen und andererseits das zumindest zeitweilige Sichern einer exklusiven Nutzung des gewonnenen Wissens durch Etablieren von faktischen Schutzmechanismen und vor allem von gegenüber Jedermann absolut geschützten Rechten wie Patenten und Marken.

Innovationskraft und Innovationswille

Die Generierung von Wissen im Unternehmen hängt ab von seiner Innovationskraft und seinem Willen zu maßgeblicher Innovation. Beides macht das Vermögen aus, relevante Schöpfungen - vor allem technische Erfindungen, aber nicht nur - innerhalb begrenzter Zeiträume hervorzubringen. Unternehmen müssen bestrebt sein, Innovationen auf allen Ebenen zu ermöglichen - Produkt-, Verfahrens- und Managementinnovationen -, insbesondere im Bereich des Managements. Denn es ist die Unternehmensführung, die mit Blick auf die Unternehmensziele über die Verteilung der Ressourcen entscheidet. Produkt- und Verfahrensinnovationen sind letztlich Ergebnisse von Managementinnovationen und müssen von diesen zugelassen werden. Eine erfolgreiche Teilnahme an der Entwicklung zur wissensbasierten Wirtschaftsgesellschaft setzt somit eine systematische Steigerung der unternehmerischen Innovationskraft voraus.

Erfindungen sind in diesem Sinn vor allem dann relevant, wenn sie

▶ qualitativ hochwertige Schutzrechtspositionen ermöglichen,
▶ möglichst breite, konzeptionelle Basiserfindungen und -innovationen darstellen,
▶ von hoher Wettbewerbsrelevanz sind, indem sie deutlich sichtbare, „wahrnehmbare" Vorsprünge bewirken,
▶ in der Umsetzung Produkte generieren, die gegenüber Konkurrenzerzeugnissen einen deutlichen, möglichst leicht wahrnehmbaren Nutzenvorteil bieten und/oder
▶ eine breite Sperrwirkung entfalten.

Zukunftssicherung

Bildet das Unternehmen die Fähigkeit zur systematischen Steigerung der unternehmerischen Innovationskraft aus, verschieben sich seine Kompetenzfelder. Ausgehend von der Produktkompetenz entwickelt das Unternehmen eine Kompetenz für Innovationsentwicklung, um sodann kompetent zu werden für den Aufbau von Wissensvorsprüngen und deren Aufrechterhaltung und Ausbau. Das rückt das Ziel in erreichbare Nähe, nachhaltig Zukunftsfähigkeit zu erwerben. Proportional dazu wächst das Bedürfnis nach rechtlicher Absicherung der gewonnenen Positionen.

Sinn und Zweck des IP-Managements

Wesentlich für Entscheider

▶ Es existiert eine direkte Verbindung zwischen dem strategischen IP-Management und der Leistung des Unternehmens.

▶ IP-Management trägt wesentlich zur unternehmerischen Wertschöpfung bei und damit zur Mehrung des Unternehmenswerts.

▶ IP-Management verschafft Handlungsfreiheit.

▶ Nicht alle deutschen Unternehmen nutzen die Chance, die systematisches, strategisches IP-Management bietet. Eine internationale Untersuchung[54] hat auf drei Ebenen Defizite aufgedeckt:

　▶ Weniger als 40 Prozent deutscher Unternehmen kennen den Wert ihres geistigen Eigentums, ihrer Patente, Marken, Urheberrechte etc.; methodisch abgesicherte Bewertungen werden so gut wie nie vorgenommen.

　▶ Eine dokumentierte Strategie zur Steigerung ihres geistigen Eigentums existiert nur bei wenigen Firmen und wird selten konsequent verfolgt.

　▶ International besitzen 57 Prozent der Unternehmen Kontrollsysteme zur Ermittlung von Verletzungen und Verletzern; in Deutschland liegt der Anteil nur bei 42 Prozent.

▶ Deutsche Unternehmen haben hier Nachholbedarf. Wer strategisches IP-Management betreibt, verschafft sich Vorsprung.

54　DLA-European Intellectual Property Survey (2004).

IP-Bestandteile

IP besteht aus ganz unterschiedlichen wesentlichen Gütern (Patente, Marken etc.) eines Unternehmens, die alle Gegenstand eines einheitlichen, systematischen und strategischen IP-Managements sind. Ganz überwiegend haben sie, wie insbesondere Zeichen und Symbole des Unternehmens, eine maßgebliche Bedeutung für seine Außenkommunikation. Darüber hinaus sind die IP-Bestandteile regelmäßig auch wichtig für die innerbetriebliche Führung: So ist beispielsweise die Marke des Unternehmens, zentraler Gegenstand unternehmerischer Kommunikation, zugleich der Fixpunkt der Identifizierung der Angehörigen eines Unternehmens mit ihm. Dieses Beispiel mag an dieser Stelle genügen, um aufzuzeigen, dass das geistige Eigentum, sein nachhaltiger Bestand und sein Management, ebenfalls bedeutsam für die interne Kommunikationskultur des Unternehmens sind.

Zum IP gehören insbesondere:

▶ angemeldete und registrierte Schutzrechte wie Marken, Patente, Gebrauchsmuster und Geschmacksmuster,
▶ Internet-Domains,
▶ nicht registrierte Schutzrechte oder Schutzrechtspositionen,
▶ Name bzw. die Firma eines Unternehmens,
▶ die Namen oder besonderen Bezeichnungen (Titel) seiner Druckschriften oder sonstigen Veröffentlichungen,
▶ seine Urheberrechte,
▶ die nicht eingetragenen Gemeinschaftsgeschmacksmuster,
▶ seine Software-Entwicklungen,
▶ gewährte oder erworbene Lizenzen,
▶ alle Erfindungen und sonstigen Schöpfungen,
▶ das gesamte Know-how eines Unternehmens sowie
▶ alle Geschäfts- und Betriebsgeheimnisse.

Alle IP-Bestandteile ergeben zusammen eine einheitliche, zusammengehörige Vermögensstruktur. Die einzelnen Elemente des geistigen Eigentums entstehen unter ganz unterschiedlichen Voraussetzungen. Sie unterscheiden sich auch hinsichtlich ihrer rechtlichen und faktischen Wirkungen. Wenn auch unterschiedlich, so sind sie doch alle am Entstehen der Wettbewerbsstärke des Unternehmens und seiner Wertschöpfung beteiligt. Sie sind zwangsläufig miteinander vernetzt. Diese Gegebenheiten erfordern es, dass das gesamte geistige Eigentum eines Unternehmens mit allen seinen Bestandteilen von einem ganzheitlichen IP-Management erfasst wird. Erst eine solche Zusammenfassung aller IP-Bestandteile unter einer einheitlichen Kompetenz und Verantwortung schafft die Möglichkeit, die Effekte des Zusammenwirkens aller dieser Bestandteile zu generieren und Verluste durch gegenseitige Beeinträchtigungen zu vermeiden.

Die Liste der IP-Bestandteile ist aber noch zu ergänzen. Notwendigerweise müssen vor allem auch die Menschen innerhalb und außerhalb eines Unternehmens zum Begriff des geistigen Eigentums hinzugerechnet werden, die an der Generierung, dem Schutz und der Implementierung von IP beteiligt und wesentliche Träger von IP-relevantem Wissen sind. Dieser Managementbereich könnte mit „IP-Human Resources Management" (IP-HRM[55]) gekennzeichnet werden. Im IP-Gesamtkontext kommt IP-HRM eine hohe Bedeutung zu. Geistiges Eigentum entsteht nur durch menschliche Kreativität und darauf beruhende Innovativität des Unternehmens und Wertschöpfung. Diese Kreativität im Unternehmen spezifisch im Interesse der Hervorbringung von wenigstens temporär wirkenden Monopolgewinnen zu fördern und zu halten, muss das Anliegen wirksamer Personalrekrutierung, -führung und –förderung jedes Unternehmens sein. Es sollte sich der auf Kontinuität der Unternehmenszugehörigkeit ausgerichteten Behandlung der so genannten Schlüsselerfinder[56] ebenso zuwenden, wie der Entwicklung anderer Erfinder eben zu Schlüsselerfindern.

Untrennbar damit sind Werte und eine Unternehmenskultur, die von den Menschen im Unternehmen tatsächlich gelebt werden. Denn die wahre Potenz eines Unternehmens liegt in dem gefühlten und gelebten Wertesystem und der Intelligenz der in ihm tätigen Menschen.

Wachsende Bedeutung von IP

IP hat seit dem Beginn der Industrialisierung Anfang des 19. Jahrhunderts seinen Anteil am Unternehmenswert ständig erhöht. Bei manchen „Global Players" übertrifft IP den Wert der „tangible assets" bereits erheblich. Bekanntestes Beispiel ist die Firma *Coca-Cola*, deren absolute Premium[57]-Marke wertmäßig mit 66,7 Mrd. US-Dollar (2008)[58] bzw. 56,0 Mrd. Euro (2005)[59] bekanntlich bedeutend wichtiger ist, als alle Sachgüter des *Coca-Cola*-Konzerns zusammengenommen.

Eine Schlüsselrolle kommt IP und seinem Management gerade in der Entwicklung der Wirtschaften zur Wissensökonomie zu. IP vermittelt Unternehmen eine Schlüsselkompetenz in der Wissensökonomie, und zwar um so bedeutsamer, je stärker Schutzrechte in neuen eigenen und vernetzten Funktionen genutzt werden, was zunehmend geschieht. In dem Maße, wie IP Wettbewerbs- oder Technologieblockaden ermöglichen, Lizenz- und Kreuzlizenzpotenziale erschließen, Un-

---

55   Siehe S. 56.
56   Hochbegabte Erfinder von Basisinnovationen.
57   Sowohl nach dem Bekanntheitsgrad (notorisch über 99,0%, weltweit ist nur „OK" bekannter, Wikipedia „Coca-Cola", 18.9.2008) als auch wertmäßig Weltspitze.
58   Interbrand-Studie „Best Global Brands 2008" gemäß FAZ-Website 19.09.2008.
59   Vgl. Bugdahl, Mitt. (2006), S. 346, 349.

ternehmenswerte generieren, sichern und realisieren hilft, gewinnt IP und sein Management an strategischer Bedeutung.[60]

Zukunftspotenzial und strategische Ressource

IP und dessen strategisches Management ist die Antwort der Unternehmen auf die sich ständig national und international weiter ausdifferenzierende Informationsgesellschaft. Deswegen steckt in IP ein hohes Zukunftspotenzial. Es ist damit eine wichtige strategische Ressource von Unternehmen und gewinnt ständig an Bedeutung in einem an Intensität und Globalität zunehmenden Wettbewerb.[61] Es ist ein Mittel, langfristig Wettbewerbsvorteile zu erringen und die Zukunft der Unternehmen zu sichern. Mit dieser Betrachtung wird dem Umstand Rechnung getragen, dass Wirtschaftskraft immer mehr auf Wissen basiert.[62]

Damit liegt IP-Management im Kern der unternehmerischen Aufgabenstellung. Ein französischer Unternehmer, Leiter eines Unternehmens mit Weltrang, hat einmal mit wenigen Worten auf den Punkt gebracht, worin die Aufgabe eines Unternehmensleiters besteht. Er hat „geschäftliche Gelegenheiten beim Schopf zu ergreifen". Mit seiner Fähigkeit, Unternehmenspotenziale planmäßig auszubauen und zu nutzen, Werte zu erzeugen und maßgeblich zur Sicherung der Unternehmenszukunft beizutragen, ist das IP-Management eine solche geschäftliche Chance. Sie ist nicht nur wahrzunehmen, um „das Haus zu bestellen", damit es eines Tages im guten Zustand geordnet hinterlassen oder übergeben werden kann, sondern um es bereits jetzt zur bestmöglichen Entwicklung und Entfaltung seiner Potenziale zu führen. Untersuchungen haben ergeben, dass aktiv markengestütze Unternehmen, ebenso wie aktiv patentanmeldende, deutlich profitabler operieren und höhere Unternehmenswerte akkumulieren als Firmen, die in diesen Hinsichten passiv bleiben.[63]

---

60 Vgl. Wurzer, A. (2008), in GRUR, S. 580.
61 Vgl. Ernst, Strategisches IP-Management in schnell wachsenden Technologieunternehmen. In: Hommel/Knecht (2002), S. 323. Vgl. auch Einsele, Mitteilungen der deutschen Patentanwälte (Mitt.) (2007), S. 389: „Gewerbliche Schutzrechte gewinnen zunehmend an Bedeutung (*Köllner in Mitt. 2005, 401*). Es nimmt aber nicht nur ihre Bedeutung zu; vor allem wächst auch ihre Zahl. Die damit einhergehenden Fragen werden komplexer und vielfältiger. Das setzt entsprechendes Schutzrechtsmanagement (voraus)... Mehr und mehr gewinnen gewerbliche Schutzrechte ... auch Bedeutung als be- und verwertbare Werte des Vermögens und auch als Mittel zur Kapitalbeschaffung."
62 Vgl. Wurzer (2008), in GRUR, S. 578.
63 Vgl. Bosworth, D./Webster, E. (2006), S. 12 f.; Omland, N., Patentmanagement und Unternehmenserfolg – eine empirische Analyse, Mitt. 2005, S. 402, 406; Fabry, B., Einsatz und Aufbau strategischer Patentportfolien, Mitt. 2005, S. 421, 422; diese Beobachtung korreliert mit der Feststellung, dass innovative Unternehmen profitabler sind als Nachahmer, und zwar trotz der F&E-Einsparungen der Imitatoren; vgl. Gassmann, O./Bader, M., Neue Zürcher Zeitung v. 7./8.8.2004, S. 29.

IP-Reaktionspotenzial

Sinn und Zweck des IP-Managements liegt aber auch darin, das hohe Schutz-
potenzial zu erkennen, das der Gesetzgeber dem geistigen Eigentum gewährt hat,
und seine Nutzbarmachung in die strategische Ausrichtung des Unternehmens zu
übernehmen. Immerhin hat der Gesetzgeber einen Schutzrechtsinhaber unter anderem in die Lage versetzt,

▶ einem Konkurrenten - und bei Plagiatoren handelt es sich um solche - die Fortsetzung der Rechtsverletzung zu verbieten,
▶ für die Vernichtung der Nachahmungen so sorgen,
▶ Auskunft über die Herkunft (Bezugsweg) und den Absatz (Vertriebsweg) mit
namentlicher Angabe der daran jeweils Beteiligten zu geben,
▶ jede Störung infolge der Nachahmungen zu unterbinden,
▶ gewichtigen Schadensersatz durchzusetzen und
▶ durch die Veröffentlichung günstiger Urteile sogar noch den eigenen Verteidi-
gungsanstrengungen Publizität zu verleihen, und zwar auf Kosten des verur-
teilten Konkurrenten. Diese rechtlichen Konsequenzen und Möglichkeiten der
Reaktion auf Schutzrechtsverletzungen werden an Intensität und Schnellig-
keit nach der erfolgten Umsetzung der europäischen Richtlinie 2004/48 zur
Durchsetzung der Rechte des geistigen Eigentums in nationales Recht sogar
noch zunehmen.

Somit eröffnen sich für Schutzrechtsinhaber Räume wirkungsvollen Handelns,
die sie zur Vervollständigung ihrer Schutzstrategien nutzen müssen, um nicht ins
Hintertreffen zu geraten.

Erweiterung der Handlungsmöglichkeiten/Gewinn eigener Handlungsfreiheit

Die wachsende Bedeutung des IP-Managements liegt auch daran, dass gewerbliche Schutzrechte es Unternehmen im zunehmenden Maße ermöglichen, die eigene Position zu stärken und zugleich die Handlungsmöglichkeiten von Konkurrenten zu kontrollieren oder gar zu beeinflussen.[64]

Der Wettbewerb nimmt - wie schon bemerkt - an Intensität und Globalität zu.
Aber nicht nur das: Sämtliche Wettbewerbsparameter unterliegen außerdem einer zunehmenden Beschleunigung. Die Informationsgewinnung und –verarbeitung wird schneller und Innovationstakte werden kürzer, die Innovationszyklen

---

64 Vgl. Gassmann, O./Bader, M. (2006), S. 31; Wurzer, A. (2008), in GRUR, S. 580.

schneller. Wer in dieser Situation die Fähigkeit zur Bestimmung der Geschwindig-keit – gegebenenfalls sogar zur gezielten Entschleunigung oder gewollten Verzö-gerung – hat und das Potenzial entwickelt, für seine Unternehmensrhythmen eine dem Unternehmen gemäße Taktung im Wettbewerb durchzusetzen, gewinnt mög-licherweise bedeutende Wettbewerbsvorteile.

Geistiges Eigentum in Form von gewerblichen Schutzrechten mit zum Teil lan-gen Schutzperioden und bedeutenden Sperrwirkungen zugunsten des Schutz-rechtsinhabers kann in der Lage sein, eine solche „deceleration" zu bewirken. Systematisch aufgebaute und schlüssig komponierte Patentportfolien helfen, lang-lebige technische Standards zu etablieren.[65] Damit ist der Inhaber solcher Rechte unter Umständen in der Lage, sich der allgemeinen Akzeleration zu entziehen und sich für Prozessgeschwindigkeiten nach den Bedürfnissen seines Unternehmens zu entscheiden. Sofern ihm das Freiräume und „Freizeiten" für die Schaffung neu-er Stärken im Wettbewerb beschert, können die Vorteile erheblich sein.[66]

Es besteht die Möglichkeit, dass er durch Entschleunigung und Selbstbestim-mungen der Geschwindigkeit von Prozessen in die Lage versetzt wird, sich vom „beschleunigten Ende der Dienstleistungen"[67] wohltuend abzusetzen und entge-gen dem Trend mit ungewohnter Qualität im Servicebereich wahrgenommen zu werden, um dann zu seinem eigenen Vorteil auch auf diesem Gebiet zu glänzen.[68]

Erfolgsfaktor IP-Management

Die strategischen Managementprozesse müssen IP-Management seiner Be-deutung nach einbeziehen. Sowohl der Erwerb als auch der Schutz geistigen Ei-gentums werden in der wissensbasierten Wirtschaftsgesellschaft zu einem immer wichtigeren Erfolgsfaktor. Sie tragen entscheidend dazu bei, Wettbewerbsvorteile zu erlangen und den Unternehmenswert zu steigern. Wird die Genese von Wissen im Unternehmen nicht nach seinen gegebenen oder erschließbaren Möglichkei-ten gefördert und unterbleibt eine adäquate rechtliche Absicherung der erzeugten Wissensinhalte und -resultate, wird ein Zurückfallen des Unternehmens im Wett-bewerb wahrscheinlich.

---

65 Vgl. Gassmann, O./Bader, M. (2006), S. 164.
66 Thomas Fischermann und Uwe Jan Heuser betonen in ihrem Artikel „Die neue Balance" (DIE ZEIT vom 27.12.2007, S. 23), dass Entschleunigung für das Entstehen einer „kreativen Befindlichkeit" uner-lässlich ist. Innere Ruhe wird zu einem immer wichtigeren menschlichen Gut und zugleich zu einem Wirtschaftsgut.
67 Siehe der Beitrag von Uwe Bork vom 04.02.2008, 07:20 Uhr auf Deutschland Radio Kultur „Vom be-schleunigten Ende der Dienstleistungen" (http//:www.dradio.de/kultur/sendungen/politischesfeuille-ton/733412/)
68 Siehe S. 153.

IP-Management und Wahrnehmung des Unternehmens

IP-Management ermöglicht eine reputationsbegründende, vorteilhafte Wahrnehmung des Unternehmens, indem es für den aus Kundensicht attraktiven Gehalt und die Konstanz und Nachhaltigkeit dieser Wahrnehmung sorgt. Starke, identitätsstiftende gewerbliche Schutzrechte können zu einer Weiterentwicklung und Stabilisierung der quantitativen und qualitativen Wahrnehmbarkeit des Unternehmens beitragen. Sie sorgen so für eine nachhaltige Grundlegung wettbewerblicher Vorteile und Vorstellungen über hohe Unternehmenswerte.

IP-Management im Verhältnis zur Konkurrenz

In Bezug auf den Wettbewerb ist IP-Management eindeutig dominanz- und abgrenzungsorientiert.

Bei einer im Sommer 2007 durchgeführten Befragung von Führungskräften im F&E-Bereich von Unternehmen[69] stellte sich heraus, dass mehr als drei Viertel der Befragten die wesentliche Bedeutung von Patenten in deren Fähigkeit sehen, Wettbewerber blockieren zu können.

Die Rechte des geistigen Eigentums dienen auch dazu, sich in finanzieller Hinsicht durch Lizenzvergabe und Vereinnahmung von Lizenzgebühren von der Konkurrenz durch Stärkung der Finanzkraft abzusetzen. Der dadurch erzielte Vorteil schafft Distanz zu den Mitbewerbern im Sinne von Vorsprung.

IP-Management als Teil des unternehmerischen Risikomanagements

Im Rahmen des Risikomanagements eines Unternehmens, verstanden als systematische Erfassung und Bewertung von Risiken sowie Steuerung der identifizierten Risiken und die Reaktionen darauf, kommt dem IP-Management, insbesondere in seiner strategischen Form, eine wachsende Bedeutung zu. IP-Management kann vornehmlich dem Ziel der Verminderung unternehmerischer Risiken dienen. Letztere unterteilen sich in Fortführungs-, Ertrags- und Reputationsrisiken.

---

69   TNS-Emnid-Befragung und Studie zum Thema „Bewertung von Patenten".

- In dem Maße, wie IP-Management eine Steigerung der starken und mit dem Versprechen eines hohen Kundennutzens positiv aufgeladene Wahrnehmbarkeit von Unternehmen und Produkten bewirkt, sinken die Reputationsrisiken des Unternehmens.
- Schutzrechte sichern über die von ihnen vermitteln Monopolpositionen den Bestand des Unternehmens und ermöglichen von daher seine Fortführung. Die diesbezüglichen Risiken vermindern sich durch die wachsende Wettbewerbsstärke des Unternehmens, die durch die Wirkungen seiner Schutzrechte und ihres systematischen Managements eintritt.
- Das infolge eines strategischen IP-Managements steigende Niveau der Schutzrechtskultur des Unternehmens ermöglicht dem Unternehmen den Zugang zu neuen Einkunftsquellen durch Lizenzierung seiner Schutzrechte und sonstigen verwertbaren IP-Positionen. Das Resultat hiervon ist eine Verminderung seines Ertragsrisikos.
- Weitere wichtige Aspekte des strategischen IP-Managements, die der Verminderung unternehmerischer Risiken dienen, sind speziell das IP-bezogene Wissens- und Informationsmanagement[70] sowie der systematische Schutz des im Unternehmen vorhandenen Know-hows.[71]

Strategisches IP-Management (SIP)

Wesentlich für Entscheider

IP-Management ist strategisch, weil es zukunftsorientiert und an den allgemeinen strategischen Zielen des Unternehmens ausgerichtet ist. Es ist im Bereich der gewerblichen Schutzrechte die konsequente Umsetzung der Erkenntnis, dass das Unternehmen strategisch vom Kunden her gedacht werden muss.[72]

SIP schafft Problemlösungen für strategische Fragen wie:

- Für welche unternehmerische Vorhaben benötigt das Unternehmen (mindestens befristet wirkende) Monopolpositionen?
- Welche Schutzrechte sind dafür zu begründen? Für welche Schutzgegenstände (z.B. Produkteigenschaften, Kommunikationsinhalte oder –formen)?

---

70   Siehe S. 63 und 67.
71   Siehe S. 125.
72   Siehe S. 104.

▶ Welche Maßnahmen sind weiterhin erforderlich, um optimale Ansätze für die Begründung solcher Schutzrechte zu finden (zusätzliche F&E, fachübergreifende Verknüpfungen von Technologie, Gestaltung (Design), Kommunikation und Rechtsschutz etc.)?

▶ Auf welchen Sach- und Themengebieten sind welche Schutzpositionen zu schaffen?

▶ Für welche Markt-, Produkt-, Zeit- und Raumbereiche ist Schutz zu bewirken?

▶ Welche Ressourcen müssen eingeplant werden für eine Implementierung der beschlossenen Strategien?

▶ Das IP-Recht ist dafür ausgelegt, Schutzrechtsstrategien zu entwerfen und zu implementieren, die es ermöglichen, bestimmte Funktionen von Gestaltungen zielgenau abzusichern. Dazu können Anmutungsfunktion, Kommunikationsfunktion und technische Funktionalität unterschieden werden.[73]

Die Anmutungsfunktion (Attraktion durch anziehende Formgebung) wird durch das Urheberrecht und das Geschmacksmusterrecht geschützt, die Kommunikationsfunktion in erster Linie durch das Markenrecht und die technische Funktionalität durch die so genannten technischen Schutzrechte (Patente, Gebrauchmuster).

▶ SIP sucht in diesem Sinne systematisch nach den Möglichkeiten, Schutzrechten und Schutzrechtspositionen eine strategische Wirkung zu verschaffen.

IP optimal nutzbar zu machen setzt voraus, dass es zum Gegenstand eines systematischen, strategischen Managements gemacht wird. Schutzrechte sind ihrer Natur nach strategieverhaftet. Das legt ihre Integration in die Gesamtstrategie des Unternehmens nahe und die Vernetzung des geistigen Eigentums des Unternehmens mit den anderen Gegenständen seines strategischen Planens und Handelns. Die Verknüpfung von Markenrechten mit Marketingaktivitäten ist ein Beispiel für diese Vernetzung. Die Forschungs- und Entwicklungsstrategie eines Unternehmens ist integrierender Bestandteil der übergreifenden Firmenstrategie, sodass das Generieren von Patenten und anderen Schutzrechten als Resultat hiervon ohne Weiteres als strategiezugehörig erkannt werden kann.

▶ Damit ist IP-Management im strengsten Sinne des Wortes immer „Strategisches IP-Management" und seiner Bedeutung nach in der Unternehmensführung oder ihr jedenfalls unmittelbar zugeordnet anzusiedeln.

IP-Management ist aber noch aus einem anderen Grund strategisch: Soweit es die Anlagewerte angeht, lassen sich Unternehmen in zwei Kategorien einteilen, nämlich diejenigen, die einen deutlichen Schwerpunkt im Bereich

---

73   Vgl. Peifer, K.-N. (2008), S. 75.

des materiellen Anlagevermögens haben, und solche, deren Anlagevermögen in erster Linie immaterieller Natur ist. Bei der ersteren, eher herkömmlichen – und zahlenmäßig abnehmenden – Gruppe von Unternehmen kommt es vorwiegend in Form von Landbesitz, Gebäuden, Produktionsanlagen und gegenständliche Ausrüstungen vor. Bei der zweiten Kategorie besteht es vorwiegend in immateriellen Gütern, wie Patenten, Marken, Urheberrechten oder Designschutzrechten. Der Wechsel von der ersten zur wachsenden zweiten Gruppe, der in vielen Fällen bereits erfolgt ist und in anderen unausweichlich noch zu vollziehen ist, bedingt notwendigerweise eine neue strategische Ausrichtung des Unternehmens. Denn während der Schutz der Gegenstände des körperlichen, gegenständlichen Anlagevermögens vergleichsweise leicht zu bewerkstelligen ist, auch weil die Rechtsordnung hierfür über Jahrhunderte gewachsen ist und bewährte Schutzstrukturen entwickelt hat, ist für den Schutz der immateriellen Güter nicht nur durch die Begründung staatlich vorgesehener Schutzrechtspositionen (z. B. Marken- und Patentregistrierungen) zu sorgen, sondern auch durch die Implementierung neuer flexibler und dezentralisierter Organisationsformen und neue Allianzen und Netzwerke.[74]

▶ Neue flexible und dezentralisierte Organisationsformen ermöglichen die für ein gelungenes IP-Management erforderliche Ausrichtung des unternehmerischen Informations- und Wissensmanagements. Dies kann zum Beispiel durch gezielten Ausbau des Teamwesens im Unternehmen geschehen, das für IP-Managementprozesse und auch für unternehmensinternen Wissenstransfer und Wissenskonservierung unerlässlich ist.[75]

Soweit es Allianzen und Netzwerke angeht, ist etwa an Kooperationsstrukturen auf der Lizenzvergabe- und Lizenznahmeseite zu denken.

▶ SIP erfasst und beurteilt unternehmensrelevante Positionen und Besitzstände in ihren Veränderungsprozessen und ist auch insoweit strategisch.

Panta rhei – alles fließt – diese Erkenntnis wird dem griechischen Philosophen Heraklit (geb. um 540 v. Chr.) zugeschrieben. Alles unterliegt der Veränderung, aber nicht nur im Sinne des Vergehens, sondern auch des Werdens und Wachsens. SIP nimmt die ohnehin immer gegebene Dynamik unternehmerischer Prozesse in den Blick und berücksichtigt sie bei den Lösungsansätzen, die diese strategische Art des Managements des geistigen Eigentums hervorbringt.

▶ Bereits an dieser Stelle soll ein Beispiel die vorteilhaften Möglichkeiten verdeutlichen, die in einer bewussten Vernetzung von Produktentwicklung, Unternehmenskommunikation/Marketing einerseits und Bewirkung rechtlichen Schutzes andererseits unter der Beachtung von Veränderungsprozessen liegen.

---

74 Vgl dazu Hunter in Bosworth, D./Webster, E. (2006), S. 67 ff.; Gassmann, O./Bader, M. (2006), S. 187 ff.
75 Vgl. für das Management von Markenportfolios: Vollhardt, K. (2007), S. 81 ff.; für das IP-Management allgemein: Hunter in Bosworth, D./Webster, E. (2006), S. 73 f.

▶ DIE BEKANNTE FIRMA GRIESSON-DE BEUKELAER, BEKANNT FÜR IHRE „PRINZENROLLE", STELLT AUCH EINEN SALZCRACKER MIT DER BEZEICHNUNG TUC HER:

Abbildung 1: Verpackungen unterschiedlicher Ausführungen des TUC-Crackers

---

ABBILDUNG MIT FREUNDLICHER GENEHMIGUNG VON GRIESSON-DE BEUKELAER

Der einzelne Cracker hat das folgende Aussehen:

Abbildung 2: Abbildung eines TUC-Crackers

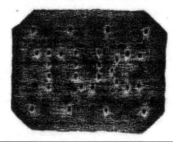

ABBILDUNG AUS BGH GRUR 2008, 505

Diese rechteckige Keksform ist an den Ecken abgeschrägt. Die Oberfläche weist die aus 21 Einstanzungen gebildete Aufschrift *TUC* auf und ferner jeweils vier weitere Einstanzungen (Perforationen) oberhalb und unterhalb dieser Aufschrift. Das Erzeugnis wird in Deutschland in großen Mengen vertrieben, unter anderem in der größten deutschen Kette des Discount-Lebensmittelhandels.

Für genau diesen Erscheinungsform erlangte Griesson-de Beukelaer eine auch in Deutschland geschützte Bildmarke.

Gegenstand des Markenschutzes ist die Marke, so wie sie eingetragen ist.[76] Bei genauer Betrachtung dieser Bildmarke erkennt der Markenrechtsspezialist, dass sie aus mehreren Bestandteilen besteht, die unterschiedlich wirken und nicht im gleichen Umfang am Markenschutz teilnehmen. Das liegt an ihrer divergierenden Kommunikationsstärke. Vergleichsweise stark wirken die drei eingestanzten Buchstaben TUC und die aus jeweils vier Einstanzungen bestehenden Linien unter- und oberhalb der Buchstabenreihe TUC.

Sehr viel weniger kommunikationsstark wirkt hingegen die achteckige Grundform des Kekses. Dabei handelt es sich um etwas eher Triviales, eine Gestaltung, die bei einer Vielzahl von flächigen Produkte vorkommt. Markenrechtlich hat das zur Folge, dass diese Basisform des TUC-Crackers von Haus aus nicht am Markenschutz teilnimmt.

Dagegen lässt sich indes etwas unternehmen, was im Interesse des anzustrebenden maximalen Schutzumfangs dieser Bildmarke bei Griesson-de Beukelaer tatsächlich auch erfolgt ist. Diese Firma hat ihren TUC-Salzcracker in solchem Maße im Verkehr bekannt gemacht, dass auch die achteckige Grundform des Produkts für sich genommen eine gewisse Kennzeichnungskraft gewonnen hat. Damit bestimmt sie den Gesamteindruck der Erscheinung des Kekses mit. Das hat zur Folge, dass diese Basisform mit ihren acht Ecken am Markenschutz teilnimmt. Diese Konsequenz konnte Griesson-de Beukelaer in einem markenrechtlichen Kollisionsfall nutzen.

Ein türkischer Konkurrent des TUC-Herstellers bot nämlich in Deutschland einen Salzcracker an, der allerdings abgerundete Ecken zeigt und anders eingestanzt ist:

Abbildung 3:   Erscheinungsbild des türkischen Salzcrackers

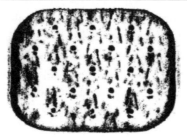

ABBILDUNG AUS BGH GRUR 2008, 505

---

76   Vgl. Ingerl, R./Rohnke, C. (2003), § 14 Rn. 516.

Zudem trägt dieser Salzkeks nicht die Buchstaben TUC.

Gegen die Verbreitung des türkischen Crackers ging der TUC-Hersteller wegen Verletzung seiner Marke vor. Bei seiner Entscheidung ging der BGH[77] zunächst zuungunsten des Markeninhabers davon aus, dass die Grundgestalt des TUC-Crackers, gebildet durch die rechteckige Form und die abgeschrägten Ecken, selbst keine Unterscheidungskraft hat und isoliert für sich betrachtet nicht unter Markenschutz steht. Allerdings stand fest, dass diese Grundform durch ihre umfangreiche Kommunikation im Rahmen der Werbung für das Produkt und dessen Verbreitung bei den Verbrauchern eine hinreichende Kennzeichenkraft erlangt und sich infolgedessen dem Publikum aufgrund ihrer Eigenart und ihrer Bekanntheit eingeprägt hatte. Diese Feststellung veranlasste den BGH zu entscheiden, dass die aus der Form der Ware bestehende Gestaltung, auch wenn sie von Haus aus nicht unterscheidungskräftig ist, den Gesamteindruck einer aus mehreren optischen Elementen zusammengesetzten Marke maßgeblich mitbestimmen und dann als solche ebenfalls am Markenrechtsschutz teilnehmen kann.

Das Interessante an diesem Fall besteht in Folgendem:

Im Bestreben, den Schutz der Bildmarke des TUC-Salzcrackers zu maximieren, wurde die Marke in der Unternehmenskommunikation intensiv benutzt. Die eingesetzten Kommunikationsmittel bewirkten, dass die Gesamterscheinung des Kekses, und damit auch seine Grundform, bekannt wurden. Auf der TUC-Verpackung wurde der Cracker nicht nur in seiner realen achteckigen Erscheinungsform mit seinen Einstanzungen fotografisch exakt wiedergeben, sondern zur Betonung und Verstärkung der Wahrnehmung wurde auch ein achteckiges, der Keksformgenau entsprechendes flächiges Symbol (ohne Einstanzungen) in dunkelblauer[78] Farbe eingesetzt, welches die Buchstaben TUC trägt. Somit wurde die Symbolkraft der achteckigen Grundform deutlich verstärkt. Es wurde möglich, das Zeichen „achteckiges Rechteck" mit dem Produkt und seinem Hersteller zu verbinden.

Dieser mit Kommunikationsmitteln bewirkte und gesteuerte Veränderungsprozess hatte zur Folge, dass die an sich nicht schutzfähige achteckige Grundform am Markenschutz teilnimmt und nun auch solche Gestaltungen von Wettbewerbsprodukten erfolgreich bekämpft werden konnten, die nur die Grundform – genau so oder auch nur in ähnlicher Form – übernahmen.

Mit den Mitteln der Unternehmenskommunikation (Gestaltung des Kekses, der Verpackungen, der Werbung, der Erscheinung der Ware in Verkaufsstellen) und der weiten Verbreitung der TUC-Salzcracker gelang es so, den stets verän-

---

77 BGH GRUR 2008, 505 – TUC-Salzcracker.
78 Eine Farbe, der die Verbraucher im Lebensmittelbereich erfahrungsgemäß eine hohe Wertschätzung entgegenbringen.

derlichen und beeinflussbaren Schutzbereich der Marke zu dehnen und den Schutz auf die bloße achteckige Form des TUC-Crackers auszuweiten. Schutzfähig war damit nicht nur die aus den drei Buchstaben „TUC" bestehende Aufschrift, sondern später auch die Grundform des TUC-Crackers als solche. Die intensive Wahrnehmung dieser Form durch den Verkehr führte hier dazu, dass am Markenschutz zusätzlich ein Element teilnimmt – die Form des Crackers –, dem ansonsten kein Schutz zugesprochen werden könnte.

Es half dem türkischen Kekshersteller also beim BGH nicht, dass er die Übernahme der Buchstaben TUC vermied, die Einstanzungen deutlich anders anordnete und für abgerundete und nicht abgeflachte Ecken sorgte – an sich deutliche Unterschiede. Die Marke mit ihrem gedehnten Schutzbereich wäre wohl nur dann nicht verletzt worden, wenn der türkische Keks überhaupt keine Einstanzungen und – sofern er denn unbedingt eine rechteckige Grundform haben musste – vollständig ausgebildete Ecken aufgewiesen hätte.

Dieses Beispiel, das uns später in anderem Zusammenhang erneut begegnen wird, verdeutlicht: Das Recht greift die Wirkungen der Kommunikation in ihrer dynamischen Entwicklung auf. Die an sich triviale Form des TUC-Kekses wird in den Schutzbereich hineingezogen. Der Schutzumfang vergrößert sich damit entscheidend. Wettbewerber müssen nicht nur einen gehörigen Abstand zu den von vornherein kennzeichnungskräftigen Markenelementen und ihrer Kombination („TUC", Einstanzungen) einhalten, sondern auch noch zur Basisform des TUC-Crackers, auch wenn diese für sich genommen keinen Markenschutz beanspruchen könnte.

Veränderungsprozesse wurden hier identifiziert und als Gestaltungsmöglichkeiten genutzt. Derartige Möglichkeiten zu erkennen und Vorteile hieraus für das Unternehmen systematisch zu generieren, ist das Anliegen des strategischen IP-Managements.

Implementierung von IP-Rechten

Wesentlich für Entscheider

IP-Rechte verschaffen dem Unternehmen die Möglichkeit,

▶ Wertschöpfungsergebnisse zu sichern und vor Nachahmungen zu bewahren,

▶ zumindest temporär geschützte Monopositionen zu gewinnen,

- ▶ Wettbewerber nachhaltig zu behindern durch Aufbau von Blockade- und Sperrpositionen,

- ▶ Dritte vergütungspflichtig an der Nutzung der geschützten Rechte zu beteiligen und

- ▶ Wettbewerbsstärke überzeugend zu demonstrieren – einschüchternd, soweit es nachahmungsbereite Wettbewerber angeht, und im übrigen imagefördernd.

Neben rein faktischen Vorsprungsstrategien[79] bewirken die IP-Rechte, die miteinander zu juristischen Schutzstrategien vernetzt werden, den einzig wirksamen Schutz gegen Nachahmungen. Angesichts dieses Nutzens nimmt es nicht Wunder, dass immer mehr Unternehmen Schutzrechte erwerben. Die Steigerungsraten sind enorm. Während der weltweite Bestand an gültigen Patenten im Jahr 1996 „nur" 3,4 Millionen Patente umfasste, belief sich die entsprechende Zahl im Jahr 2001 auf 11,9 Millionen Patente.[80] Entsprechende Wachstumsraten sind auch im Bereich der angemeldeten Marken und Geschmacksmuster zu verzeichnen.[81] Betrachtet man die Kosten – der Erwerb von Patentschutz für eine Erfindung und dessen Aufrechterhaltung in einer Mehrzahl von Ländern für zehn Jahre kostet rund 25.000 Euro bis 30.000 Euro[82] – erkennt man, dass offenbar eine große Zahl von Unternehmen davon überzeugt ist, das der Erwerb von IP-Rechten wichtig ist und Mehrwert bewirkt.

Eine Reihe von Vorteilen lässt sich identifizieren, die nachfolgend näher erläutert werden.

Sicherung der Wertschöpfung durch schutzfähige Forschungs- und Entwicklungsergebnisse

Im technischen Bereich führt qualifizierte Forschungs- und Entwicklungsarbeit zu Erfindungen, auch soweit diese nur als Nebenprodukte anfallen. Sie sind zum Gegenstand von Patentanmeldungen zu machen, soweit die Erfindungen Markteinnahmen verheißen und eine relevante Nachahmungsgefahr besteht oder son-

---

79 Vgl. S. 153.
80 Vgl. Gassmann/Bader, Neue Zürcher Zeitung vom 7./8. August 2004, S. 29.
81 Vom HABM veröffentlichte Zahlen belegen das. Anmeldungen von Gemeinschaftsmarken: 2001 48.856, 2006 77.457, 2007, 88.000; Anmeldungen von Gemeinschaftsgeschmacksmustern: 2007: 77 000.
82 Vgl. Wurzer, A. (2002), S. 63; Gassmann, O./Bader, M. (2006), S. 44 f.; vgl. ferner Gassmann, O./Bader, M., Neue Zürcher Zeitung v. 7./8.8.2004, S. 29.

stige Gründe für eine Anmeldung und den Registerschutz sprechen.[83] IP-Schutz hat in diesem Zusammenhang die Funktion, diese Markteinnahmen zu sichern. Das gelingt nur, wenn durch eine umsichtige Anmeldestrategie ein möglichst breiter Schutzumfang gewährleistet wird. Dann vermindert sich die Möglichkeit der Schutzrechtsumgehung entscheidend. Es wird nachhaltiger Schutz gegen Nachahmungen erlangt. Ferner werden Substitutionsmöglichkeiten gegebenenfalls bedeutend erschwert. Wettbewerbsintensität wird vermindert. Wettbewerber haben es schwerer mit dem Marktzutritt oder ihrer Expansion.

Im Bereich der Kennzeichnungen, die Vorstellungen über die Herkunft von Produkten aus einem bestimmten Herstellerbetrieb aufkommen lassen, bewirkt der Erwerb von Schutzrechten dauerhafte Monopolrechte. Sie wirken grundsätzlich für alle Arten von Wahrnehmungsinhalten, die in der Lage sind, derartige Herkunftsvorstellungen entstehen zu lassen.

Bei Erscheinungsformen von Erzeugnissen oder deren Teilen bewirken die gesetzlichen Designschutzrechte (vor allem Geschmacksmusterrechte) temporäre Monopolrechte für eben diese Formen (bis zu 25 Jahren Dauer).

In allen Fällen ist zu beachten, dass schutzfähige Forschungs- und Entwicklungsergebnisse nur dann entstehen, wenn das Unternehmen verfügbare Informationsquellen ausschöpft. Durch eine gezielte, planmäßige Nutzung verfügbarer Informationen können beispielsweise folgende Effekte erzielt werden:

▶ Das Unternehmen erwirbt einen verlässlichen Überblick über den Stand der Technik und den vorbestehenden Formschatz.
▶ Damit werden Parallelschöpfungen – oder unnötige „Nach"-Schöpfungen – vermieden und die damit verbundenen Kosten erspart.[84]
▶ Technische Trends können frühzeitig erkannt werden (erfahrungsgemäß werden bis zu zehn Jahren vor der Markteinführung die Patent- und Gebrauchsmusteranmeldungen von Konkurrenten bekannt).
▶ Zugleich wird das Unternehmen zu neuen Produkten und Problemlösungen angeregt.
▶ Die Innovationsstärke und der Kompetenzzuwachs von Wettbewerbern können genauer eingeschätzt werden.
▶ Schutzrechtskollisionen werden weitestgehend vermieden.

---

83 Näheres dazu S. 140 ff.
84 Nach Schätzungen des Europäischen Patentamts betragen die Aufwendungen für unnötige Doppelforschung und –entwicklung in Europa rund 20 Milliarden Euro jährlich.

Erwerb vielfach geschützter Wettbewerbspositionen

Den verfügbaren gewerblichen Schutzrechten ist gemein, dass sie häufig unterschiedlich, nebeneinander und unabhängig voneinander wirken und sich dabei in ihrem Schutz wirkungsvoll auf unterschiedlichen Ebenen ergänzen – auf technischen, taktischen und Kommunikationsebenen. Zugleich löst eine Verletzung dieser Rechte eine Mehrzahl an rechtlichen Konsequenzen aus. Ein durch Marken- oder Produktpiraterie verletztes Unternehmen kann sich unter anderem schützen gegen

▶ die Fortsetzung der rechtsverletzenden Machenschaften,
▶ die Fortwirkung von faktischen und finanziellen Beeinträchtigungen,
▶ das Fortfahren von Lieferanten und Abnehmern mit dem Verbreiten von rechtsverletzenden Produkten,
▶ das Entstehen finanzieller Stärke bei Rechtsverletzern als Folge der Kommerzialisierung von Nachahmungen und Fälschungen

durch

▶ Durchsetzung von Unterlassungs-, Beseitigungs-, Auskunftsansprüchen,
▶ Vernichtung der rechtsverletzenden Produkte,
▶ Bestrafung der vorsätzlich handelnden Marken- oder Produktpiraten,
▶ Kassieren beträchtlicher Schadensersatzsummen etc.

Abschotten von Entwicklungsmöglichkeiten zulasten von Konkurrenten

Unter Inanspruchnahme gesetzlicher Schutzmöglichkeiten kann es gelingen, Schutzrechtspositionen mit reinen Blockierungsfunktionen zu erwerben. Damit wird es möglich, die Entwicklung von Wettbewerbertechnologien abzublocken. Das eigene Unternehmen kann Handelnder, aber auch Opfer derartiger Blockade-Strategien werden. SIP erfasst daher sowohl das Erwirken als auch die Abwehr derartiger Blockierpositionen.

Externe Kommerzialisierung
der unternehmenseigenen Technologie

Unternehmenseigene Technologie kann Mehrwert generieren durch Inhouse- und externe Verwertung. Bei Letzterem geht es um die Generierung von Lizenzeinnahmen als Folge der externen Vermarktung von Know-how und Schutzrechten. Nach jüngeren Erkenntnissen wird IP bereits von jedem zweiten Unternehmen extern vermarktet. *IBM* etwa erzielt mit der Lizenzgewährung an Dritte jährlich über 1 Mrd. US-Dollar[85] *Texas Instruments* nahm schon Ende der Achtzigerjahre durchschnittlich über 1,8 Mrd US-Dollar per anno an Lizenzgebühren ein.[86]

Verbreiten der Innovationsstärke
in der Unternehmenskommunikation

Die Innovationsstärke und technologische Kompetenz eines Unternehmens kann durch Anmelden seiner Erfindungen zum Patent demonstriert werden. Der Patentschutz weist sowohl eine Schutz- als auch eine Informationsfunktion auf. Letztere kann für das Unternehmensmarketing nutzbar gemacht werden. Speziell in Ländern, in denen Patentanmeldungen materiell geprüft werden und damit sichergestellt ist, dass Neuheit und Erfindungshöhe gegeben sind, werden erteilte Patente als verlässliche und eindrucksvolle Belege der kreativen Schaffenskraft und Leistungsfähigkeit des Unternehmens wahrgenommen. Auf diesem Weg erlangen Patente zusätzlichen Wert als Marketinginstrumente. Hierdurch erzielte Vorteile wirken sich für die Begründung von Kooperationen aller Art günstig aus.[87]

---

85 Vgl. Bosworth, D./Webster, E. (2006), S. 5.
86 Vgl. Ernst (2002), S. 294.
87 Siehe auch S. 53 zum Thema Kooperationsmanagement sowie S. 54, 124 zur Frage der Lizenzierung.

Strategien des SIP

Wesentlich für Entscheider

Acht unterschiedliche Strategieansätze, nämlich die

▶ Organisationsstrategie,

▶ Informationsstrategie,

▶ Strategien der Schutzbegründung,

▶ Kooperationsstrategie,

▶ Kommunikationsstrategie,

▶ Verwertungsstrategien,

▶ Kontrollstrategien und

▶ die Verteidigungsstrategie,

machen SIP zu einem durchstrukturierten und kraftvollen Werkzeug der Unternehmensstrategie.

Für Installation und Implementierung von SIP sind acht Strategiebereiche zu unterscheiden.

Organisationsstrategie

An erster Stelle steht die Entscheidung für eine definierte Unternehmenspolitik im Bereich des IP-Managements. Sodann ist zu entscheiden, wie das IP-Management durchführungstechnisch bewältigt werden soll. Dabei stellt sich die Frage nach Verteilung der Kompetenzen und Verantwortlichkeiten, und die an SIP Beteiligten sind zu bestimmen. Hierzu gehört auch die Auswahl eines geeigneten Patentanwalts und eines Rechtsanwalts. Dabei ist zu berücksichtigen, dass ein gelingendes IP-Management erhöhte Anforderungen an diese Berater des Unternehmens stellt.

Informationsstrategie

Das Unternehmen wird ermitteln und festlegen, auf welche Weise es die für das IP-Management relevanten Informationen gewinnt und rationell verarbeitet. Die Grundlagen des unternehmerischen Wissensmanagements[88] leisten dabei wertvolle Hilfe.

Strategie der Schutzbegründung

Diese Strategie hat zum direkten Ziel, die Schutzsituation des Unternehmens insgesamt zu verbessern, was unter Kosten-Nutzen-Gesichtspunkten zu beurteilen ist.

Nach gründlicher Beurteilung der Marktlage (gegenwärtiges oder zukünftiges Absatzpotenzial, Konkurrenzsituation, Verfügbarkeit von potenten Partnern) ist zu entscheiden, welcher Aufwand für welche Schutzbegründung und für welche geografischen Reichweiten zu treiben ist.

Eine Optimierung der Schutzsituation kann situativ abhängig durch Schutzrechtsanmeldungen geschehen, aber auch durch deren bewusstes Unterlassen. Auch gezieltes Geheimhalten von Erfindungen, Know-how, Betriebs- und Geschäftsgeheimnissen kann die Schutzsituation des Unternehmens verbessern.[89]

Schließlich ist in diesem Zusammenhang auch über die Generierung von Synergieeffekten durch die Vernetzung von Schutzrechtspositionen (flankierende Schutzrechte) oder akzessorische Schutzrechtspositionen zu entscheiden. In diesem Zusammenhang hat sich im Bereich der Patente der Begriff des „Patentclusters" gebildet, der das Zusammenfügen von Patenten zu einem möglichst lückenlosen Patentschutzwall zur Absicherung eines Produkts bezeichnet.[90]

Im Bereich der Marken könnte man analog von „Markenclustern" reden. Hierfür sei ein Beispiel aus der Praxis des EU-Harmonisierungsamtes für den Binnenmarkt HABM erwähnt.

Der bekannte Hersteller von Tabakerzeugnissen *REEMTSMA* ist Inhaber diverser Marken, die die besondere Form einer Verpackung von Tabakwaren (in erster Linie Zigaretten und Zigarillos) zum Gegenstand haben, so die nachstehend abgebildeten dreidimensionalen Marken

---

88 Siehe auch S. 63 „Wissensmanagement" und S. 67 „Informationsmanagement".
89 Siehe S. 125 „Schutz von Know-how".
90 Vgl. Wurzer, A. (2004), S. 58.

Abbildung 4:   Grafische Wiedergaben der *REEMTSMA*-Marken

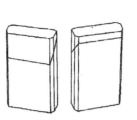

und

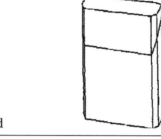

Die Kanten sind jeweils abgeschrägt, sodass sich ein achteckiger Grundriss der Verpackung ergibt.

Eine österreichische Konkurrentin von *REEMTSMA* beantragte beim HABM die Eintragung einer dreidimensionalen Marke, die eine Verpackung mit identischem achteckigem Grundriss zum Gegenstand hat, welche aber zusätzlich mit einer an Platin erinnernden Farbe überzogen und den Worten „MEMPHIS" und „PLATI-NUM" bedruckt ist. Gegen die Eintragung dieser 3D-Marke erhob *REEMTSMA* Widerspruch und berief sich dabei unter anderem auf die beiden obigen Markeneintragungen mit besserem Zeitrang.

Abbildung 5:   Grafische Wiedergabe der Marke
eines *REEMTSMA*-Konkurrenten

Das HABM war der Auffassung, die *REEMTSMA*-Marken zeigten eine kennzeichnungsschwache Verpackungsform. Deswegen sei eine Marke, die diese Verpackungsform übernimmt und die dabei zusätzlich mit – wie das HABM meinte – kennzeichnungsstarken Wort- und Farbbestandteilen versehen wird, mit den *REEMTSMA*-Marken nicht verwechslungsfähig.[91]

---

91   HABM, MarkenR (2007), S. 230.

REEMTSMA hätte geraten werden müssen, die völlig neutral gehaltenen dreidimensionalen Verpackungsmarken von vornherein mit weiteren Markenanmeldungen zu „umgeben" und abzusichern, welche dieselbe Verpackung in farbiger Gestaltung und mit Buchstaben bzw. Wörtern versehen darstellen. Dann wäre insgesamt ein Markenschutz mit deutlich weiterem Schutzumfang entstanden, und *REETMSMA* hätte vor allem Marken erworben, deren unterschiedliche Schutzbereiche sich gegenseitig ergänzt hätten. Bei einem solchermaßen strategisch ausgerichteten Schutzkonzept hätte „MEMPHIS PLATINUM" die *REEMTSMA*-Verpackung nicht usurpieren können.

Kooperationsstrategie

Schutzgeeignete Besitzstände, die das eigene Portfolio sinnvoll, womöglich strategisch ergänzen, können auch in der Weise erworben werden, dass das eigene Know-how planmäßig durch Kooperationen mit Dritten und Lizenznahmen ergänzt und dahin weiterentwickelt wird, dass nunmehr eigene Schutzrechte entstehen.

Kommunikationsstrategie

Hierzu gehört beispielsweise die gezielte Verbreitung von Informationen, die den Stand der Technik oder den Formenschatz bereichern, um entweder hierdurch selbst Rechte zu erwerben oder jedenfalls Dritte daran zu hindern, ihrerseits hieran Rechte zu begründen. Denn einmal veröffentlicht, gehört der der Öffentlichkeit mitgeteile Gegenstand zum Stand der Technik bzw. Kunst oder zum bekannten - gemeinfreien - Formschatz, sodass Dritte daran keine Exklusiv- oder Monopolrechte mehr erwerben können („public domain").

Da Schutzrechte neben dem Schutzaspekt zusätzlichen Wert als Marketinginstrumente besitzen, ist im Rahmen der Kommunikationsstrategie deren gezielter Einsatz als Kommunikationsinstrumente des Unternehmens festzulegen.

Zu empfehlen ist, die Stärke der eigenen Schutzrechtspositionen in geeigneter Form gezielt an wichtige Adressatenkreise zu kommunizieren wie Kunden und Geldgeber.[92]

---

92   Vgl. Ernst, H. (2002), S. 317.

Verwertungsstrategie

Schutzrechte – geschützte Wettbewerbspositionen ganz allgemein – sind im Unternehmensinteresse optimal zu verwerten. Das kann im eigenen Unternehmen, aber auch durch Dritte gegen Zahlung von Lizenzgebühren oder durch Gewährung von Gegenlizenzen erfolgen.

Kontrollstrategie

Es ist systematisch zu verhindern, dass an nicht profitablen oder unprofitabel gewordenen, perspektivlosen Schutzrechten festgehalten wird. Sie verursachen regelmäßig nicht unerhebliche Kosten (für Aufrechterhaltung und Verwaltung sowie gegebenenfalls sogar unnötige Verteidigung). Deswegen ist vorzusehen, dass Informationen über Veräußerungsmöglichkeiten von Schutzrechten verfügbar sind. Sie müssen vor allem greifbar sein für solche Schutzrechte, die für das eigene Unternehmen selbst keinen, für Dritte aber einen möglicherweise respektablen Wert haben.

Verteidigungsstrategie

Wiederum unter Kosten-Nutzen-Gesichtspunkten sind – zusammen mit den damit zu befassenden Fachleuten – die Strategien zur Verteidigung der geschützten Wettbewerbspositionen festzulegen. Diesem Punkt ist die nötige Aufmerksamkeit schon deswegen zu schenken, weil fehlerhafte Verteidigungsstrategien den gesamten Aufwand für den Aufbau der Schutzpositionen zunichte machen können. So erleidet nach der Rechtsprechung des Europäischen Gerichtshofs ein Markeninhaber den Verlust seines Rechts, wenn er seine Marke über längere Zeit nicht benutzt oder nicht verteidigt.[93]

Dem danach gegebenen „Erfordernis der Wachsamkeit" entsprechend sind Maßnahmen der Prävention, Überwachung und Reaktion[94] festzulegen, die nicht nur einem eher peinlichen Rechtsverlust infolge von Laxheit vorbeugen, sondern eine wirkungsvolle Nutzung der Verteidigungsmöglichkeiten gewährleisten.

---

93 Europäischer Gerichtshof, Urteil vom 25.04.2006 (C-145/05) Rechtssache Levi Strauss & Co. gegen Casucci SpA. (Mouette), GRUR Int. 2006, S. 597, 599.
94 Siehe zum Beispiel für den Bereich des systematischen Designschutzes S. 170.

IMPLEMENTIERUNG DES STRATEGISCHEN IP-MANAGEMENTS

Nachdem im ersten Teil dieser Abhandlung aufgezeigt worden ist, dass ein strategisches IP-Management nicht nur vorteilhaft und vernünftig, sonder geradezu notwendig ist, sollen in den Abschnitten dieses zweiten Teils die konkreten Möglichkeiten angesprochen werden, über die die Unternehmen verfügen, um das Management ihres geistigen Eigentums in ihre Realität zu integrieren und durchzuführen.

Disziplinen und Werkzeuge des SIP

Wesentlich für Entscheider

▶ Ein erfolgreiches Nutzen der Chancen und Möglichkeiten des SIP setzt voraus, dass alle für das Unternehmen relevanten SIP-Disziplinen identifiziert und sämtliche verfügbaren Werkzeuge des SIP souverän beherrscht werden und sich im Einsatz entfalten können.

▶ Schutzrechtspositionen sind zielausgerichtet zu erwerben.

▶ Ideen - Hauptressource für die Zukunft - sind so abstrakt („ideennah") wie möglich zu schützen. Dabei sind alle verfügbaren Schutzinstrumente zu nutzen - auch neue.

▶ Optimal werden Chancen und Möglichkeiten des SIP genutzt, wenn rechtliche und faktische[95] Schutzstrategien zusammengeführt werden.

▶ IP-Audit[96] gewährt grundlegende Einblicke in die IP-Situation des Unternehmens und seine - auch bislang ungenutzten - Möglichkeiten im IP-Bereich.

---

95 Siehe S. 153.
96 Siehe S. 155.

► Der systematische Designschutz[97] verhilft dem Unternehmen dazu, alle vom Gesetzgeber vorgehaltenen Schutzquellen zu nutzen und die für das Unternehmen optimale Zusammenstellung der Schutzmöglichkeiten für Gestaltungen und Erscheinungsformen zu finden.

In diesem Hauptteil der vorliegenden Abhandlung geht es um etwas ganz Entscheidendes, nämlich das gezielte Begründen von Wettbewerbsvorteilen:

Es sollen – auch anhand von Beispielen – die Möglichkeiten aufgezeigt werden, durch das Zusammenführen der modernen Mittel des Marketings und der Unternehmenskommunikation einerseits und der Gegebenheiten der gesetzlichen Schutzrechte andererseits zu einem Optimum an Synergieeffekten zu gelangen. Maßstab der Effizienz ist immer eine Zunahme an Wettbewerbsstärke des Unternehmens und die Steigerung seines Wertes.

Basis: Schaffen und Sichern von Vorsprungspositionen

Das Hervorbringen, die Implementierung und die Absicherung von Vorsprungspositionen unterschiedlichster Art sind zugleich Grundlage und Resultat strategischen IP-Managements. Hieran sind grundsätzlich alle Unternehmensbereiche beteiligt, insbesondere die Bereiche Personal, F&E, Wissens- und Informationsmanagement sowie Marketing.

HRM – Human Resources Management für SIP

Um die Vorteile des strategischen IP-Managements zum Tragen zu bringen, bedarf es eines Personals, das Wesen und Funktion von SIP verstanden hat und mit den Werkzeugen des SIP souverän umzugehen versteht. Dafür sind eine grundlegende Initialisierung und ein systematisches Training erforderlich.

Ungeachtet dieser Notwendigkeit wird in der Literatur die Bedeutung des Human Ressources Managements für das IP-Management nur ansatzweise behandelt,[98] und dies auch nur zu getrennten Einzelbereichen des IP-Managements (Patentmanagement, Markenmanagement). Das überrascht. Denn wenn man sich die Frage stellt, was die Lebendigkeit und Vitalität, die Zukunfts- und Lebensfähigkeit eines

---

97 Siehe S. 170.
98 Burr, W./Stephan, M./Soppe, B./Weisheit, S. (2007), S. 171, behandeln das Personalmanagement im F&E-Bereich; Vollhardt, K. (2007), betont die Notwendigkeit und Vorteilhaftigkeit der Bildung von Teams für das Management von Portfolios ; nur gerade gestreift wird HRM von Bosworth, D./Webster, E. (2006), S. 100, 102.

Unternehmens ausmacht, so fällt die Antwort nicht schwer. Das ist nicht in erster Linie sein Anlagevermögen wie Grundstücke, Gebäude und Fuhrpark, sondern seine Innovationskraft, Kreativität, das in ihm vorhandene Wissen, sein Know-how, die Kompetenz, die Unternehmenskommunikation und Handhabung ihrer Werkzeuge, wie etwa der Marken. Es geht um diese „soft assets", die unmittelbar mit den Menschen zu tun haben, die im Unternehmen aktiv sind.

Ob das Unternehmen systematisch Vorsprungspositionen hervorbringt, die die Lebenskraft des Unternehmens widerspiegeln und seinen Fortbestand sichern, und diese Positionen strategisch gezielt absichert, hängt einzig und allein von den im Unternehmen tätigen Menschen ab. Das gilt für alle Bereiche der Unternehmung. Sie sind es, die den Werten und der Kultur des Unternehmens verpflichtet sind und sie tätig leben und optimieren können, nicht dessen Maschinen.

Hier ergibt sich eine wesentliche Herausforderung für die Führungsverantwortlichen des Unternehmens. Sie müssen zum einen erkennen, dass die Bedeutung des geistigen Eigentums der Unternehmen zunimmt und eine auf Leistung ausgerichtete Unternehmung entschieden für den Innovationswettbewerb zu Lasten des Nachahmungswettbewerbs optieren muss. Zum anderen haben sie dafür Sorge zu tragen, dass im Unternehmen Strukturen geschaffen werden, die gewährleisten, dass der Bereich des geistigen Eigentums nicht bloß verwaltet wird, im Wesentlichen nur Kosten verursacht und entgegen seiner Bestimmung und Eignung wenig oder nichts zur Schaffung von Werten beiträgt. Es erfordert einige intellektuelle Energie, sich von der international verbreiteten[99] herkömmlichen Sicht zu verabschieden, der zufolge der Bereich des IP ein „cost center" und kein „profit center" ist.

Damit der Nutzen des geistigen Eigentums der Wettbewerbsstärke des Unternehmens bestmöglich zugute kommt, sollten Unternehmensleiter somit bewirken, dass alle Akteure des Unternehmens den gegebenen Bezug ihrer Aufgabenstellung zum geistigen Eigentum erkennen und aktiv annehmen und die damit zusammenhängenden Fragen in ihre tägliche Tätigkeit integrieren. Dazu gehört, dass die Unternehmensführung sich über den Bezug aller Unternehmensstrukturen zum geistigen Eigentum im Klaren ist und stets aktuelles und zutreffendes Kontrollwissen darüber hat, wie die Anforderungen bewältigt werden. Sie muss sich berichten lassen über die Aufgabenstellung der mit dem geistigen Eigentum befassten Abteilungen und deren Erfüllung. Ferner ist die Frage aufzuwerfen, ob – und wie! – das Unternehmen mit den besten verfügbaren externen Beratern zusammenarbeitet und ob deren Kompetenz für das Unternehmen optimal genutzt wird. SIP lässt die Anforderungen an die Berater ansteigen. Das ist in Rechnung zu stellen.

---

99 Vgl. Jolly, A./Philpott, J. (2007), S. 16.

Ein auf die Unternehmensbedürfnisse im Bereich des geistigen Eigentums ausgerichtetes HRM wird aber gezielt auch auf die Einstellung von auch insoweit qualifizierten Mitarbeitern hinwirken bzw. auf die Entwicklung entsprechender Qualifikationen der vorhandenen Kräfte hinarbeiten. Es geht hierbei um ein wesentliches Thema der Personalentwicklung und -förderung mit dem Ziel zwei Probleme zu lösen:

Zum einen ist sicherzustellen, dass der Unternehmensangehörige, der Träger von IP-relevantem Wissen und Fähigkeiten ist, diese in den Dienst des Unternehmens stellt und sie weiterhin für das Unternehmen entwickelt und für es verfügbar macht.[100] Zum anderen muss das Unternehmen darauf einwirken, dass der Mitarbeiter auch zukünftig für das Unternehmen zur Verfügung steht, damit ein „return on personal investment" erreicht werden kann.[101]

Entsprechend qualifiziert, nehmen die Mitarbeiter teil an dem innerbetrieblichen Austausch von Wissen und Kenntnissen, der einen wesentlichen Reichtumsfaktor für das Unternehmen darstellt.[102] Die aktive Partizipation hieran sollte angemessen vergütet werden. Dabei stellt die Möglichkeit, Anwartschaften auf Unternehmensanteile (stock-options) zu erwerben, deswegen eine in diesem Zusammenhang besonders adäquate Lösung dar, weil der Wert der Belohnung mit dem Erfolg des Unternehmens und damit auch dem des Einsatzes des Mitarbeiters verknüpft ist.

Eine besondere Herausforderung des IP-HRM ist die Frage, wie das in jedem Unternehmen vorhandene stillschweigende Wissen, das „Gewusst-wie", im Unternehmen unabhängig von Personalfluktuationen gehalten werden kann. Denn im Gegensatz zu „Wissen über", das leicht dokumentierbar ist und damit auch unschwer übertragbar, kann das „Gewußt-wie" nur im Rahmen von Beziehungen unter Mitarbeitern und deutlich mehr als kurzfristigen Kooperationen weitergereicht werden. Das ist einer der wesentlichen Gründe für Teamarbeit. Die Weitergabe dieses stillschweigenden Wissens muss durch Förderung der persönlichen Beziehungen unter Mitarbeitern und gegebenenfalls auch durch ein Belohnungssystem nahegelegt werden. Ohne solche Anreize zur Weitergabe wertvollen Wissens besteht die Neigung, es für sich zu behalten, damit es bei Gehaltsverhandlungen oder bei einer Neustellensuche wirksam eingesetzt werden kann.[103]

Ein besonderes Kapitel des IP-HRM ist die Rekrutierung von besonders qualifizierten Erfindern („Schlüsselerfinder"), die in der Lage sind, Basiserfindungen zu machen. Es versteht sich von selbst, dass sie – selten vorkommend und schlecht er-

---

100 Vgl. S. 61 „Ideenmanagement".
101 Hunter in BosworthD./Webster, E. (2006), S. 73, spricht anschaulich von „appropriability problem" und „retention problem".
102 Siehe Wissens- und Informationsmanagement, S. 63 und S. 67.
103 Vgl. Hunter in BosworthD./Webster, E. (2006), S. 74.

setzbar – von hohem Wert für das Unternehmen sind. Dementspechend lange sind sie im Unternehmen zu halten. Weitere Schlüsselerfinder sind hinzuzugewinnen. Das Patentinformationsmanagement[104] hilft, sie zu identifizieren. Das Abwerben von Mitarbeitern der Wettbewerber ist – je nach Art und Umfang – in gewissem Maße wettbewerbsrechtlich durchaus zulässig. Das Wissen der Schlüsselerfinder sollte – soweit möglich – dokumentiert und als Betriebsgeheimnis behandelt und im Übrigen gezielt und kontrolliert auf andere Unternehmensangehörige übertragen werden (ein Thema des Wissensmanagements[105]).

Der Aufbau und die Pflege des Humankapitals spielt gerade für solche Unternehmen eine große Rolle, deren Vermögen in erster Linie durch immaterielle Güter (geistiges Eigentum) gebildet wird. Sie sind auf das Engagement und die Loyalität und Treue ihrer Mitarbeiter in besonderem Maße angewiesen, können aber auch besonders stark davon profitieren. Personalentwicklungs- und Belohnungssysteme müssen dem Rechnung tragen.

Management der betriebsinternen Kooperation

An SIP sind naturgemäß eine Mehrzahl von Stellen/Abteilungen des Unternehmens beteiligt, F&E, Marketing, Recht, Vertrieb, Patentwesen, Markenwesen etc., und überdies Externe wie Agenturen, Patent- und Rechtsanwälte. Die Vernetztheit der Materie macht es nötig, die mit dem geistigen Eigentum zusammenhängenden Tätigkeiten der Beteiligten zu koordinieren. Das ist eine unabdingbare Voraussetzung für das Entstehen von Synergieeffekten.

Die Arbeit externer Berater, deren Tätigkeit auf unterschiedlichen Ebenen des Unternehmens ebenfalls IP-relevante Themen berührt und ebenfalls zu berücksichtigen ist,[106] ist mit der Arbeit der betroffenen Stellen/Abteilungen des Unternehmens abzustimmen. Unter Umständen sind auch die Tätigkeiten der voneinander unabhängigen Externen zu koordinieren. Agenturen, die die Unternehmenskommunikation gestalten, sollten sich tunlichst mit den externen Rechtsberatern des betreuten Unternehmens abstimmen, damit die ausgewählten Kommunikationsmittel rechtlich überprüft und gesichert werden, bevor sie zum Einsatz kommen. Das Erzielen maximalen Schutzumfangs muss auch hier Ziel der gemeinsamen Anstrengungen sein.

---

104 Siehe S. 67.
105 Vgl. S. 63.
106 Generell ist für die Kooperation mit externen Beratern die Frage aufzuwerfen, ob deren Kompetenz und Erfahrung in vollem Umfang für das Unternehmen nutzbar gemacht wird. Die Erfahrung zeigt, dass man sich in vielen Unternehmen über diese Fragestellung nicht ausreichend Gedanken macht.

Grundlegende SIP-Initialisierung

Die erfolgreiche Einführung des strategischen IP-Managements im Unternehmen setzt voraus, dass sich alle davon betroffenen Unternehmensangehörigen mit dem Wesen und der Zielsetzung von SIP vertraut machen.

Zunächst sind die Führungspersonen im Unternehmen selbst betroffen. Das Festlegen der allgemeinen Ausrichtung des Unternehmens in Übereinstimmung mit dem Unternehmensgegenstand und der Wettbewerbs- und Marktsituation fällt in den Kompetenzbereich des Spitzenmanagements. Weil der Aufbau, die umfassende Nutzung und die Verteidigung des geistigen Eigentums die strategische Ausrichtung des Unternehmens schlechthin betrifft, fällt die Entscheidung für ein SIP-Management und dessen Installierung in den Kompetenzbereich der Unternehmensführung.

Der hohe Stellenwert von SIP-typischen Aufgabenstellungen wie

▶ Bereitstellen der Mittel für die Durchführung von SIP,
▶ Reaktion auf die Identifikation juristischer Risiken im Bereich des geistigen Eigentums,
▶ Festlegen der Verteidigungspolitik von Schutzrechten und schützenswerten Wettbewerbspositionen

belegt, dass die damit verbundene Herausforderung sich an die Führungskräfte des Unternehmens selbst richtet. Die Führungsaufgabe wird wahrgenommen durch eine jedenfalls mittelfristige Festlegung der IP-Politik des Unternehmens, das Delegieren der Durchführung von SIP und die Installation von Mechanismen zur Kontrolle der Effizienz des strategischen IP-Managements.

Unmittelbar betroffen von der Umsetzung der SIP-Politik sind die Rechtsabteilung, die Patentabteilung und das für F&E verantwortliche Personal. Berührt wird mehr oder weniger intensiv auch die Arbeit des Marketings und weiterer für die – externe und interne – Unternehmenskommunikation zuständigen Instanzen. Ferner sind auch die für das Wissens – und Informationsmanagement zuständigen Bereiche an der Installation und Durchführung von SIP zu beteiligen, schließlich auch der Einkauf, der Vertrieb und das Finanzwesen. Bei näherem Hinsehen wird man erkennen, dass SIP letztlich alle Bereiche des Unternehmens angeht und Gegenstand der unternehmensinternen Kommunikation aller Unternehmensbereiche sein muss.

Systematisches SIP-Training

Die im Unternehmen an SIP Beteiligten sind mit aufgabenspezifischen Inhalten seminarförmig und „on-the-job" an die sie betreffenden SIP-Aufgaben und -Anforderungen heranzuführen.

Arbeitnehmererfindungen

Arbeitnehmer sind gesetzlich verpflichtet, sämtliche Erfindungen dem Unternehmen zu melden. Durch die Schaffung geeigneter unternehmensinterner Kommunikationsinstrumente ist sicherzustellen, dass von Arbeitnehmern gemachte Erfindungen vom Unternehmen schnell und sicher genutzt werden können. Der Inhalt von Arbeitnehmererfindungen ist zum Gegenstand des Wissens- und Informationsmanagements sowie des Technologiemanagements des Unternehmens zu machen. Hierfür sind seitens der Personalverwaltung in Zusammenarbeit mit den weiteren thematisch betroffenen Abteilungen geeignete Vorkehrungen zu treffen.

Ideenmanagement

Zugehörig zu den Themen HRM und Wissensmanagement ist der Bereich des Ideenmanagements. Es geht dabei um die Generierung, Sammlung und Auswahl geeigneter Ideen für Verbesserungen und Neuerungen aller Art im Unternehmen. Gedanklich ist das Ideenmanagement somit dem Innovationsmanagement zuzuordnen. Dieses Wort belegt bereits die Zugehörigkeit dieses Unternehmensbereichs zum Management des geistigen Eigentums.[107]

Das Ziel des Ideenmanagements, Leistungsreserven zu mobilisieren und überdies ein kreatives und kommunikationsaffines Arbeitsklima herzustellen, erreichte in den letzten Jahren in vorbildlicher Weise die Deutsche Post AG. Im Jahr 2007 betrugen die Aufwendungen des weltweit rund 500 000 Personen beschäftigenden Unternehmens etwa 12 Mio. Euro. Den mit dem Ideenmanagement erzielten Nutzen beziffert die Deutsche Post AG für dasselbe Jahr mit ca. 257,2 Mio. Euro![108]

Bei der Deutschen Post AG sah es noch in den 1990er Jahren genauso aus, wie bei der Mehrzahl der Unternehmen: Die „Sterbequote" guter Ideen war auch dort erschreckend hoch. Noch 1998 wurden von 267 000 Post-Mitarbeitern nur rund 8 700 Ideen eingereicht, von denen gerade einmal 16,6 Prozent realisiert wurden. In den Jahren 2005 bis 2007 überraschten die Mitarbeiter das Unternehmen mit durchschnittlich 204 200 Ideen. Hiervon wurden 75 Prozent zur Umsetzung angenommen und gut 50 Prozent tatsächlich realisiert.[109] Der durchschnittlich Jahresnutzen betrug in den drei Jahren 2005 bis 2007 266,4 Mio. Euro

---

107 Wegen der Bedeutung von Ideen für Unternehmen siehe auch die folgenden Ausführungen „Gute Ideen unter Schutz stellen".
108 Vortrag Günter Raffel, Leiter Konzernideenmanagement der Deutschen Post AG, am 13.10.2008 vor dem Marketing-Club Köln/Bonn.
109 Persönliche Auskunft von Herrn Raffel.

Darüber hinaus erweist sich das Ideenmanagement als ideales Führungsinstrument, um kommunikative Verhaltensweisen im Unternehmen einzuüben und zu verankern. Es entsteht ein Klima der Ermutigung und Förderung. Das dient direkt dem SIP-Ziel, Vorsprungspositionen zu schaffen und zu sichern.

Forschung und Entwicklung

Forschungs- und Entwicklungstätigkeit der Unternehmen bezweckt den Aufbau und die Pflege technologischer Leistungspotenziale bzw. technologischer Kernkompetenzen, die möglichst unmittelbar in konkrete Produkte umgesetzt werden.

Ziel der Forschungs- und Entwicklungstätigkeit (Technologieentwicklung) der Unternehmen muss es in erster Linie sein, grundlegende Erfindungen (Schlüsselerfindungen) hervorzubringen, die es gestatten, Schlüssel- oder Basispatente anzumelden und die Kerntechnologie der Unternehmung zu begründen oder zu auszuweiten. Zu diesem Zweck muss sich das Unternehmen des anwendungsorientierten Wissens sowie aller verfügbaren praktischen Erfahrungen bedienen. Die Vernetztheit von F&E mit dem betrieblichen Wissensmanagement ist offenkundig. Unmittelbar dazu gehört auch die systematische Generierung von Wissen[110] und die gezielte Förderung der Mitarbeiterkreativität.

Letzteres berührt wiederum den HRM-Bereich.[111] HRM muss daneben das Interesse des Unternehmens verfolgen, so genannte Schlüsselerfinder zu rekrutieren. Es ist nicht einmal besonders schwer, deren Identität zu ermitteln. Ein kundig durchgeführtes Patentinformationswesen ist durch das systematische Überwachen und Auswerten – sogar frei – zugänglicher Veröffentlichungen der Patentämter in der Lage, Schlüsselerfinder zu identifizieren und deren Schaffen im interessierenden Technologiebereich zu verfolgen. Die Namen und Adressen der Erfinder werden durch die Patentämter veröffentlicht, sodass es möglich ist, mit ihnen direkt Kontakt aufzunehmen. Ein Abwerben stellt nicht per se unlauteren Wettbewerb dar, sondern nur bei bestimmten „gesteigerten" Erscheinungsformen.

Ein systematisches Wissensmanagement[112] des Unternehmens weist die wesentlichen Träger von Know-how[113] aus. Es sind in der Regel besonders qualifizierte Mitarbeiter, deren langfristige Bindung an das Unternehmen für dessen Zukunftssicherung eine wesentliche Rolle spielt. Know-how-Trägerschaft ist von HRM zu registrieren und bei Personalentscheidungen und Förder- bzw. Entwicklungsmaßnahmen zu berücksichtigen.

---

110 Siehe dazu S. 85 „Schutz von Ideen".
111 Siehe S. 56.
112 Siehe S. 63.
113 Vgl. S. 125.

Ferner muss die Forschungs- und Entwicklungsarbeit auf die Ergebnisse der Grundlagenforschung zugreifen können. Zu diesem Zweck ist der systematisch aufgebaute und gepflegte Austausch mit universitären Institutionen zu nutzen. Hierbei gewonnene Erkenntnisse sind dem Informations- und Wissensmanagement des Unternehmens zuzuführen.

Zur Kerntechnologie des Unternehmens sind diejenigen Entwicklungsergebnisse zu zählen, die

▶ eine hohe wettbewerbsstrategische Bedeutung haben (sich absetzen vom Wettbewerb / hohes Differenzierungspotenzial im Vergleich zu Wettbewerbern / Vermitteln temporärer Monopole / partielle und zeitweilige Umkehrung des Käufermarkts zum Verkäufermarkt),

▶ schwierig zu umgehen sind,

▶ umgesetzt in Erzeugnisse, nur schwer substituiert und imitiert werden können,

▶ von hoher Dauerhaftigkeit und

▶ möglichst weit über das eigene Geschäftsfeld hinaus anwendbar sind.

Forschungs- und Entwicklungsvorhaben sind auf der Grundlage der Marktentwicklungs- und Wettbewerberanalyse visionär daraufhin zu durchleuchten, ob und in welchem Maß sie geeignet sind, Ergebnisse zu produzieren, die die Kerntechnologie des Unternehmens zukunftsträchtig bereichern. Technologieentwicklung ist – soweit es Unternehmen angeht – nicht Selbstzweck, sondern angewandte Forschung. Wird daneben auch Grundlagenforschung betrieben, ist unter der hier behandelten Thematik zu beachten, dass deren Ergebnisse in der Regel nicht Gegenstand rechtlichen Schutzes sein können. Wohl aber können sie durch vertragliche Vorkehrungen (Geheimhaltungsvereinbarungen) einem relativen Schutz zugeführt werden.[114] Denkbar ist ebenfalls, über gewerblich unmittelbar oder mittelbar verwertbare Erkenntnisse der Grundlagenforschung Lizenzvereinbarungen zu treffen.

Wissensmanagement

In einer immer mehr wissensbasierten Wirtschaftsgesellschaft ist die effiziente Absorbierung, Speicherung, Verwaltung und Nutzung von Wissen ebenso unerlässlich, wie dessen kreative eigene Hervorbringung und sein rechtlicher Schutz.[115]

---

114 Siehe S. 125 „Schutz von Know-how".
115 Siehe S. 85 „Schutz von Ideen".

▶ Aktuell vorhandenes Wissen existiert in Organisationen grundsätzlich in zwei unterschiedlichen Formen.

Das **explizite** Wissen ist das zumeist schriftlich niedergelegte Mitarbeiterwissen „über" Wissensgegenstände. Es ist zumeist zugriffsicher gespeichert und kann vergleichsweise leicht übertragen werden. Durch Speicherungs- und Transfervorgänge kann es sich vom Wissensentwickler und vom Wissensträger emanzipieren.

Dem steht das okkulte oder **stillschweigende** Wissen gegenüber. Dabei handelt es sich nicht um „Wissen über" sondern um ein „Gewusst-wie". Auch dieses Wissen (spezielles Know-how, Kniffe, Tricks etc.) stellt einen wertvollen Erfahrungsschatz des Unternehmens dar. Es wird „by doing" nach der Versuchs- und Irrtum-Methode erworben und lebt sowohl vom Praxisbezug als auch von der Kommunikation mit anderen Menschen, die die gleichen Probleme kennen, für die das stillschweigende Wissen Lösungen bereithält.

Dieses Erfahrungswissen ist in den Unternehmen zumeist nicht oder nur unzulänglich dokumentiert, und seine Übertragung geschieht mehr zufällig. Womöglich besteht bei den Mitarbeitern, je nach Unternehmensklima, die Tendenz, solches Wissen für sich zu behalten, da es immer auch persönliches Vorsprungswissen ist. Es erlaubt, die eigene Qualifikation und Kompetenz darzustellen und liefert Argumente für Gehaltsverhandlungen. Schließlich hat es für Bewerbungen in anderen Unternehmen nur dann argumentativen Wert, wenn man möglichst exklusiver Besitzer solchen Wissens ist.

Hier hat Wissensmanagement mit mehreren Zielen anzusetzen.

Zum einen geht es um die Erfassung dieses Wissens zum Zweck der Dokumentation. Erst dokumentiertes Wissen unterliegt einer Kontrolle bezüglich seiner Relevanz und Schlüssig- bzw. Richtigkeit. Erst wenn es schriftlich niedergelegt ist, kann es systematisch weiterentwickelt und beispielsweise zu Schulungszwecken aufbereitet werden.

Zum anderen bereichert die Weitergabe solchen Erfahrungswissens die Zusammenarbeit von Menschen im Unternehmen. Es bewirkt für die Wissensempfänger Job-Enrichment und verbessert die Effizienz der Arbeit von Teams. Wird das stillschweigende Wissen Gemeineigentum mehrerer Mitarbeiter, wächst die Chance, dass es schneller weiterentwickelt wird. Es entstehen Zuwächse an persönlicher Kompetenz.

▶ Das Hervorbringen neuen Wissens ist ein Kardinalanliegen auf Innovationen ausgerichteter Unternehmen. Systematische Kreativitätsförderung unterstützt dieses Anliegen maßgeblich und ist den Unternehmen dienstbar zu machen.

Kreativitätstraining wird von unterschiedlichen Institutionen angeboten. Die Angebote füllen allein bei Google 92 Seiten.[116] Dementsprechend groß ist das Angebot an Literatur über das Thema. Wegen des Jobbezugs ist ein Training in der Arbeitsumgebung zu bevorzugen.

Generator neuen Wissens ist aber auch die Unternehmenskommunikation selbst. Denn Kommunikation löst im Bereich menschlichen Erlebens gemeinschaftliches Handeln aus, „in dem Gedanken, Ideen, Wissen, Erkenntnisse... (mit-)geteilt werden und auch neu entstehen".[117]

▶ Neben der Generierung neuen eigenen Wissens im Unternehmen ist die Aufnahme neuen fremden Wissens ein wesentlicher Faktor für die intellektuelle Weiterentwicklung der Mitarbeiter des Unternehmens. Für den Prozess der Aufnahme fremden Wissens sind im Unternehmens Absorbtionskompetenzen und -kapazitäten[118] zu schaffen.

Eine besondere und besonders wertvolle Art fremden Wissens sind die Erkenntnisse über die Art und Weise, wie das eigene Unternehmen und seine Produkte durch seine Bezugsgruppen wahrgenommen werden sowie die Inhalte dieser Wahrnehmung. Die besondere Wichtigkeit dieses fremden Wissens entspricht dem außerordentlich hohen Stellenwert der starken und positiv aufgeladenen Wahrnehmbarkeit des eigenen Unternehmens und seiner Leistungen, die Ziel des SIP-Managements ist.[119]

Dementsprechend wichtig ist es, von den Bezugsgruppen Rückmeldungen über diese Wahrnehmungen zu erhalten. Um sich hierüber Kenntnisse zu verschaffen, können die Mittel und Methoden der Meinungsforschung eingesetzt werden. Die Ergebnisse der Erhebungen bei den Bezugsgruppen sind gründlich auszuwerten. Sie erlauben es, die Kommunikationsistrumente, die die Wahrnehmbarkeit des Unternehmens und seiner Erzeugnisse produzieren, und ihren Einsatz zu überwachen und bei Bedarf zu verändern.

▶ Ziel des Wissensmanagements ist die Aneignung von Erträgen aus der Schaffung neuen eigenen Wissens und der Aufnahme neuen fremden Wissens durch
  ▶ Erwerb und Einsatz von Schutzrechten und schutzrechtsähnlichen Positionen sowie
  ▶ die Entwicklung faktischer Instrumente, die die Aneignung unterstützen, wie beispielsweise Zeitvorteile (kurze „Time-to-market"), Geheimhaltungsstrategien (*Coca-Cola*), spezielle Distributionsstrategien (*Tupperware, Avon*), Aufbau einer starken unnachahmlichen, mit dem Versprechen eines hohen Kundennutzens verbundene Wahrnehmbarkeit des Unternehmens

---

116 Stand Ende Januar 2008.
117 Wikipedia-Stichwort „Kommunikation", S. 1 u.4 (3.9.2008).
118 Vgl. Ernst, H. (2002), S. 295.
119 Vgl. „Grundlagen" und „Vorwort".

und seiner Hervorbringungen, etwa aufgrund hervorstechender Service- oder auch besonderer Kommunikationsleistungen, beispielsweise im Sinne der „Mental Convenience".[120]

▶ Unter den wertvollen kognitiven Aktiva des Unternehmens gehört das geistige Eigentum zu den wesentlichen „intellectual assets". Die für das Wissensmanagement verantwortlichen Personen und zuständigen Unternehmensstrukturen sind infolgedessen direkt von dem Thema „Strategisches IP-Management" betroffen.

▶ Das unter einer Vielzahl von Aspekten unerlässliche effiziente Managen neuen Wissens, vor allem des im Unternehmen vorhandenen und neu generierten relevanten Wissens und der gespeicherten/dokumentierten Informationen hat eine besondere Bedeutung für die sachgerechte Verwaltung und Nutzung des geistigen Eigentums.

▶ Am Beispiel Patent kann die Bedeutung des Managements eigenen neuen Wissens verdeutlicht werden. Unter der Bezeichnung „Patentmapping"[121] ist ein Verfahren bekannt, das eine systematische Zuordnung von Schutzrechten und insbesondere der Patente zu verschiedenen geschäftsrelevanten Themen oder Gegenständen erlaubt. Die Schutzrechte können dabei nach unterschiedlichen Kriterien kategorisiert werden (z. B. Maß des mit der Erfindung realisierten Innovationssprungs – („Schlüsselerfindungen") – enthaltenes ökonomisches Potenzial, praktische Bedeutung, Lizenzierungsrelevanz, Verteidigungswürdigkeit, Restlaufzeit etc.). Dieser Vorgang erlaubt es, die Schutzrechte vernetzt unterschiedlichen Vorgängen und Bereichen des Unternehmens zuzuordnen und Erkenntnisse für seine Unternehmens- und Patentstrategie und ihre Ziele zu gewinnen. Gegenstände, denen die Schutzrechte zuzuordnen sind, können sein: Einheiten der Unternehmensstruktur, Geschäftsfelder, geschäftliche Projekte, Produktbereiche, einzelne Produkte, geografische Bereiche etc.

Das Patentmapping dient der Unternehmensführung zur Weiterentwicklung der Unternehmensstrategie und zugleich zur Ausrichtung der Verteidigungspolitik der Schutzrechte. Die gesicherte Einordnung als Schlüsselpatent verlangt, ermöglicht aber auch – sehr viel mehr als bei Gelegenheits- oder gar „Verlegenheitspatenten" – den schnellen und entschiedenen Entschluss zur wirksamen, notfalls gerichtlichen Verteidigung.

▶ Das Patentbeispiel mag verdeutlichen, dass es für ein gelungenes strategisches IP-Management von herausragender Bedeutung ist

▶ das im Unternehmen vorhandene IP-Wissen zu identifizieren und systematisch zu dokumentieren,

---

120 Kommunikationsinhalte und -prozesse gelten als „mentally covenient", wenn sie die leichte und gefällige Aufnahme von Informationen ermöglichen; vgl. Harnagel/Esch/Winter, „Einfach, verständlich, gewinnend", absatzwirtschaft I/2007, S. 38.
121 Vgl. Wurzer, A. (2004), S. 27.

- IP-Wissen des Unternehmens den Unternehmensangehörigen zugänglich zu machen,
- erforderliches IP-Neuwissen zu erschließen,
- generiertes Wissen in die Kommunikationsprozesse des Unternehmens einzuspeisen.

Informationsmanagement

In Zeiten der Wissensgesellschaft, zumal der Wissens**vorsprungs**gesellschaft, ist das systematische Generieren von wettbewerbsrelevanten Informationen ein herausragendes Anliegen der im Wettbewerb stehenden Unternehmen, gerade auch, was ihre Aufstellung im gesamten Bereich des geistigen Eigentums angeht.

Beschaffungskompetenz für Informationen und ein hierbei entstehendes Wissen kann unmittelbar zur Verstärkung der Wettbewerbsposition führen und helfen, gewichtige Vorteile zu erzielen und schwerwiegende Nachteile zu vermeiden.

Informationsmanagement zielt unter anderem darauf ab, dass das Unternehmen in Verbindung steht mit den relevanten Strömen neu entstehender Technologien. An der Schnittstelle zum Wissensmanagement muss im Unternehmen die ausgeprägte Fähigkeit entstehen, Erfindungen und Entdeckungen, von denen es Kenntnis erhält, bezüglich ihrer möglichen Verwertungen, Anwendbarkeiten und Weiterentwicklungsmöglichkeiten zu verstehen, und zwar in Bezug auf das Tätigkeitsfeld des Unternehmens oder seiner Ausweitung oder Veränderung.

Informationsmanagement bereitet Entscheidungsprozesse vor und vereinfacht sie in Bezug auf das Überflügeln von Mainstream-Entwicklungen und die Generierung von Schutz für dabei entstehende Technologien und sonstige Innovationen.

Patentinformationsmanagement

Wesentlich für Entscheider

- Das Patentinformationsmanagement dient dem schnellen und zielsicheren Auffinden von relevanten Innovationsideen, dem Schmieden von Produktkonzepten und ihrer Umsetzung. Damit ist dieses Info-Management ein entscheidender Faktor für die Wettbewerbsfähigkeit von Unternehmen.

- Dieses Informationsmanagement ermöglicht ein rasches Reagieren auf Entwicklungen in einer Zeit, in der der Markt für Innovationen zumeist von wenigen Technologieführer in kurzer Zeit abgeschöpft wird.[122]

---

122 Vgl. Wurzer, A/Grünewald, T. (2007) S. 5.

▶ Es fördert das zeitnahe Identifizieren von Innovationspotenzialen und deren Verwirklichung.

▶ Patentinformationen geben verlässlichen Aufschluss über den Anmelder und seine Strategien und Vorhaben. – Ausnahme: Finten.

▶ Patentinformationen machen technologische Fortschritte und sogar und kommerzielle Trends sichtbar.

▶ Kunden offenbaren hierdurch teilweise die Entwicklungen ihrer Geschäftsbereiche und bevorstehenden Aktivitäten.

▶ Patentinformationen vermeiden teure – und unnütze – Doppelforschung und -entwicklungen.[123]

▶ Patentinformationen helfen, im Technologiemanagement leichter bessere Entscheidungen zu treffen.

▶ Patentinformationen sind kostenlos erhältlich.

▶ Die Kommunikation des technologischen Stellenwertes eines Patents an die Bezugsgruppen (vor allem externe, aber auch interne) bewirkt Zukunftssicherung, indem sie das Vertrauen in das Unternehmen stärkt.

Patentinformationen betreffen erfindungsbezogen eine ganze Reihe wettbewerbsrelevanter Fragen, die einigen Aufschluss über den Anmelder geben können:

▶ Welches Unternehmen (Wettbewerber) ist Anmelder?

▶ Für welchen geografischen Bereich wird Schutz beansprucht?

▶ Welches ist der Stand der Technik im patentrelevanten Bereich?

▶ Was ist der Inhalt der Erfindung? Worin besteht die technologische Neuerung?

▶ Welcher Schutz wird für die Erfindung beansprucht?

▶ Welche Ausführungs- oder Anwendungsbeispiele schweben dem Anmelder vor?

▶ Welche weiteren liegen nahe?

▶ Welche Rückschlüsse können von daher auf zukünftige marktliche Aktivitäten des Anmelders vorgenommen werden (geografische Erweiterung des Aktionsfeldes, Dehnung der Produktpalette)?

▶ Welche Erkenntnisse lassen sich bei der Auswertung der Schaubilder, Zeichnungen oder Formeln der Patentschrift gewinnen?

▶ In welchen Technologiebereichen ist das Patent (die technische Neuerung) angesiedelt?

▶ Wer ist der/sind die Erfinder? (Sie werden in Patentschriften mit ihren Wohnadressen angeben, einer Information, die zur Lokalisierung von Innovationsschwerpunkten von einigem Interesse sein kann, vor allem, wenn sie in aus-

---

123 Nach Schätzungen des Europäischen Patentamts betragen die Aufwendungen für unnötige Doppelforschung und -entwicklung in Europa rund 20 Milliarden Euro jährlich.

wertungsbereiten Datenbanken verfügbar wird. Ferner können diese Angaben für Belange der Personalrekrutierung wichtig sein.)

Antworten auf diese Fragen liefern die jederzeit frei einsehbaren Veröffentlichungen der Patentämter bzw. öffentlich zugänglichen Patentdatenbanken.[124] Deren Inhalte stellen aktuelle, hochwertige und oftmals anderweitig nicht verfügbare Technologieinformationen dar. Sie werden bereits seit einigen Jahren umfangreich von den Informationssuchenden in Anspruch genommen. Bereits Ende 2005 erreichten die Datenbank esp@cenet des Europäischen Patentamts nahezu 8 Millionen Anfragen pro Tag![125]

In Bezug auf das Patentmanagement[126] des Unternehmens ist das Informationsmanagement in mehrfacher Hinsicht wichtig. Die Analyse der Informationen in den Patentdatenbanken ermöglicht eine gründliche Wettbewerberanalyse und das Erkennen des Patentierungsverhaltens und der Patentstrategien der Konkurrenten. Rückschlüsse über die Bedeutung von Technologie-, Produkt- und Geschäftsbereichen bei Mitbewerberunternehmen werden möglich. Zugleich werden wichtige Erkenntnisse über den jeweiligen Stand der Technik generiert, die einerseits teure – und unnütze – Doppelforschung und -entwicklungen und andererseits die Verletzung fremder Schutzrechte vermeiden helfen. Patentinformationen helfen so, knappe F&E-Mittel gezielter einzusetzen. F&E-Zeiten können erheblich verkürzt werden.[127]

Exakte Stand-der-Technik-Informationen sind im Übrigen ein hervorragendes Mittel, im Rahmen einer defensiven Patentstrategie mit Hilfe von Einspruchsverfahren gegen Wettbewerber-Patente Schutzpositionen von Konkurrenten zu vernichten und deren Angriffe hieraus auszuhebeln.[128]

Erfolgt die Analyse der Patentinformationen unter geografischen Gesichtspunkten, lassen sich daraus zum Teil strategisch wertvolle Erkenntnisse über technologische und kommerzielle Schwerpunktbildungen von Konkurrenten gewinnen und einzelnen Technologiefeldern zuordnen.

---

124 Internet-Recherchenzugänge der hauptsächlichen Patentämter:
     https://dpinfo.dpma.de/;
     http://oami. eu.int./de/database/ctm-online.htm;
     http://www.wipo.int/ipdl/en/search/madrid/search-struct.jsp;
     http://www.uspto.gov/patft/index.html;
     https://publications.european-paten-office.org/PublicationsServer/index.jsp?lg=en;
     http://www.european-patent-office.org/jpinfo/;
     http://swissreg.ch
125 Quelle: Wurzer, A./Grünewald, T. (2007), S. 17.
126 Vgl. S. 140.
127 Vgl. Wurzer, A. (2004), S. 11, 47. Nach dort zitierten Schätzungen des DPMA könnte ein Drittel des F&E-Aufwands in der Größenordnung von € 12 Mrd. eingespart werden.
128 Vgl. Gassmann O./Bader, M. (2006), S. 36.

Für B2B-Geschäftsbeziehungen kann die Beachtung des Anmeldeverhaltens von eigenen oder potenziellen Kunden wertvolle Aufschlüsse über die Entwicklungen ihrer Geschäftsbereiche und prospektive Aktivitäten liefern und damit über ihre Kundenbedürfnisse.

Ebenso wie das Unternehmen das Patentierungsverhalten der Konkurrenz kontrolliert, wird auch sein eigenes Verhalten auf diesem Gebiet überwacht, und zwar nicht nur von Konkurrenten, sondern womöglich auch von wichtigen gewerblichen Kunden (B2B-Geschäft). Das eigene Anmeldeverhalten des Unternehmens erlaubt dementsprechend eine gezielte Selbstdarstellung beispielsweise in der Unternehmens- bzw. Produktwerbung und auf den Produktetiketten oder -verpackungen.[129] Mit eigenen Anmeldungen kann folglich absichtsvoll die technologische Wahrnehmbarkeit des Unternehmens und seiner Produkte beeinflusst werden. Das stellt klar, das die Bereiche Patente – Unternehmenskommunikation – Marketing zueinander in Relation stehen. Patente lassen sich im Innovationsmarketing des Unternehmens nutzen. Von dieser Möglichkeit müssen die Unternehmen gezielt profitieren. Der Vorsprung, der sich anhand der technologischen Innovation zeigt, die bei der Anmeldung zum Ausdruck kommt, stärkt die positive Wahrnehmbarkeit des Unternehmens. Je größer er ausfällt, je deutlicher er ins Auge fällt, desto eher handelt es sich um ein Basis- oder Schlüsselpatent, das nicht nur einen bedeutenden Schutzumfang haben, sondern auch für eine qualifizierte Wahrnehmbarkeit der technologischen Autorität des Unternehmens sorgen wird.

In rechtlicher Hinsicht offenbart eine Analyse der Patentdaten, in welcher Hinsicht und mit welchem Umfang das Patent Schutz entfaltet (sachlicher und geografischer Schutzumfang). Unter fremdem Patentschutz stehende Technologiebereiche können identifiziert und gemieden werden. Zugleich offenbaren sich Ansatzpunkte für eigene – stets erlaubte – Patentumgehungen.

Die Überwachung der Konkurrenten kann noch in anderer Hinsicht lohnend sein: Sollte einer von ihnen infolge Zahlungsunfähigkeit die für die Aufrechterhaltung eines Patentschutz zu zahlenden Jahresgebühren nicht entrichten können, verliert er das Patent.[130] Das gilt auch im Fall eines eröffneten Insolvenzverfahrens. Die entsprechenden Zahlungsfristen werden durch die Eröffnung des Insolvenzverfahrens nicht unterbrochen.[131] Hier kann eine Markt- und Patentüberwachung die Erkenntnis liefern, dass bedeutende Erfindungen gemeinfrei geworden sind. Sofern es noch nicht zum Erlöschen des Patents gekommen ist, kann es vom

---

129 Wettbewerbsrechtlich zulässige Hinweise (sofern sachlich zutreffend):
- „Patent angemeldet" oder „Patent offengelegt" nach Veröffentlichung der Offenlegungsschrift,
- „Patent pending" nach Anmeldung, aber vor Erteilung,
- „Patentware", „patentiert", „Patentschloss", „Patent..." nach Erteilung des Patents.
130 § 20 Absatz 1 Nr. 3 PatG.
131 Vgl. BGH, GRUR 2008, 551 – Sägeblatt.

Insolvenzverwalter gegebenenfalls günstig übernommen werden. Auch hier zeigt sich die Vorteilhaftigkeit eines qualifizierten Patentinformationswesens.

Patentinformationen können aber auch noch auf anderem Wege erlangt werden: Wer aufgrund attraktiver eigener Schutzrechte, vornehmlich von Patenten, am wechselseitigen Austausch von Lizenzen („cross-licencing") mit Kooperationspartnern gleich welcher Art teilnehmen kann, erhält auch auf diese Weise Zugang zu externem technologischen, eventuell sogar unmittelbar verwertbarem komplementären Wissen. Entstehen daraus strategische Allianzen, ist ein nachhaltiger Informationsfluss gewährleistet.

Werden auf diesem Weg gewonnene Patentinformationen systematisch ausgewertet, hilft das Ergebnis, im Technologiemanagement leichter bessere Entscheidungen zu treffen.

Die Bedeutung des „cross-licensing" ist so hoch zu veranschlagen, dass die Anmeldung bestimmter Schutzrechte allein für die Erschließung dieser Informationsquelle gerechtfertigt erscheinen kann.

Patentinformationsmanagement setzt die Einrichtung einer systematischen und à jour gehaltenen Dokumentation eigener und interessanter fremder Patente voraus. Die effektive Kommunikation des dokumentierten Wissens innerhalb des Unternehmens reduziert wesentlich das Risiko, bei Neuentwicklungen die Schwelle des Stands der Technik nicht zu überspringen. Doppelentwicklungen werden weitestgehend vermieden.

Soweit Patente angemeldet werden, um Wettbewerber blockieren zu können oder um Patentsperren zu errichten, setzt das Entstehen dieser Wirkung voraus, dass die betroffenen Mitbewerber dessen gewahr werden. Im Rahmen des Patentinformationsmanagements ist somit auch sicherzustellen, dass die Information über das Bestehen blockierenden oder sperrenden Patentschutzes die Adressaten dieser Kommunikation verlässlich und ausreichend deutlich erreicht. Auch insoweit ist auf eine im Sinn des Unternehmens starke und positive Wahrnehmbarkeit durch diese Bezugsgruppe hinzuwirken.

Die Anforderungen an ein anspruchsvolles Patentinformationsmanagement sind hoch. Um ihnen zu genügen, ist es unumgänglich, ein „Pflichtenheft" zu erstellen, das die Anforderungen an eine wirksame und wirkungsvolle Kommunikation von Patentinformationen an die Bezugsgruppen aufstellt und die Adressaten ebenso festlegt, wie auch die Inhalte und die Medien, die für die Patentkommunikation benutzt werden sollen.[132]

---

132 Vgl dazu ausführlicher Burr, W./Stephan M./Soppe, B./Weisheit S. (2007), S. 233 ff.

Markeninformationsmanagement

Ganz ähnlich wie bei Patenten bietet sich im Bereich des Markeninformationsmanagements das Nutzen von Datenbanken an. Die über das Internet erreichbaren unentgeltlichen Informationen der mit der Registrierung von Marken befassten öffentlichen Institutionen lassen sich vielfältig nutzen. Erkenntnisse zur Frage „Wer meldet welche Marken für welche Waren und/oder Dienstleistungen an?" können von einigem Wert nicht nur für die Kennzeichenpolitik des Unternehmens sein, sondern darüber hinaus strategische Entscheidungen allgemeiner Art beeinflussen.

Der benutzerfreundliche automatisierte Zugriff auf nationale und internationale Datenbanken[133] bietet einen Blick auf Trends und Entwicklungen von Anbietern/Nachfragern und Märkten. Eine besondere Herausforderung stellt die kombinierte Auswertung unterschiedlicher Datenbanken dar. Werden die Erkenntnisse des Patent- und des Markeninformationsmanagements miteinander abgeglichen, sind gegebenenfalls entscheidend wichtige Rückschlüsse auf dritte Akteure möglich.

Sonstiges IP- Informationsmanagement

Im Bereich der Formgebung ist das Verfolgen und Dokumentieren der auf dem Markt auftretenden Gestaltungen – auch der eigenen – von besonderer Wichtigkeit, und dies unter mehreren Gesichtspunkten.

Zunächst lassen sich aus dieser Beobachtung wichtige Erkenntnisse über Trends und Moden gewinnen. Das kann eine nicht unwichtige Orientierung der eigenen Formgebung bewirken.

Des weiteren ist mit dieser Aufnahme der Entwicklung von Gestaltungen jederzeit leicht darzustellen, wie sich die eigene Formgebung von bekannten Gestaltungen Dritter abhebt. Das ist für die Begründung und vor allem Verteidigung entsprechender Schutzrechte (schutzrechtsähnlicher Positionen) von grundlegender Bedeutung.

Die in dieser Weise systematisch generierten Wissensinhalte sind den interessierten/betroffenen Unternehmensabteilungen verfügbar zu machen, wie etwa dem Marketing und der Produktentwicklung. Die Bedeutung dieses Informationsflusses wird anhand folgender Überlegung ersichtlich:

---

133 · National: Deutsches Patent- und Markenamt:. https://dpinfo.dpma.de/protect/mar.html;
Europäische Union: http://oami.europa.eu/CTMOnline/RequestManager/de_SearchBasic?transition=
start&source=Log-in.html&language=de&application=CTMOnline;
Internationale Markenorganisation WIPO: http://www.wipo.int/ipdl/en/search/madrid/search-struct.jsp.

Das Verfolgen und Dokumentieren der auf dem Markt auftretenden Kreationen im Bereich der Form- und Kennzeichengestaltungen schützt vor dem Verletzen fremder Rechte, insbesondere solcher, die nicht durch Eintragung in amtliche Register, sondern nur durch Benutzung oder Offenbarung entstehen, wie zum Beispiel die so genannte – im Verkehr bekannt gewordene und durchgesetzte – umfangreich benutzte Marke, das nicht eingetragene Gemeinschaftsgeschmacksmuster oder die Urheberrechte.

Gerade das nicht eingetragene europäische Gemeinschaftsgeschmacksmuster ist ein im Bereich der Produktgestaltung besonders interessantes Recht.[134] Es entsteht durch bloße Schöpfung eines Musters und dessen Offenbarung (der Öffentlichkeit zugänglich machen)[135] und ist gegen Nachahmungen[136] geschützt. Eine Kollision mit solchen nicht eingetragenen Rechten, die praktisch nicht systematisch recherchierbar sind, lässt sich nur durch gründliche Marktbeobachtung vermeiden. Dem Nachahmungsvorwurf entgehen solche Gestaltungen, die beim informierten Benutzer einen abweichenden Gesamteindruck hinterlassen.[137] Das Bemühen, einen gehörigen Abstand zu bereits veröffentlichten Formgebungen einzuhalten, wird sich maßgeblich nur durch die Kenntnis der mit dem Informationsmanagement erfassten Kreationen erreichen lassen.

Es liegt auf der Hand, dass hier ein enger Informationsaustausch zwischen der Produktentwicklung und der mit dem Geschmacksmusterschutz befassten Abteilung notwendig ist, die insoweit zu vernetzen sind.

Marketing

Im Bereich des Informationsmanagements – aber natürlich nicht nur dort – ist das Marketing unter dem Gesichtspunkt der Unternehmenskommunikation eine strategische Disziplin von entscheidender Bedeutung. Marketing hat zur Aufgabe, die Wahrnehmbarkeit des Unternehmens und seiner Hervorbringungen zu optimieren und die Prozesse deren Wahrnehmung durch die Bezugsgruppen zu steuern.

Ob der Definition des Begriffs Marketing der „AMA American Marketing Association" von 1985[138] gefolgt wird, die als allgemeine Lehrmeinung bezeichnet wird[139], oder der mehr vom Stakeholder-Ansatz geprägten Begriffsbestimmung

---

134 Siehe S. 120.
135 Vgl. Art. 7 GGV.
136 Nachahmung = Übernahme fremder Leistung durch Anlehnung an ein dem Nachahmer bekanntes Vorbild (vgl. z.B. Piper/Ohly, UWG, § 4 Rn 9/42).
137 Vgl. Art. 10 GGV.
138 „Der Planungsprozess der Konzeption, Preispolitik, Promotion und Distribution von Produkten und Dienstleistungen, um Austauschprozesse zu erreichen, die individuelle und organisationale Ziele erfüllen." (s. Wikipedia „Marketing", 05.08.2007).
139 Wikipedia-Artikel „Marketing", Stand: August 2007.

von Esch[140] – es kommt für beide definitorischen Ansätze entscheidend auf die Unternehmenswahrnehmung durch die Bezugsgruppen an. Diese Wahrnehmung ist grundlegend. Eine Marke bildet sich nur vom Konsumenten her, nicht vom Unternehmen. Die Marke „gehört" in diesem Sinne dem Verbraucher und existiert relevant überhaupt nur in seiner Vorstellung.[141]

Das Erreichen des bezweckten Austauschprozesses im Sinne der AMA-Auffassung von Marketing (siehe Fußnote 138) setzt voraus, dass die Produkte oder Dienstleistungen als tauglich erkannt werden, mit ihnen die individuellen oder organisationalen Ziele erreichen zu können. Begründen sie bei den Bezugsgruppen mit der erforderlichen Stärke und inhaltlichen Qualität der Botschaft den Eindruck, dass mit ihnen diese Ziele besser erreicht werden können als mit denjenigen anderer Mitbewerber, besteht die Chance, dass das Unternehmen anderen vorgezogen wird.

Die Ausrichtung aller Unternehmensaktivitäten auf die Wünsche und Bedürfnisse von Anspruchsgruppen führt dann zum Erfolg, wenn deren Wahrnehmung durch eben diese Gruppen im vorstehenden Sinn vorteilhaft ausfällt. Nach der Wahrnehmbarkeit der einzelnen Gegenstände des geistigen Eigentums durch die Bezugsgruppen des Unternehmens richtet sich auch deren Bedeutung und Wert. Sie bestimmt zugleich deren Wirksamkeit. Somit offenbart sich der Zusammenhang zwischen SIP und Marketing unter dem Gesichtspunkt der Informationsvermittlung. Marken, Produktformen, Patentveröffentlichungen, Verpackungsgestaltungen etc. transportieren derartige Botschaften, die marketingtauglich sind und Gegenstand von Schutzrechten sein können.

Dieser Umstand kann mit der Aussage versinnbildlicht werden, dass das Management des geistigen Eigentums der Ort ist, an dem die gewerblichen Schutzrechte und das Marketing eines Unternehmens miteinander verabredet sind. Ihr Treffen im Sinne eines synergetischen Zusammenwirkens zu gewährleisten, ist das Anliegen des strategischen IP-Managements SIP.

Dieser Betrachtung kommt das neue Verständnis von Marketing entgegen, das ohnehin davon ausgeht, dass Unternehmen in ihrer Marktorientierung eine Vielzahl von miteinander vernetzten Faktoren beachten und instrumentalisieren müssen. Das geht einher mit der inzwischen verbreiteten Einsicht, dass nicht mehr nur bloße Produkte, sondern vorrangig Problemlösungen gefragt sind. Innovative Dienstleistungen rund um das Produkt erlangen einen eigenen Wert für die Wahrnehmbarkeit des Unternehmens. Deren Schaffung und Integration in die Wertschöpfungskette sowie die Begründung begleitender absichernder Schutzrechte erhalten einen besonderen Stellenwert.

---

140 „Marketing im Sinne einer marktorientierten Unternehmensführung kennzeichnet die Ausrichtung aller relevanten Unternehmensaktivitäten auf die Wünsche und Bedürfnisse von Anspruchsgruppen." (Quelle wie Fn. 4).

141 Vgl. Göttgens, O./Gelbert, A./Böing, C. (2003), S. 10: „A brand is the consumer´s idea of a product."; vgl. auch Esch, F.-R. (2005), S. 23.

Primäre Aufgabe des Marketings ist es, eine absatzfördernde, am Markt orientierte Wahrnehmung des Unternehmens und seiner Leistungen zu gewährleisten.

Dafür ist entscheidend, dass der Erfolg von Unternehmen und Produkten davon abhängt, wie ihre Bezugsgruppen sie wahrnehmen und bewerten. Eine starke und positive, mit dem Versprechen eines hohen Kundennutzens verbundene Wahrnehmbarkeit von Unternehmen und Produkten fördert kommerziellen Erfolg. Die davon profitierenden Kommunikationsmittel wirken positiv verstärkend auf die Wahrnehmbarkeit von Unternehmen und Produkten zurück. Die wahrnehmbaren Gegenstände sind beispielsweise als Marken, Produktformen/Geschmacksmuster, aber sogar auch als Patente schutzrechtsfähig und vermitteln Monopolpositionen. Somit offenbart sich der Zusammenhang zwischen der durch Marketingmaßnahmen hergestellten wettbewerbsstarken Sichtbarkeit eines Unternehmens und dem Niveau seiner Schutzrechtskultur.

Zur Verdeutlichung stelle man sich entsprechend der Abbildung 6 ein „Feld der Wahrnehmung" vor, auf dem unternehmensseitig das Unternehmen und seine betrieblichen Leistungen sichtbar gestellt und zielgruppenseitig Wahrnehmungsleistungen erbracht werden. Dort treffen sie aufeinander. Auf der Unternehmensseite werden unter Beteiligung der betroffenen Abteilungen Produkte, Erscheinungsformen, Zeichen und Symbole sowie Präsentationen zu Absatzzwecken wahrnehmbar gemacht. Bezugsgruppenseitig ist eine differenziert dosierte und akzentuierte Wahrnehmungsbereitschaft und -fähigkeit vorhanden, die mit ästhetischen, emotionalen und rationalen Aufnahmedispositionen darauf wartet, von den Botschaften des Unternehmens angesprochen zu werden.

Quer zu den sich begegnenden Sendeinhalten/Empfangsbereitschaften liegt eine gedachte Ebene, auf der ein Kristallisationsvorgang stattfindet. Dort nämlich, wo unternehmensseitige Aussendungen auf Wahrnehmungsbereitschaften der Zielgruppen treffen und zu gehaltvollen Perzepten werden, entstehen schutzrechtsfähige Positionen. Was auf dieser Ebene als erfinderischer Sprung erscheint, kann gegebenenfalls zum Patent erstarken. Symbole, die hier ihre Unterscheidungskraft entfalten und erkennen lassen, können dementsprechend Marken werden. Erscheinungsformen von Produkten, die auf dieser Ebene auffallen, weil sie nicht als „déjà vu" abgetan werden, haben das Zeug zum Geschmacksmuster.

Auf dem Feld der Wahrnehmung der Signale unternehmerischer Kommunikation bzw. der Sichtbarkeit des Unternehmens und seiner betrieblichen Leistungen produziert deren wahrgenommenes Erscheinungsbild Gegenstände von Schutzrechten. Da dies unvermeidlich geschieht, ist es von Vorteil, das Marketing und das systematische, strategisch ausgerichtete Begründen und Managen des geistigen Eigentums gezielt zusammenzuführen. Dadurch wird die Hervorbringung von Schutzrechten ein zielgerichteter Vorgang. Entstehen so Schutzrechte und werden sie nach den Regeln der Kunst förmlich wirksam - also durchsetzbar - begründet und benutzt, wirkt das letztlich sogar verstärkend auf die Wahrnehmung des Unternehmens und seiner Leistungen zurück.

Abbildung 6 verdeutlicht die Lage des Feldes der Wahrnehmung und der Schnittstelle, an der sich die sichtbaren Erscheinungen unternehmerischen Schaffens und deren Wahrnehmung durch die Bezugsgruppen treffen. Dabei ist stets im Blick zu behalten, dass die Richtung der Aufnahme von Signalen nicht von deren Quelle aus bestimmt wird. Vielmehr sind es die Bezugsgruppen, die bestimmen, welche Botschaft bei ihnen ankommt. Sie schaffen durch ihre Perzeption die Inhalte der Wahrnehmung.[142]

Abbildung 6:   „Feld der Wahrnehmung"

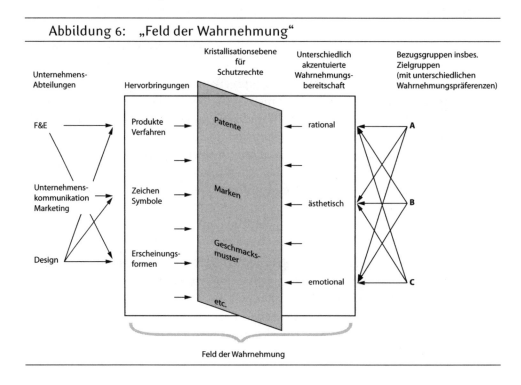

Feld der Wahrnehmung

---

142   Vgl. Schultz v. Thun, F. (1981), S. 61; Löbler (2007), in absatzwirtschaft 5/2007, S. 76.

Im zentralen Bereich der Wahrnehmung müssen bevorzugt und gezielt solche Wahrnehmungsobjekte (Perzepte) platziert werden, die gewährleisten, dass das Unternehmen und seine Leistungen in starker und qualifizierter – positiv aufgeladener – Weise durch die Bezugsgruppen wahrgenommen werden. Aus dieser marketinggetriebenen Wahrnehmbarkeit entstehen die begehrten schutzrechtsfähigen Positionen, die sich zu Schutzrechten und damit zu Monopolpositionen verdichten können.

Der alsdann durch Schutzrechte abgesicherte Kern der unternehmerischen Betätigung kann durch Marketingmaßnahmen in seiner Wirkung wiederum entscheidend gestärkt werden. Nicht von ungefähr und sehr zu Recht stellt der bekannte Bonner Unternehmensberater Prof. Dr. Hermann Simon fest, dass die technologisch starken Unternehmen besonders dann erfolgreich sind, wenn sie die richtige **Kombination von Technologie und Marketing** implementieren.[143]

Eine entsprechende nutzbringende Vernetzung ist auch Unternehmen anzuraten, die ihren Kompetenzschwerpunkt technologiefern in der **Gestaltung** von Produkten oder Dienstleistungen haben. Sie sollten eben diesen Leistungsfaktor in ihrem Marketing lebendig werden lassen, um die erfolgstreibende Wirkung dieser Vernetzung auch abseits „harter" Technologiebereiche entstehen zu lassen.

Schaffen von Schutzrechtspositionen

Die Schaffung von Schutzrechtspositionen ist verzahnt mit der Hervorbringung von wettbewerbsfähigen Erzeugnissen und ihrer Darbietung, die Kaufinteresse weckt und anheizt. Jedes erfolgreiche IP-Management setzt das Erkennen und Entwickeln einer rechtlich schutz- und marktfähigen Innovation voraus.[144]

Wer Produkte entwickelt mit der Absicht, für die Entwicklungsergebnisse einen attraktiven Return On Investment zu gewinnen und diese Ergebnisse durch mindestens zeitweilige Monopolpositionen abzusichern, sieht sich vor die immer gleiche Herausforderung gestellt: Er muss nach Möglichkeit das „perfekte" Produkt schaffen, welches durch seine starke und positive, mit dem Versprechen eines hohen Kundennutzens besetzte Wahrnehmbarkeit eine solche Begehrlichkeit weckt, dass die Angehörigen der Zielgruppe dem Angebot einfach nicht widerstehen können. Sie müssen das Erzeugnis unbedingt besitzen, achten kaum noch auf den Preis und nehmen Konkurrenz- oder Substitutionsprodukte nicht mehr wahr. Die Wahrnehmung des eigenen Erzeugnisses muss die der Konkurrenzprodukte verdrängen.

---

143 Hermann Simon in www.Simon-Kucher.com > Hidden Champions SandAir.pdf., Interview durch David Williams, SandAir.
144 Vgl. Achleitner/Jarchow/Schraml/Nathusius (2008), GRUR Int. 2008, S. 585.

Ausgangspunkt – sozusagen als „Rohmaterial" der Schutzrechtspositionen – ist immer die bloße Produktidee. Sie ist als solche indes kaum kommerzialisierbar und rechtlich nicht oder nur schwer schutzfähig.[145] Ihr gegenüber steht das ideale Produkt, das doppelt perfekt ist: Es ist optimal marktfähig und im selben Maße schutzfähig.

Abbildung 7:   Von der Idee zum perfekten Produkt

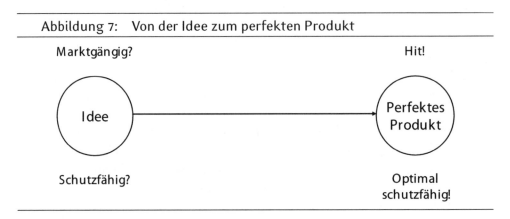

Mit der Entwicklungsarbeit, die sich – gegebenenfalls zusammen mit ergänzenden Forschungstätigkeiten – der Ideenfindung und -ausformulierung anschließt, werden unterschiedliche Ansätze verfolgt, um das Angebot einzigartig hochwertig, unverzichtbar, attraktiv, unverwechselbar etc. zu machen. Das kann auf mehreren Ebenen und mit unterschiedlichen Maßnahmen erfolgen, deren Effekte synergetisch zusammenwirken können: Dem Erzeugnis kann eine derartig **attraktive Erscheinungsform** verliehen werden, dass der Betrachter seinen Besitz als maßgebliche ästhetische Bereicherung seines Lebensraumes empfindet und nicht darauf verzichten möchte. Es kann von seiner **Qualität** her so überzeugend sein, dass man es allein deswegen und ohne auf tatsächlichen Nutzen zu achten besitzen möchte. Die **technischen und funktionellen Vorzüge** des Erzeugnisses erscheinen solchermaßen vorteilhaft, dass es eine bedeutende Lebenserleichterung verspricht. Die von der **Anmutung** des Produkt, seiner **Aufmachung** und **Präsentation** ausgehenden Botschaften üben auf der Kommunikationsebene eine so starke Anziehungskraft aus, dass die Begehrlichkeit für die Angehörigen der Zielgruppe den Bereich der Kontrollierbarkeit verlässt. Idealerweise wirken diese diversen Faktoren kumulativ und generieren Synergieeffekte, sodass die Attraktivität des Erzeugnisses dadurch exponentiell profitiert.

In dem Maße, wie derartige Zustände der Ausentwicklung des Produkts und seines Angebotes erreicht werden, steigt zumeist parallel mit seinem kommerziellen Potenzial zugleich seine rechtliche Schützbarkeit. Häufig wird der Weg zu

---

145 Siehe S. 85.

gleich mehreren Quellen rechtlichen Schutzes eröffnet. Die besonders attraktive Erscheinungsform kann Gegenstand eines urheberrechtlichen Schutzes sein. Die Form kann zum Geschmacksmuster anmeldet werden. Deren Abbildung kann als Bild- oder dreidimensionale Marke angemeldet werden. Die technischen und funktionellen Vorzüge des Erzeugnisses beruhen auf Erfindungen, die durch Patente oder Gebrauchsmuster geschützt werden können. Die von der Anmutung des Produkts, seiner Aufmachung und Präsentation ausgehenden Botschaften einschließlich des Eindrucks, den seine Qualität vermittelt, können dem Schutz vor Nachahmung nach dem Gesetz gegen den unlauteren Wettbewerb (UWG) zugänglich sein.

Diese Vorgänge sind nach Möglichkeit gezielt zu steuern, schutzfähige Ergebnisse der Entwicklungsarbeit sind bewusst mit Blick auf verfügbare Schutzmöglichkeiten herbeizuführen und die relevante projektbezogene Kommunikation des Unternehmens sind so zu gestalten, dass die von ihr ausgehenden Wirkungen den eintretenden Schutz steigern.

Das „perfekte Produkt" ist überzeugend manifestierte Kompetenz und „geronnenes" Wissen. Ziel muss es sein, dieses Wissen zumindest temporär exklusiv nutzen zu können, um Wettbewerbsvorteile zu generieren und unter Ausschluss der Wettbewerber zu nutzen. Diesem Ziel dient der Erwerb von Schutzrechten.

Strategische Schaffung von Schutzrechtspositionen / Schutzrechtsanmeldungen

Die strategische Ausrichtung von IP hat zum übergeordneten Fernziel, die Wahrnehmbarkeit des Unternehmens und seiner Leistungen zu optimieren und in der Weise zu stärken, dass sie Begehrlichkeit hervorruft und dazu führt, dass das Unternehmen anderen vorgezogen wird. Diesem Ziel hat die Begründung von Schutzrechtspositionen zu dienen, und danach hat sie sich auszurichten.

Zur formalen Schaffung von Schutzrechtspositionen ist zu bemerken, dass sie durch deren faktische Begründung (Begründung von Besitzständen infolge der Aufnahme einer Benutzung, Durchsetzung im Verkehr, des Erwerbs eines hohen Bekanntheitsgrades oder Ähnliches) oder durch Registeranmeldung erworben werden können (Patente, Marken, eingetragene Geschmacksmuster etc.).

Die formale Begründung von Schutzrechtspositionen hat indes nichts damit zu tun, ob das erworbene Recht den Wert hat und die Möglichkeiten eröffnet, die die strategische Ausrichtung von IP dem Unternehmen gewinnen will. Soweit es beispielsweise Marken angeht, ist es offenkundig, dass nicht alle Kennzeichen ökonomisch dasselbe leisten. Anzustreben ist, eine möglichst kommunikationsstarke und – rechtlich gesprochen – kennzeichnungskräftige Marke zu besitzen. Um dieses Ziel zu erreichen, ist es meist nötig, sich nicht von den eigenen Eingebungen und Impulsen leiten zu lassen. Wem zum Beispiel nichts Besseres einfällt, als für Erhaltungsdienstleistungen für Gebäude in der bayrischen Metropole die Marke „Münchner Hausmeisterdienste" anzumelden oder für ein Stahlhandelsunternehmen den Begriff „Steel-Corporation", dem sollte dringend geraten werden, die Dienste in Anspruch zu nehmen, für die er eben nicht kompetent ist, nämlich die der Markenentwickler. In der Tat beginnt die Schaffung einer Marke, die für ein strategisches IP-Marketing tauglich ist, mit der Auswahl eines für die jeweiligen geschäftlichen Vorhaben bestmöglich geeigneten Markenworts oder -symbols. In Deutschland werden von einer Vielzahl von spezialisierten Dienstleistern entsprechende Markenentwicklungen angeboten, die teilweise Marken mit erstaunlichem Markterfolg „erfunden" haben.[146]

Entsprechendes gilt für jeden anderen Bereich der Schaffung von unternehmerischen Hervorbringungen, etwa dem des Designs. Auch hier ist Wert zu legen auf deutliche Andersartigkeit im Verhältnis zu bereits bekannten Erscheinungsformen. Denn allein der Abstand dazu verheißt Aufmerksamkeit und damit Marktchancen und gewährt Designschutzrechte mit interessantem Schutzumfang.[147] Die unternehmerische Herausforderung liegt auf beiden Gebieten, dem der Schöpfung und – verbunden damit – dem des Gewinns rechtlicher Schutz- bzw. Monopolpositionen.

Es versteht sich von selbst, dass Schutzrechtspositionen bzw. Schutzrechte nicht isoliert – Punkt für Punkt – begründet werden dürfen, sondern stets koordiniert und konzentriert mit Blick auf bereits bestehende oder beabsichtigte weitere Rechte oder Rechtspositionen und unter Berücksichtigung der Unternehmens- und IP-Strategie. Hier ist ein bedeutendes Abstimmungs- und Koordinierungsbedürfnis gegeben. Die Belange aller am IP-Wesen eines Unternehmens sowie an der Unternehmenskommunikation und speziell an seinem Marketing Beteiligten sind zu wahren.

Wer ohne System und Struktur Schutzrechte anmeldet und auf diesem Weg versucht, das geistige Eigentum seines Unternehmens aufzubauen und zu managen, verliert nur Zeit und Geld. Mit der Kreation und dem Management komplexer Schutzrechtspositionen sind vier Ziele zu verfolgen, nämlich

▶ offensive,
▶ defensive,
▶ erlösorientierte und

---

146 Genannt werden sollen an dieser Stelle nur: Namestorm, München (www.namestorm.de), Nomen, Düsseldorf (www.nomen.de), innomark, Wiesbaden (www.innomark.de), und Endmark, Köln (www.endmark.de).
147 Siehe S. 119.

▶ kostenorientierte

Ziele. Der Rang dieser Ziele offenbart die Zugehörigkeit der Schutzrechtsstrategie zur allgemeinen Unternehmensstrategie.

Offensive Ziele

Nach vorn gerichtet und zukunftsorientiert ist das Bestreben, eine Aktionsbasis zu begründen, von der aus machtvoll und positiv wahrnehmbar im Wettbewerb mit Schutzrechtspositionen operiert werden kann. Hier geht es um das Erzielen von Handlungsfreiheit („freedom to operate").

Damit verbunden ist das Ziel, Vorsprünge im Wettbewerb zu erzielen und gegebenenfalls sogar Wettbewerber durch den Einsatz von Schutzrechten zu blockieren. Die Blockadewirkung kann darin bestehen, Wettbewerber zu zwingen, Lizenzen zu nehmen. Das ermöglicht es unter Umständen, die eigene überlegene Hochtechnologie am Markt als Standard durchzusetzen und die vom Patent vermittelte Monopolposition auszuweiten.[148]

SIP beinhaltet auch insofern eine aktive Lizenzpolitik, die im Finanzinteresse des Unternehmens abzielt auf die Maximierung von Lizenzeinnahmen.

SIP verfolgt schließlich auch das Ziel, Schutzrechtsbestand und -inhaberschaft offensiv demonstrieren zu können. Das ermöglicht es, die Wertigkeit der eigenen Position im Wettbewerb zu vermitteln und die Wahrnehmbarkeit des eigenen Unternehmens und seiner Hervorbringungen zu steigern. Porsche gelang es, die Karosserieformen des Boxster und auch des 911 als dreidimensionale Marken eingetragen zu bekommen. Das ist ein Beleg für die Geltungskraft der Porsche-Designhandschrift und zugleich ein Grundstein für eine erfolgreiche Verteidigung gegen Nachahmungen durch Plagiatoren.

---

148 Vgl. Seite 124 und das Matsushita-Beispiel in Fußnote 226.

Abbildung 8:   Grafische Darstellung der 3D-Boxster-Marke von *Porsche*

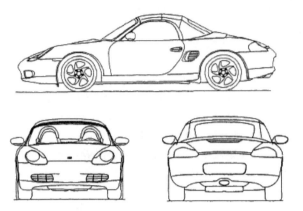

Abbildung 9:   Grafische Darstellung der 3D-911er-Marke von *Porsche*

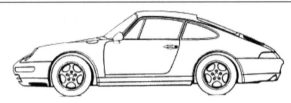

Defensive Ziele

SIP sorgt dafür, dass Schutzwälle und -bastionen aufgebaut werden. Diesem defensiven Ziel dient einerseits das Schaffen „starker" Schutzrechte mit weitem Schutzumfang. Dieser entsteht im Bereich der Technik durch Kreationen/Erfindungen von hoher Andersartigkeit/Originalität/Innovation/Eigenständigkeit, die durch Patente und Gebrauchsmuster geschützt werden können. Bei Kennzeichen ist für hohe Kennzeichnungskraft zu sorgen. Ein weiter Schutzumfang bildet hohe Monopolwälle, die den Druck der Wettbewerber auf das Unternehmen vermindern, andererseits aber die eigene Wettbewerbsposition stärken.

Ferner geht es darum, zusätzlich dafür zu sorgen, dass Mitbewerber die Schutzpositionen des Unternehmens ausreichend deutlich wahrnehmen und respektieren. Das vermittelt Verteidigungsfähigkeit und kann Konkurrenten nachhaltig von Verletzungen abhalten. Dieses defensive Ziel wird unterstützt durch eine klar wahrnehmbare Darstellung von Schutzrechtspositionen in der Kommunikation des Unternehmens. Dem hat das Marketing des Unternehmens Rechnung zu tragen. Es hat die geeigneten (zutreffenden[149]) Schutzrechthinweise[150] in der Unternehmenskommunikation herauszustellen. Dann entsteht der zutreffende Eindruck wertvoller Besitzstände, hohen Schutzniveaus und entschiedener Verteidigungsbereitschaft. Die Bedeutung des Unternehmens wird sinnfällig. Mit Patentschutz darf zum Beispiel schon vor der Veröffentlichung der Patenterteilung geworben werden, sofern der patentamtliche Erteilungsbeschluss rechtskräftig ist.[151]

Ein weiteres defensives Ziel des SIP besteht darin, sich vor gerechtfertigten Schutzrechtsangriffen Dritter zu schützen. Das ist zu gewährleisten, indem Schutzrechte Dritter identifiziert und respektiert und damit Konflikte aufgrund von Schutzrechtskollisionen vermieden werden. Dieses Ziel ist durch geeignetes Wissensmanagement[152] und einen intensiven Informationsaustausch zwischen den für Schutzrechtsmanagement, Marketing und Produktentwicklung zuständigen Unternehmensinstanzen zu verfolgen.

Erlösorientierte Ziele

Bei der Verfolgung dieser Ziele geht es etwa um die Absicherung von Positionen, die einerseits direkte Umsätze mit Unternehmensleistungen, andererseits Lizenzeinnahmen versprechen. Ferner ist längerfristig der Fokus auf die Realisierung von Wertsteigerungen zu legen, die im Fall des vollständigen oder teilweisen Eigentümerwechsels oder bei der Unternehmensfinanzierung durch Kredite fühlbar werden.

Kostenorientierte Ziele

Wie überall, ist auch bei der Begründung von Schutzrechten auf den zu erwartenden ROI (Return On Investment) zu achten. Die eingesetzten Budgets müssen zu einem Maximum an IP-Wertschöpfung führen. Das kann einerseits am jeweils erreichten Schutzumfang der Schutzrechte und sonstigen Schutzpositionen gemessen werden, andererseits aber auch daran, ob mit dem Schutzrechtserwerb auch Positionen aufgebaut werden, die es dem Unternehmen erlauben, im „cross-licencing" - möglichst entgeltfrei - solche Nutzungsrechte an Schutzrechten Dritter zu erwerben, welche das eigene Leistungspotenzial deutlich messbar erhöhen.

---

149 Unzutreffende Angaben hierzu stellen eine nach § 5 UWG unzulässige Irreführung über geschäftliche Verhältnisse dar.
150 © - copyright, ®, ™, „patentiert", „gesetzlich geschützt", „Pat. angem." etc., ggf. auch „geschütztes Know-how".
151 Vgl. Barth, S./Wolhändler, J., Werbung mit Patentschutz, Mitt. 2007, S. 16.
152 Siehe S. 63.

Identifizieren und Nutzen von neuen Schutzrechtsformen

Das Identifizieren neuer, bislang nicht genutzter und auch der Konkurrenz nicht verfügbarer Schutzrechtsformen ist ein strategisches Anliegen. Es kann eine grundlegende Neuausrichtung der Schutzstrategien des Unternehmens ermöglichen und erlaubt, bedeutende Wettbewerbsvorteile zu erlangen. SIP verfolgt demzufolge systematisch die Entwicklung von Gesetzgebung, Rechtsprechung und juristischer Lehre, um das Entstehen neuer Schutzrechtsformen zu identifizieren und zu nutzen.

Im Bereich des Geschmacksmusterrechts fand beispielsweise durch die Einführung des Gemeinschaftsgeschmackmusters 2003 und die deutsche Gesetzesneuerung von 2004 eine Ausdehnung der Schutzmöglichkeit auf Produktteile, Zeichen und Symbole statt. Für das Markenrecht hatte schon die Einführung des neuen Markenrechts im Jahr 1995 eine Reihe von neu verfügbaren Kennzeichen gebracht.[153] Da seither alle Zeichen als Marken in Betracht kommen („markenfähig" sind), die es dem Verkehr ermöglichen, die Leistungen eines Unternehmens von denen eines anderen zu unterscheiden, entscheidet über diese Eignung konsequenterweise allein die Verkehrsauffassung. Diese allerdings ist veränderlich und beeinflussbar. So ist es denkbar, dass ein Zeichen, das bislang nur zu Identifikation oder Beschreibung von Erzeugnissen dient, sich durch Marketingmaßnahmen zu einer regelrechten Marke entwickelt, die als Herkunftszeichen die Vorstellung der Provenienz der damit markierten Ware aus einem bestimmten Betrieb aufkommen lässt. Wenn und soweit der Verkehr dahingehend erzogen wird, dass Unternehmen ihre Identität beispielsweise auch in der Form der von ihm vertriebenen Waren auszudrücken suchen und gerade auch darin finden möchten, entsteht Verkehrsauffassung dahingehend, dass Produktformen nicht nur etwas über die Eigenschaften des Erzeugnisses aussagen, sondern identifizierend auf den Hersteller des jeweiligen Erzeugnisses hinweisen. Dann „benennt" die Form das Unternehmen, verleiht ihm produktbezogene Identität und wirkt so als Marke.

Produktabbildende[154] Formmarken stellen seither demgemäß eine äußerst interessante Möglichkeit dar, für das Design von Produkten Markenschutz zu erlangen, einen Schutz der potenziell zeitlich unbeschränkt wirkt und von hoher Durchschlagkraft ist.

Schwierigkeiten in der Handhabung der dreidimensionalen Marke in der Phase der Markenanmeldung haben bisweilen zum Vorurteil geführt, die 3D- oder „Formmarke" sei ein totgeborenes Kind. Demgegenüber haben der Europäische Gerichtshof (EuGH) und der deutsche Bundesgerichtshof (BGH) mehrfach hervorgehoben, dass die Anforderungen an die Schutzfähigkeit einer Formmarke nicht höher sein

---

153 Siehe S. 105.
154 Gegenstand dieser Art Formmarke ist die Abbildung des Erzeugnisses selbst, für das die Marke eingetragen und benutzt werden soll.

dürfen, als an andere Markenarten.[155] Darüber hinaus hat der BGH klargestellt, dass die gesetzlichen Regeln, nach denen einem Zeichen oder einer Formgebung die Fähigkeit schlechthin fehlt, Marke zu sein, nur zurückhaltend angewandt werden dürfen. In Bezug auf eine BMW-Motorhaube hat er festgestellt, dass das Bild einer BMW-Motorhaube dann die Fähigkeit besitzt, Marke zu sein, wenn der Form neben ihrer ästhetischen Wirkung zumindest auch die markenrechtlich entscheidende Funktion eines Herkunftshinweises zukommen kann.[156]

Im Fall der speziell jüngeren Verbrauchern bekannten *Milchschnitte* ließ der BGH gegenüber der Markenanmeldung den Einwand nicht geltend, bei deren Form handele es sich um die Grundform derartiger Ware. Sofern mit Rücksicht auf die Vielzahl der Gestaltungen solcher Produkte überhaupt von einer „Grundform derartiger Ware" die Rede sein könne, dürfe der Markenschutz für solche Formmarken nur dann verweigert werden, wenn das Kennzeichnungsbedürfnis des Markenanmelders dazu verfremdet und das Recht der Markenanmeldung dazu missbraucht würden, Wettbewerber daran zu hindern, ihre Waren mit bestimmten technischen Lösungen oder Eigenschaften zu konzipieren.[157]

Gute Ideen unter Schutz stellen

Ein strategisch vorrangiges Anliegen ist es, zur Steigerung der Wettbewerbsfähigkeit relevante Innovationsideen zielsicher aufzufinden[158], die im Unternehmen hervorgebrachten Ideen wirksam zu schützen und sie einer möglichst umfassend abgesicherten Verwertung zuzuführen.

Es entspricht der Bedeutung dieses Themas[159], ihm mehr als nur geringe Aufmerksamkeit zu schenken.

▶ Gute Ideen sind ebenso selten wie wertvoll. Ideen sind das wichtigste, nämlich zukunftsgerichtete Kapital des Unternehmens - „Ressourcen für Zukunft". Aus Gedankenblitzen und Erleuchtungen sind schon die erfolgreichsten Produkte und persönliche Vermögen entstanden. „Nichts ist so stark, wie eine Idee, deren Zeit gekommen ist", erkannte schon der berühmte französische Dichter Victor Hugo.[160]

---

155 Vgl. z. B. EuGH, GRUR (2003), S. 514 – Linde, Winward u. Rado; BGH WRP (2001), S. 261 – Gabelstapler.
156 BGH GRUR 2008, 71 – Fronthaube; siehe S. 200 f. (mit Abbildung).
157 BGH WRP 2008, 791- Milchschnitte.
158 Geeignete Tools dafür sind u.a. das Patent- und Markeninformationsmanagement des Unternehmens, siehe S. 67.
159 Siehe „Ideenmanagement", S. 61.
160 1802-1885.

Um so verführerischer die Aussicht, sich seine Ideen durch das Recht schützen zu lassen, und zwar die jeweilige Idee als solche, damit sich die Wettbewerber möglichst weit davon fernhalten müssen und vor allem von allen möglichen und denkbaren Umsetzungen der Idee.

Dem nicht geringen Reiz dieser Frage gemäß werden dem Rat suchenden Publikum Fachbücher zum Thema „Schutz von Ideen" angeboten.[161] Entgegen dem verbreiteten Bedürfnis gewährt aber das Recht für Ideen an sich - und seien sie noch so brillant und wertvoll - keinen Schutz. Nach ganz einhelliger Auffassung schützt das Recht „bloße" oder „abstrakte" Ideen nicht. Gedanken sollen nach guter demokratischer Tradition frei bleiben, der Fortschritt darf nicht behindert werden.

Bloße Ideen zu einem Werk im urheberrechtlichen Sinn oder Vorstellungen einer Person, die ein solches Werk schaffen möchte, gelten folglich ebenso wenig als schutzfähig[162] wie etwa Gedanken über die Erscheinungsform eines Produkts.[163] „Abstrakte" Ideen und Vorstellungen über technische Erfindungen sind dem Patentschutz nicht zugänglich, der eine naturwissenschaftliche Entdeckung voraussetzt, welche auf einer erfinderischen Tätigkeit beruht[164], und die unbefugte Verwertung von Leistungsergebnissen Dritter kann als solche nach ganz einhelliger Auffassung grundsätzlich auch nicht als unlauterer Wettbewerb verfolgt werden.[165]

Erst wenn eine Idee jedenfalls in einem Mindestmaß konkret umgesetzt worden ist, soll ihr Urheber rechtlichen Schutz in Anspruch nehmen dürfen. Was dafür erforderlich ist, wird von der Rechtsprechung von Fall zu Fall entschieden - nicht selten recht unterschiedlich und häufig genug zu Lasten dessen, der die Idee hervorgebracht hat. Dass hierbei Erwartungen enttäuscht werden, ist gewiss. Gewichtiger erscheint, dass die Verweigerung von Schutz auf Hervorbringer von Ideen deutlich entmutigend wirken kann.

Bei Licht betrachtet ist aber die Aussage, „bloße oder abstrakte Ideen genießen keinen Schutz" schon deswegen nicht überzeugend, weil es nicht erkennbar ist, dass es „bloße" oder „abstrakte" Ideen überhaupt gibt. Ideen entstehen prinzipiell in Problemlösungskontexten. Erst „Not macht erfinderisch," viel weniger hingegen eine sterile, rein akademische Lust, zu brillieren. Die Problemstellungen des Lebens sind aber immer konkret, und mit Problemlösungen

161 Eickemeier, D. (2006); Harke, D. (2007).

162 Vgl. z. B. Wandtke/Bullinger (2002), UrhR, § 2 Rn. 18; dies ist ein international geteilter Srtandpunkt, vgl. Davies, „The scope of Copyright Protection: The Bounderies fot the Idea/Expression Dichotomy", GRUR Int. 2008, S. 635.

163 Vgl. Eichmann/v. Falckenstein, GeschmMG, 3. Aufl. (2005), § 37 Rn. 3; BGH GRUR 1979, 705 - Notizklötze.

164 § 4 Satz 1 PatG.

165 Hefermehl/Köhler/Bornkamm, Wettbewerbsrecht 25. Aufl. (2007), § 4 UWG Rn. 9.23.

- „Ideen" - sind stets konkrete Vorstellungsbilder darüber verbunden, wie denn nun dasjenige im Einzelnen funktionieren oder aussehen soll, was das Problem lösen könnte.

Diese Einsicht erlaubt es zu bestreiten, dass so etwas wie „bloße oder abstrakte Ideen" überhaupt existiert. Schon die sprachliche Annäherung an die Begriffe fällt schwer. Eine „bloße" Idee wäre eine solche, die isolierbar wäre und nur für sich stünde, als handle es sich bei ihr um nichts Weiteres als eben nur die Idee. Schwer vorstellbar, dass es so etwas geben könnte.

Die Kennzeichnung als „abstrakt" setzt voraus, dass die Idee eben nicht konkret, sondern von der Wirklichkeit abgetrennt und ohne Gegenstandsbezug wäre. Auch kaum denkbar! Eine Idee, die ohne Bezug zur Wirklichkeit auskommt, ohne Gegenstand ist und allein für sich steht, ist eigentlich nur als ihr Gegenteil, nämlich als Nicht-Idee denkbar.

„Bloße Ideen" oder die „abstrakte" Vorstellungen gibt es aber auch deswegen nicht, weil es undenkbar ist, dass eine Idee oder Vorstellung im menschlichen Geist keine an der Realität ausgerichtete Ausformung erfährt. Der Geistesblitz entsteht in Beziehung auf eine gegebene Situation oder er visualisiert sich sogleich, indem Anwendungs- oder Verwertungsmöglichkeiten gedacht und vorgestellt werden.

Das liegt eben daran, dass Ideen stets nur in der Auseinandersetzung des Individuums mit der Umwelt entstehen. Sie entstehen im Zusammenhang mit einer erfahrenen Problemstellung mehr oder weniger bewusst und in mehr oder weniger enger zeitlicher Nähe zu ihr. Denn Ideen werden im Rahmen eines kreativen Prozesses generiert, für den es gleichgültig ist, ob man ihn in acht Stufen[166] unterteilt:

▶ Auseinandersetzung mit der Umwelt
▶ Problemwahrnehmung und -analyse
▶ Informationssammlung
▶ systematische oder unbewusste Hypothesenbildung
▶ Einfall, Gedankenblitz, Idee, Erleuchtung oder gar Geniestreich
▶ Überprüfung, Ausarbeitung
▶ Mitteilung, Kommunikation
▶ Durchsetzung, Realisierung

oder sich auf fünf Phasen des kreativen Prozesses beschränkt[167], nämlich

▶ Vorbereitung
▶ Inkubation (Ausbrüten)
▶ Illumination (Erleuchtung)

---

166 Vgl Brockhaus Enzyklopädie, 24 Bde. (2001), Bd. 12, Stw. Kreativität.
167 Vgl. Wikipedia (29.10.2007), Stw. Kreativität unter Hinweis auf Holm-Hadulla (2005), Kreativität - Konzept und Lebensstil.

▶ Realisierung

▶ Verifikation (Bestätigung der Richtigkeit durch Überprüfung).

In beiden Fällen ist das Entstehen der Idee eingebettet in einen komplexen Prozess, für den kennzeichnend ist, dass er insgesamt einen realen Problemlösungsbezug hat, ohne den er nicht in Gang kommen würde. Das Gewicht des Problems mobilisiert das schöpferische Lösungsvermögen des Individuums und lässt es auf neue, andersartige und originelle Problemlösungen kommen. Dergestalt entstehen Ideen nicht aus dem Nichts heraus als „bloße", „abstrakte" oder bezugslose Konstrukte, sondern stets eingebunden in einen Lebenskontext. Jede Idee hat von daher von Anfang an einen Wirklichkeitsbezug und erhält auch mit ihrer Entstehung eine Erscheinungsform, die sich in Funktion zur Problemstellung und zur gefundenen Lösung ausbildet. Schon vor den Phasen „Überprüfung und Ausarbeitung" sowie insbesondere „Kommunikation und Evaluation" erwirbt die Idee eine Gestalt, die Gegenstand einer Überprüfung und einer Mitteilung sein kann. Dafür muss ein Minimum an Konkretisierung gegeben sein, das ausschließt, dass nur eine „bloße" oder „abstrakte" Idee vorliegt.

▶ Was von der Rechtsprechung für vogelfrei erklärt wird, ist nicht die „Idee als solche", sondern letztlich etwas ganz anderes, nämlich eine noch nicht ausreichend stark und unterscheidbar wahrnehmbare Konkretisierung der Idee. Die Hervorbringung, die in Umsetzung der Idee das Tageslicht erblicken könnte, hat noch nicht ausreichend Kontur gewonnen. Es fehlt noch an einem genügend materialisierten Leistungsergebnis. In dieser Situation bringt die Schutzverweigerung nicht mehr zum Ausdruck als ein „es reicht noch nicht für den Schutz". Die Verweigerung des Schutzes besagt letztlich, dass dem Leistungsergebnis ausreichende Identität, Eigenart, Erfindungshöhe oder Unterscheidungskraft fehlt und ihm deswegen Schutz nicht zuerkannt werden kann. Wenn man so will, ist diese Schutzverweigerung letztlich ein Appell, noch mehr des Guten zu tun, den kreativen Prozess weiter zu treiben, damit dann etwas wirklich Schutzwürdiges entsteht, etwas, das als wirklich neu und eigenartig tatsächlich einen ernst zu nehmenden Beitrag zur Wissensvorsprungsgesellschaft leistet. Dann ist es wirklich „Ressource für Zukunft".

▶ In unserer Zeit ist die Meinung Allgemeingut geworden, dass Wissen und Bildung der alleinige Rohstoff für die Weiterentwicklung unseres Gemeinwesens sind. Begriffe wie „Wissensgesellschaft" und „Wissensvorsprungswirtschaft" machen bewusst, welche Umstände als für unsere Zivilisation zukunftsträchtig angesehen werden können. Ideen sind der Rohstoff für die Generierung von Wissensvorsprüngen, der Rohstoff für Zukunft.

Ob es angesichts dessen wirklich richtig ist, einer „bloßen" oder „abstrakten" Idee, die ja immerhin die Grundsubstanz für die Realisierung von bisher noch nicht Dagewesenem ist, immer jeglichen Schutz zu versagen, erscheint überprüfenswert, denn stets ist Skepsis angebracht, wenn ein apodiktisches „Nie" für sich Autorität beansprucht.

Zunächst kann die eindeutig herrschende Auffassung, die jeglichen Schutz für Gedanken, „bloße" oder „abstrakte" Ideen ablehnt, sich auf eine lange Tradition der Ideenfreiheit – jedenfalls des Wunsches danach – berufen.

„Die Gedanken sind frei" ist der Titel eines aus dem 18. Jahrhundert stammenden bekannten deutschen Volksliedes. Sein Kernmotiv lässt sich zurückführen auf Walter von der Vogelweide, der schon Anfang des 13. Jahrhunderts fordernd feststellte: „Sind doch Gedanken frei." Die Botschaft der Zeile „Die Gedanken sind frei", mit dem alle fünf Strophen des Volkslieds enden, wollte Trost spenden und zur Freiheit führen in Zeiten obrigkeitlicher Unterdrückung. Politische Gedankenfreiheit, die einst eingefordert werden musste – in Friedrich Schillers „Don Carlos" verlangt Marquis Posa vom König „Sire, geben Sie Gedankenfreiheit!" –, ist für uns heute selbstverständlich.

Hier geht es indes um eine ganz andere Art von Gedankenfreiheit. Die Freiheit, dass sich jeder Mensch fremde Ideen zunutze machen kann, um daraus für sich materiellen Vorteil zu schlagen, ist ein ganz anderer und keineswegs selbstverständlicher Aspekt der „Freiheit des Geistes". Ist es tatsächlich erlaubt, sich das Gedankengut anderer zu wirtschaftlichen Zwecken einzuverleiben, und zwar ohne jede Gegenleistung? Wird an dieser Stelle erlaubt, was ansonsten mehr als anrüchig ist, nämlich das Leben auf Kosten anderer? Gibt es wirklich keinen Schutz für Ideen?

Ideen anderer zu kopieren, ist wenig ruhmvoll, weder originell noch innovativ, aber dennoch üblich und gesellschaftlich weitgehend akzeptiert. Gedanken müssen nach weit verbreiteter Überzeugung vor allem deswegen frei bleiben, damit der Fortschritt des Gemeinwesens nicht behindert wird. Was früher gedacht worden ist, ist für alle verfügbar und muss es auch sein. Denn unser aller Denken und die von uns tagtäglich erbrachten Leistungen auf technischem, wissenschaftlichem oder künstlerischem Gebiet bauen auf Vorgefundenem auf.

Deswegen gilt es auch rechtlich weitgehend als zulässig, das Gedankengut anderer zu übernehmen. Viele sprechen gar von dem Rechtsgrundsatz der Nachahmungsfreiheit. Er bezieht sich auf alle Arten von Ideen, Lehren, Stile, Modeideen, Methoden, Techniken, Marketingkonzepten, Ideen für Bau- und Kunstwerke (beispielsweise Bilder oder Kompositionen), Geschäfts-, Produkt-, Werbe-, Gestaltungsideen etc., Ideen für Events, Unterhaltungsformen, Bücher, Filme usw.

Das Nachahmen zur grundsätzlich erlaubten Form der Betätigung der allgemeinen Handlungsfreiheit zu erklären, ist jedoch nicht gerechtfertigt. Denn sie steht in Konkurrenz zur gleichwertigen Freiheit, sich kreativ zu betätigen und dabei verwertbare Ergebnisse hervorzubringen – und kollidiert mit ihr. Wieso der Nachahmungsfreiheit der Vorrang vor der Schöpfungsfreiheit gebühren soll, bleibt stets unerklärt.

▶ Es besteht somit ein Bedürfnis, das Spannungsverhältnis aufzulösen zwischen der Schutzlosigkeit „bloßer" Ideen und dem Wunsch nach Schutz für Umsetzungen einer Idee, die möglichst nahe an ihr entlang „geschneidert" werden.

Die Autofirma „smart" hat das versucht, allerdings zunächst nicht mit dem erhofften Erfolg: Die Automarke *smart* musste die unerfreuliche Erfahrung der Schutzverweigerung für Ideen machen. smart hatte den Einfall, ein besonderes architektonisches, weithin sichtbares Zeichen für den Vertrieb von smart-Autos zu setzen – den bekannten *smart*-Glasturm.

Abbildung 10: Grafische Darstellung der *smart*-Turm-Marke
der Daimler AG

So ist *smart* denn dafür bekannt geworden, dass jeder *smart*-Händler prominent auf seinem jeweiligen Firmengelände einen rundum verglasten, im Grundriss quadratischen und sechs Stockwerke hohen Glasturm errichtet, in denen er die *smarts* übereinanderstapelt und -türmt. Keine andere Vertriebs-struktur für Automobile oder verwandte Waren präsentiert das Angebot auf diese oder ähnliche Weise. Über diese architektonische Akzentsetzung im Vertrieb ist die Marke *smart* und die *smart*-Verkaufsorganisation stark und in positiver Weise wahrnehmbar. Unterschiedlichkeit, Unverwechselbarkeit und Einzigartigkeit werden durch das interessante und optisch ansprechende ar-chitektonische Signal des Glasturms offenkundig gemacht und wahrnehmbar. Es handelt sich bei dem *smart*-Turm um ein exzellentes Beispiel gelungener integrierter Unternehmenskommunikation – integriert deswegen, weil der de-signerischen Ungewöhnlichkeit des „Produkts *smart*" mit seiner sehr indivi-duellen Produktkonzeption eine gleichermaßen ungewöhnliche Gestaltung eines architektonischen Vertriebswerkzeugs an die Seite gestellt wird und ihr insoweit entspricht.

Für die Firma *smart* lag es folglich nahe, das Erscheinungsbild des *smart*-Glasturms für sich genommen und ohne jede *smart*-Aufschrift oder irgendein anderes Zeichen oder Symbol als Marke anzumelden, um unmittelbar daran ein Monopolrecht zu erwerben. Denn für *smart* ist der Glasturm an sich ein stark wirkendes Zeichen, das die Herkunft der *smart*-Autos aus der *smart*-Welt symbolisiert.

Bei dem Harmonisierungsamt für den Binnenmarkt HABM, der für die Erteilung der europäischen Gemeinschaftsmarke zuständigen Behörde, er-lebte *smart* mit der Markenanmeldung allerdings eine unangenehme Über-raschung: Die Gebäudeform würde vom Verkehr nicht als Herkunftshinweis verstanden werden, meinte man dort.[168] Ein Bezug des Gebäudes zu den *smart*-Autos und deren Hersteller würde durch die Marke nicht erkennbar herge-stellt. Die Marke wurde infolgedessen nicht eingetragen. Das angemeldete Bild des Glasturms sei als Marke nicht ausreichend unterscheidungskräftig. Es stelle nicht mehr als die Idee dar, Wahrnehmbarkeit in der Weise zu erlangen, dass Fahrzeuge mittels einer funktional und ästhetisch besonders wirkenden architektonischen Gestaltung auf nicht ganz gewöhnliche Weise aufbewahrt und präsentiert werden. Dafür stehe Markenschutz nicht zur Verfügung.

▶ Ein solche zurückweisende Reaktion auf eine besonders einfallreiche Gestal-tung ist kein Einzelfall, wie das folgende Beispiel zeigt:

Kerzen werden in unterschiedlichen Verfahren hergestellt. Geschieht dies im Gießverfahren, wird ein Docht durch eine Mehrzahl von Kerzenformen gezogen, in die Wachs hineingegossen wird. Dadurch entsteht eine Kette von

---

168 HABM, 4. Beschwerdekammer, Entscheidung vom 07.07.2004 – R 1/2003-4 ; GRUR (2004), S. 1033.

mehreren, hintereinander aufgereihten Kerzen, die durch den gemeinsamen Docht zusammengehalten werden. Im weiteren Produktionsprozess wird der Docht an jeder Kerze durchgeschnitten, wodurch eine Mehrzahl einzelner Kerzen entsteht.

Ein Kerzenhersteller entschied, den Docht beim Herstellungsvorgang nicht durchzutrennen und die Kerzenkette ganz zu lassen. Er gestaltete einen Kerzenleuchter, in den die Kette eingehängt werden kann. Die oberste Kerze kann angezündet werden, und die anderen warten darauf, nachrücken zu können – sozusagen als „Kerze mit Magazin". Außer in der konkreten Gestaltung des Leuchters war darin die besondere Wahrnehmbarkeit des Produkts begründet.

Abbildung 11:   Abbildung der „Kettenkerze"

ABBILDUNG AUS BGH GRUR 1977, 547

Jedes Erzeugnis, das Erfolg hat oder in den Augen des Nachahmers zu haben verspricht, wird üblicherweise mehr oder weniger unmittelbar abgekupfert. Das widerfuhr auch der Kettenkerze. Dagegen ging der Hersteller der „Originalkettenkerze" vor, allerdings ohne Erfolg. Nach Auffassung des Bundesgerichtshofs stellte die nachgeahmte Gestaltung nicht mehr dar, als den Ausdruck des bloßen Gedankens, „die einzelnen Kerzen am Docht zusammenhängend zu belassen und so in den Verkehr zu bringen."[169] Darin liege keine schöpferische Leistung auf ästhetischem Gebiet, die allein eine geschmacksmusterrechtliche Eigentümlichkeit begründen könne. Und weil hier nur eine abstrakte Idee vorläge, könne auch nicht der wettbewerbsrechtliche Schutz gegen unlautere Nachahmungen greifen. Halt kein Schutz für Ideen.

---

169 BGH, Urteil vom 21.01.1977 - I ZR 68/75 - Kettenkerze; GRUR (1977), S. 547.

Wenn es keinen Schutz für Ideen gibt – wofür dann? Nach der Rechtsprechung muss eine Idee in einem Mindestmaß umgesetzt bzw. konkretisiert worden sein, bevor Schutz geistigen Eigentums entstehen kann. Entscheidend ist somit die Frage, ob im Einzelfall eine ausreichende Konkretisierung erreicht wurde und wie das festgestellt werden kann.

▶ Schutz von Ideen lässt sich bewirken – nur wie?

Maßgeblich dafür sind Wahrnehmungen. Soll rechtlicher Schutz entstehen, geht es bei einem Kunstwerk darum, dass es eine persönlich geistige Schöpfung eines Menschen ist. Dafür muss es in der Weise wahrgenommen werden können, dass es durch seinen Inhalt oder seine Form oder durch die Verbindung von beidem etwas bislang noch nicht Dagewesenes, Neues und Eigentümliches darstellt und eine Ausdrucksform individuellen Geistes ist. Bei einem gegenständlichen Produkt geht es darum, dass seine Erscheinungsform als neu und eigenartig wahrgenommen werden kann. Bei einem Zeichen, das als Marke fungieren soll, muss ein Bezug zu einem Unternehmen symbolisiert werden. Bei einer technischen Lösung, für die Patentschutz begehrt wird, kommt es darauf an, dass sie als das Ergebnis einer erfinderischen Tätigkeit wahrgenommen werden kann. Führt die Wahrnehmung von Werk, Erzeugnis, Zeichen oder Erfindung zu diesen Einschätzungen, kann Schutz entstehen und in Anspruch genommen werden.

Mit Wahrnehmbarkeit und Wahrnehmung aber sind Kommunikationselemente und -vorgänge angesprochen, die beeinflussbar sind. Auf sie einzuwirken ist besonders deswegen angezeigt, weil Produkte, die stark und positiv aufgeladen wahrgenommen werden, nicht nur weitreichendem Rechtsschutz zugänglich sind, sondern zugleich das Zeug dazu haben, am Markt erfolgreich zu sein. Das Entstehen von zumindest temporär wirkenden Monopolpositionen, die durch Schutzrechte abgesichert sind, unterstützt so das gegebene Erfolgspotenzial des Leistungsergebnisses.

Bei *REEMTSMA* (Beispiel siehe S. 51) bestand die Idee darin, statt der üblichen Zigarettenverpackungen mit rechteckigem Grundriss eine Verpackung vorzusehen, die einen achteckigen Grundriß aufweist. *REEMTSMA* versuchte, diese Idee durch die Anmeldung von 3D-Marken zu schützen, welche eine schlichte „Strichzeichnung" der Verpackung mit abgeschrägten Kanten und ohne jede weitere grafische Zutat zum Gegenstand hatte. Hierbei entstand jedoch ein nur sehr enger Schutzumfang der Marke. Es hätte vorgesehen werden müssen, diese Marke durch so genannte Clustermarken zu umgeben (z. B. dreidimensionale Marken, die dieselbe Verpackungsform zeigen, allerdings mit grafischen Zusatzelementen oder Farbgebungen), um ein aus mehreren Schutzelementen komponiertes Bollwerk zu errichten. Das hätte sich letztlich als Schutzwerk für die Idee von *REEMTSMA* ausgewirkt.

▶ Rat für *smart*

smart ist zu raten, den Glasturm in seinem Marketing besonders herauszustellen. smart muss sich mit ihm deutlich erkennbar für das Publikum identifizieren, damit der Verkehr seinerseits das Unternehmen mit diesem Zeichen
identifiziert und vice versa. *smart* muss das Bewusstsein der Verbraucher über
die herkunftshinweisende Funktion des Glasturmbilds wecken und stärken.
In dem Maße, wie das gelingt, wächst die Chance, das Erscheinungsbild des
Turms als ausreichend unterscheidungskräftige Marke eingetragen zu erhalten. Zugleich ist das Element der Verfremdung – etwa durch Ironie oder provo-
zierenden Widerspruch – einzusetzen, damit letztlich der Glasturm nicht banal
für sich selbst steht, sondern für etwas anderes, nämlich das Unternehmen, das
ihn in seiner Unternehmenskommunikation als Herkunftshinweis einsetzt.

Konkret könnte das geschehen, indem *smart* – doppeldeutig – behauptet:
„Dies ist kein Glasturm – dies ist *smart*!" oder mit Blick auf die bevorrateten
PKWs hervorhebt: „Dies ist kein Glasturm, sondern die Ansammlung Ihrer
Wünsche!" *smart* könnte ihn auch einfach „*smart*Turm" taufen und dann vor
allem unter dieser Bezeichnung sichtbar machen.

Mit solchen oder ähnlichen Aussagen, mit entsprechend verfremdenden
bildlichen Darstellungen oder Ähnlichem könnte das Erscheinungsbild des
Glasturms von der profanen Realität des Gebäudes entfernt und hinüberentwi-
ckelt werden zum Kommunikationsinstrument und Träger von Botschaften.

▶ Und der Schöpfer der Kettenkerze?

Der Hersteller der Kettenkerze hat die Aufgabe, das Erscheinungsbild des
mit der Kerzenkette bestückten Kerzenhalters in seinem Marketing in der
Weise herauszustellen, dass die Besonderheit und Eigenart des Endprodukts
– besonders gestalteter Kerzenhalter mit Kerzenvorrat – für den Verbraucher
klar als besonderes Charakteristikum des Erzeugnisses erkennbar wird. Dann
entsteht zumindest wettbewerbsrechtlicher Schutz gegen Nachahmung, Her-
kunftstäuschung und gegebenenfalls auch gegen Rufausbeutung.

„Leuchter zum Nachladen" könnte man das abgebildete Produkt nennen,
um dessen Einzigartigkeit deutlich zu machen, oder auch „Kerzenleuchter mit
Magazin". „Vorratsleuchter" wäre eine andere Möglichkeit. Die Aussage „Der
geht so schnell nicht aus!" hebt das Vorhandensein des Vorrats hervor und
hilft, die Einzigartigkeit des Erzeugnisses zu unterstreichen und sein Erscheinungsbild als Ausdruck seiner unverwechselbaren Identität erkennbar zu
machen. Das könnte in einer Zeitrafferbildfolge dargestellt werden, die zeigt,
dass die abgebrannte Kerze rasch durch die nächste ersetzt wird. So nimmt
man diesem Bild den bloß produktbeschreibenden Charakter. Es ordnet den
Kerzenständer, der so etwas ganz Eigenes gewinnt, dann einem bestimmten
Urheber zu und grenzt ihn von analogen Produkten ab.

Auf diese Weise könnte es also gelingen, für Gestaltungen, die auf das entscheidend Grundsätzliche reduziert sind, Schutz zu generieren. Im Fall des smart-Glasturms wird das möglich für sein bloßes Erscheinungsbild ohne sonstige Kennzeichen oder Symbole. Soweit es den Kettenkerzen-Leuchter angeht, wird Schutz erlangt werden können für eine Gestaltung, bei der das deutlich im Vordergrund stehende Vorhandensein der Kerzenkette maßgeblich deren Erscheinung prägt.

▶ Schutz für etwas, das der Idee ganz nahe kommt!

Auf diese Weise hilft das Marketing, die von den öffentlichen Instanzen für schutzunfähig erachteten Gestaltungen doch dem gesetzlichen Schutz mit größtmöglichem Schutzumfang zuzuführen. Es werden dann damit Erscheinungen geschützt, die den ursprünglichen Ideen weitestgehend nahe kommen, und nicht irgendwelche „Konkretisierungen", die im Zweifel immer weiter von der eigentlichen Idee wegführen, je konkreter sie werden. Auf diese Weise kann der eingangs hervorgehobene Satz „bloße Ideen sind keinem Schutz zugänglich" konterkariert werden.

Dem Bestreben, seine Ideen schützen zu lassen, und zwar in einer – so weit es geht – allgemein verwendbaren Form, entspricht es, im Unternehmen Prozesse zu installieren und durchzuführen, die dafür sorgen, dass Ideen zu IP-Werten hochgetrieben werden.[170] Es wäre regelrecht SIP-widrig, die Entwicklung von Ideen bis zur Schutzrechtsreife dem Zufall zu überlassen. Das gleiche gilt selbstverständlich für die Ausentwicklung der auf den Ideen basierenden Leistungen.

▶ Dementsprechend wird das Unternehmen aus der bloßen Idee ein nach Möglichkeit „unwiderstehliches" Produkt machen und sich möglichst weit dem Ziel nähern wollen, ein „perfektes Angebot" zu präsentieren, eine Leistung, die, wenn sie wahrgenommen wird, die Zielgruppe vergessen lässt, dass es Konkurrenz- und/oder Substitutionserzeugnisse gibt, und die sie ohne Rücksicht auf den Preis einfach erwerben „muss" (neueres Beispiel: I-Pod von Apple). Das perfekte Angebot schöpft dabei das in dem Produkt enthaltene kommerzielle Potenzial aus, wodurch zugleich die Grundlage dafür gelegt wird, die erreichbaren Monopolpositionen zu erlangen, die durch Schutzrechte abgesichert sind.

Gleichwohl wird das Unternehmen sein Anliegen nicht aus dem Auge verlieren, Schutz so „ideennah" wie möglich herbeizuführen, um einen umfassenden Schutzbereich zu gewinnen, damit Mitbewerber einen weiten Abstand einhalten müssen und – soweit möglich – auch andere Umsetzungen der Idee geschützt sind.

---

170 Vgl. Gassmann, O./Bader, M. (2006), S. 285.

Gezielte Begründung von UWG-schutzfähigen Besitzständen

Wettbewerbspositionen, die für das Unternehmen wichtig sind, können gegebenenfalls kumulativ geschützt sein, also durch Schutzrechte nach den Sonderschutzgesetzen Markengesetz, Patentgesetz etc., aber auch durch das Gesetz gegen den unlauteren Wettbewerb (UWG). Denkbar ist auch, dass allein Schutz nach diesem Gesetz erlangt werden kann. Es empfiehlt sich deswegen, bei allen schutzbedürftigen Hervorbringungen des Unternehmens auch auf die Schutzvoraussetzungen des Wettbewerbsrechts zu achten und proaktiv dafür zu sorgen, dass sie erfüllt werden. Hierfür ist eine gründliche Kenntnis der einschlägigen Rechtsprechung der Instanzgerichte[171] sowie des Bundesgerichtshofs unerlässlich, um verlässlich voraussagen zu können, unter welchen Voraussetzungen Schutz gewährt wird.

Aktives Vermeiden von Schutzrechtsverlusten

Gewonnene Schutzpositionen sind konsequent mit allen verfügbaren Mitteln des Rechts zu verteidigen. Das folgt aus einem Urteil des Europäischen Gerichtshof vom 25.04.2006 (C-145/05)[172]. Rechtsinhaber können danach nur solange Schutz beanspruchen, wie sie sich hinreichend wachsam zeigen und sich der Benutzung ihres Rechts durch Unbefugte widersetzen.

Schutzrechtsverluste können aber auch eintreten durch eine andere Art der Nachlässigkeit. Entwickelt sich eine Marke – womöglich infolge ihrer Bekanntheit und der Akzeptanz durch das Publikum – zu einem Gattungsbegriff, droht der Schutzrechtsverlust infolge Löschung der (eingetragenen) Marke. Bekannte Beispiele hierfür sind die Marken Walkman, Tesa-Film, Tempo, Fön und Jeep. In dieser Hinsicht können Schutzrechtsverluste vermieden werden durch Maßnahmen der Unternehmenskommunikation: Die Verkehrskreise, gegenüber denen die Marke benutzt wird, sind konsequent darauf hinzuweisen, dass das Kennzeichen die Eigenschaft einer Marke hat und geschützt ist. Unter Umständen ist auf die Anstrengungen aufmerksam zu machen, die der Markeninhaber unternimmt, um Nichtberechtigte daran zu hindern, die Marke zu benutzen. Bekannte Markeninhaber können bei der Verteidigung ihrer Marke in ausreichend spektakulären Markenstreitigkeiten mit gehöriger Medienbeachtung rechnen, die bei der Abwehr des Abrutschens in eine Gattungsbezeichnung von hohem Wert sein kann.

---

171 Landgerichte und Oberlandesgerichte. Sie sind als erstinstanzliche und Berufungsgerichte zuständig für das Verfahren der einstweiligen Verfügung, in dem das ganz überwiegende Gros der gerichtlich anhängigen IP-Konflikte erledigt wird. Die Rechtsprechung des BGH, der in Verfügungsverfahren nicht entscheidet, hat höchste Autorität, was die Voraussetzungen des Schutzes und die Rechtsfolgen im Verletzungsfall angeht.

172 EugH GRUR Int. (2006), S. 597, 599 – Levi Strauss ./. Casuci (Mouette), Textziffern 30 und 31.

Welche unterschiedlichen rechtlichen Schutzpositionen sind verfügbar, und nach welchen Gesichtspunkten ist die Auswahl zu treffen?

Unternehmen müssen sich und ihre Leistungen sichtbar machen, um am Markt Erfolg zu haben. Hierfür wählt das Unternehmen die geeigneten Mittel der Erfahrbarkeit, etwa der Visualisierung aus. Letztere haben zur Aufgabe, die Hervorbringungen des Unternehmens zu individualisieren und für Unverwechselbarkeit und Einzigartigkeit zu sorgen. Damit bezieht sich das Bedürfnis des Unternehmens nach Schutz auf eben diese Visualisierungsmittel. Sie sollen Gegenstand eines möglichst lang andauernden Monopolschutzes werden. Hier setzen die Möglichkeiten des gewerblichen Schutzes des geistigen Eigentums an.

Es ist Anliegen dieses Buches, die Handlungs- und Schutzmöglichkeiten des gewerblichen Rechtsschutzes unter den Aspekten der Vernetzung der Schutzinstrumente untereinander und der ganzheitlichen Betrachtung im strategischen Gesamtkontext SIP-Unternehmenskommunikation-Marketing zu behandeln. Die starke und mit dem Versprechen eines hohen Kundennutzens positiv aufgeladene Wahrnehmbarkeit des Unternehmens und seiner Produkte steht im Vordergrund und soll gezielt gefördert werden. Die verschiedenen „Schutzquellen" des Marken-, Patent- und Urheberrechts etc. werden nachfolgend daher vornehmlich unter dem Gesichtpunkt erörtert, welche Schutzinstrumente Wahrnehmbarkeit und Wahrnehmung absichern.

Wer weitergehende Detailinformationen insbesondere zu den Voraussetzungen einzelner Schutzvorschriften und zu den Rechtsfolgen von Rechtverletzungen benötigt, wird auf die einschlägige juristische Fachliteratur verwiesen, die bespielhaft im Literaturverzeichnis erwähnt wird.

Überblick über die rechtlichen Schutzpositionen

Tabelle 1: Die unterschiedlichen Schutzpositionen

Schutzpositionen	Voraussetzung	Schutzart[173]	Schutzdauer
Marke	Unterscheidungskraft	ASR	unbegrenzt
Patent	Neuheit, erfinderische Tätigkeit	ASR	20 Jahre
Gebrauchsmuster	Neuheit, erfinderischer Schritt	ASR	10 Jahre
Geschmacksmuster	Neuheit, Eigenart	ASR	25 Jahre
Urheberrecht	geistige Schöpfung	pers. Recht	70 Jahre nach dem dem Tod des Urhebers
wettbewerbsrechtliche Schutzpositionen	wettbew. Eigenart	NS	theoretisch unbegrenzt[174]

Unternehmen, die die Vorteile dieser teils sehr wirkmächtigen Schutzrechte und -positionen zur Geltung bringen wollen, müssen jedenfalls folgende Voraussetzungen erfüllen:

▶ Sie müssen vor allem den Willen haben, bedeutende Innovationen auf technologischem Gebiet oder in ihrer Kommunikation hervorzubringen und hierfür die erforderlichen F&E-Anstrengungen zu unternehmen.

▶ Sie müssen die budgetmäßigen Mittel hierfür sowie für den Erwerb und das Managen der Schutzrechte bzw. Schutzpositionen bereitstellen.

▶ Sie brauchen die Entschlossenheit, das Schutzrecht bzw. die Schutzposition zu erlangen und zu nutzen.

▶ Sie brauchen die Entschiedenheit, die Inhaberschaft des Schutzrechts deutlich zu kommunizieren („Schutzrechtsflagge" zeigen) und es zu verteidigen.

▶ Sie benötigen die Marketingunterstützung der Managementanstrengungen im Bereich der Schutzrechte und Schutzpositionen.

Nicht nur im Aufbau der Schutzrechte bzw. Schutzpositionen, sondern auch in ihrer Nutzung sind Ganzheitlichkeit in der Betrachtung und Vernetzung in der Handhabung unabdingbare Voraussetzung für eine Nutzen bringende Implementierung des IP eines Unternehmens.

---

173 ASR = Absolut wirkendes Schutzrecht; NS = Nachahmungsschutz.
174 Solange die gesetzlichen Abwehrvoraussetzungen vorliegen.

Auswahl

Soweit es unternehmerische Hervorbringungen im Bereich der technologischen Leistungsfähigkeit angeht, kommen an Schutzrechten in erster Linie Patente und Gebrauchsmuster in Betracht. Liegt die besondere Qualität der Leistungsergebnisses hingegen im kulturellen oder gestalterisch/ästhetischen Bereich, ist an den Schutz durch das Urheberrecht, das Geschmacksmusterrecht und das Markenrecht zu denken, aber auch durch das Recht gegen den unlauteren Wettbewerb (UWG).

Die Anwendungsbereiche der einzelnen „Schutzquellen" lassen jedoch Überschneidungen erkennen. Beispiel: Für die besondere Erscheinungsform der Umsetzung einer erfinderischen Lehre – eigentlich Ansatzpunkt für ein Patent –, die eine besondere Ästhetik oder Kennzeichenkraft besitzt, kommt neben dem Patent (oder möglicherweise sogar an seiner Stelle!) ein Geschmacksmusterrecht oder sogar ein Markenrecht in Betracht, dessen Schutzdauer die des Patents problemlos hinter sich lässt.

Es kommen in nicht wenigen Fällen mehrere Schutzquellen in Betracht, aus denen geschöpft werden kann und muss, um die optimale Schutzrechtskombination für das jeweilige Leistungsergebnis zu realisieren. Die Entscheidung ist unter Kosten- und Effizienzgesichtspunkten zu treffen.

Die nachfolgenden Ausführungen zu den einzelnen Schutzquellen sollen jedenfalls rudimentäre Vorstellungen darüber vermitteln, welche Nutzenschwerpunkte bezüglich der einzelnen Schutzrechte und Schutzpositionen festzustellen sind.

Darüber hinaus soll hier aber auch verdeutlicht werden, welche unternehmerischen Leistungsbereiche einerseits Ansätze für Schutz bieten, andererseits aber auch Schutz benötigen.

Marken/Kennzeichen

Der Führungskraft eines Unternehmens erklären zu wollen, was eine Marke ist, wie sie funktioniert und welche Bedeutung sie für Unternehmen hat, hieße „Eulen nach Athen zu tragen". Die Aussage, dass „die Marke ... der zentrale Vermögenswert eines Unternehmens" ist[175], wird kaum auf Widerspruch stoßen.

Hier soll der Akzent indes anders gesetzt werden. Marke als SIP-Phänomen wird interessant durch ihre Existenz im Spannungsfeld von Kommunikation, Marketing und Rechtsschutz. Denn „Marke" ist sowohl substanzieller Vermögenswert als auch bedeutsames Recht und zusätzlich noch *das* Instrument der Unternehmenskommunikation.[176]

---

175 Vgl. Völckner, F. in „absatzwirtschaft" 02/2008, S. 101; Sattler, H./Völckner, F. (2007), S. 23.
176 Vgl. dazu schon oben in der Einführung.

Rechtstechnisch ist „Marke" Oberbegriff für direkte Kommunikationsmittel aller Art (Kennzeichen), einschließlich des Namens bzw. der Firma eines Unternehmens, der Unternehmenskennzeichen, der Namen oder besonderen Bezeichnungen (Titel) der Druckschriften eines Unternehmens oder seiner sonstigen Veröffentlichungen sowie der Internet-Domains. Das Recht hat gelernt, dass Markenschutz gewährt werden muss für alle Zeichen, die die Wirtschaftsrealität als perzeptible Symbole für die Zuordnung von Produkten und Dienstleistungen zu ihren betrieblichen Ursprüngen hervorbringt. Sobald und soweit ein Zeichen geeignet ist, diese Identifikationswirkung und Verbindungsvorstellung („Herkunftsfunktion") auszulösen, ist es schutzgeeignet.[177]

Die Bedeutung von Zeichen, die diese Verknüpfungsleistung erfüllen, wird vom Gesetzgeber derart hoch veranschlagt, dass in einigen Fällen ohne besonderes oder weiteres Zutun Rechtsschutz entsteht. So besteht der Schutz des Namens, allein weil der Namensträger existiert. Sodann werden Kennzeichen allein deswegen geschützt, weil und sobald sie als Bezeichnungen im geschäftlichen Verkehr benutzt werden. Das trifft zum Beispiel zu für die Firmenbezeichnung eines Unternehmens. Das gleiche gilt für Kennzeichen von Unternehmen und Geschäftsbetrieben mit[178] oder ohne[179] Namensfunktion und Titel von Druckschriften. Im Übrigen entsteht Schutz erst aufgrund eines amtlichen Anmelde- und Registrierungsvorgangs.

Im Idealfall „gehört" die Marke des Unternehmens in kommerzieller Hinsicht nicht ihm, sondern dem Kunden. Sie wird für ihn erfahrbar, und er hat sie so in sein Leben integriert, dass es nicht immer einer neuen Entscheidung für die Marke und zulasten fremden Angebots bedarf. Eine so wirkende Marke macht es möglich, das Unternehmen und seine Produkte vom Kunden her „zu denken". Seine Marken von daher zu identifizieren, das in ihnen liegende Potenzial zu mobilisieren - die Marken aufleben zu lassen - und es umfassend zu nutzen, liegt damit im Kern des Unternehmensinteresses.

Um das für das Wirtschaftsleben eminent wichtige Phänomen „Marke" auch rechtlich zutreffend verstehen zu können, müssen zumindest folgende Aspekt gewusst werden:

Markenfähig sind, das heißt als Marke können rechtlichen Schutz genießen, alle Kennzeichen (z. B. und insbesondere: Namen, Wörter, Slogans, Bilder, Zahlen, Buchstaben, Symbole und Embleme, Farben, aber auch Formen von Gegenständen), sofern sie von Menschen etwas außerhalb des Zeichen Stehendes erkannt werden, nämlich dafür, dass ein gewerbliches Angebot einem bestimmten Unternehmen zu-

---

177 So genannte Markenfähigkeit nach § 3 MarkenG.
178 Mit Namensfunktion: Unternehmensnamen aller Art, Firmenbezeichnung, besondere Bezeichnung des Geschäftsbetriebs, Siegel, Wappen und Embleme nur, wenn sie im Verkehr wie Namen wirken.
179 Ohne Namensfunktion: Symbole und Embleme, die vom Verkehr nicht als Namen aufgefasst werden.

zuordnen ist, welches für seine Qualität geradesteht und sich insoweit von den Angeboten anderer Anbieter unterscheidet. Ausnahmslos ausgeschlossen vom Markenschutz sind Zeichen, die ausschließlich aus einer Form bestehen, welche

▶ durch die Art der Ware selbst bedingt ist,
▶ zur Erreichung einer technischen Wirkung erforderlich ist,
▶ der Ware einen wesentlichen Wert verleihen.[180]

Markenschutz kann auf drei Weisen entstehen:

▶ durch Eintragung in ein staatlich geführtes Register (in Deutschland beim Deutschen Patent- und Markenamt DPMA; europaweit beim HABM = Harmonisierungsamt für den Binnenmarkt)
▶ durch Erwerb einer hochgradigen Bekanntheit infolge Benutzung im Inland
▶ durch notorische (nachhaltig hohe) (All-)Bekanntheit der Marke im Ausland

Markenrechte können bisweilen nicht entstehen, etwa dann, wenn das Zeichen die Ware oder Dienstleistung, für die sie benutzt werden soll, bloß beschreibt und daher nicht unterscheidungskräftig ist, oder nicht monopolisiert werden darf, weil das Zeichen allen zur Verfügung stehen muss, damit sie damit angemessen produktbezogen kommunizieren können.

Der gesetzliche Schutz für Marken aller Art ist theoretisch zeitlich unbeschränkt. Soweit es sich um eingetragene Marken handelt, bedarf es zur Verlängerung des Registerschutzes alle zehn Jahre der Bezahlung der Verlängerungsgebühr. Marken, deren Schutz durch Benutzung entsteht, durch die sie als Marke Verkehrsgeltung erworben haben, bleiben geschützt, solange die Verkehrsgeltung andauert. Darauf, dass der Schutz erlischt, wenn ein Markeninhaber seine Marke über längere Zeit nicht benutzt oder nicht verteidigt, wurde schon oben hingewiesen.[181]

Bedeutung der Marke unter SIP-Aspekten[182]

Die Marke ist innerhalb des geistigen Eigentums eines Unternehmens die wohl insgesamt bedeutungsvollste Position. Marke begünstigt Wiedererkennung, weckt infolge des Markenversprechens und der Verantwortungsübernahme des Markenverwenders Vertrauen und suggeriert Qualität.

Die Marke ist damit das Instrument der Unternehmenskommunikation schlechthin. Sie ist der nachhaltigste Gegenstand der Wahrnehmbarkeit und Wahrnehmung durch die Bezugsgruppen und infolge seiner prominenten Erkennbarkeit,

---

180 § 3 Abs. 2 MarkenG.
181 Siehe S. 54.
182 Vgl. dazu Einführung.

seiner leichten Erhältlichkeit und der unbegrenzten Schutzdauer am ehesten in der Lage, Tradition und Wertvorstellungen zu begründen.[183]

Daraus folgt zwanglos das Interesse der Unternehmen und das Anliegen des SIP-Managements, Markenschutz optimal zu begründen, und zwar sowohl hinsichtlich der Grundlegung starker Kennzeichnungskraft der Marke mit allen zur Verfügung stehenden Marketingmitteln als auch in Bezug auf einen optimal bemessenen Schutzumfang des Markenrechts. Dieser sollte auch noch absehbare zukünftige Entwicklungen des auf diese Marke gerichteten Benutzungsbedarfs berücksichtigen.

Das ist deswegen von so hoher Bedeutung, weil nach einhelliger Gerichtsauffassung zu Marken mit hoher Kennzeichnungskraft ein großer Abstand eingehalten werden muss, damit Verwechslungen vermieden werden. Sie prägen sich den Verbrauchern - anders als kommunikationsschwache Marken - besonders stark ein, sodass auch entferntere, nicht besonders ähnliche Zeichen die Erinnerung an diese hochgradig bekannten Marken aufrufen und mit diesen leicht verwechselt werden können.

SIP-gemäß ist es somit, das „Rechtsphänomen Marke" in die Konzeption der Unternehmenskommunikation einzubinden. Gelingt das, entstehen bemerkenswerte Marketingresultate. Ein bekanntes Beispiel ist die Marke „Piemont-Kirsche" von *Ferrero*.[184] Mit dieser Marke erhält das Produkt „Mon Chéri" einen weiteren Namen und wird im höheren Grad „benennbar" und „erzählbar".[185] Damit kann diese Marke in höherem Maße gespeichert und zuverlässiger weitergereicht werden. Sie wird marketingtechnisch damit bedeutend wertvoller. Ein weiteres Beispiel ist die Marke „Felsquellwasser" des Hauses *Krombacher*.[186] Auch damit kann die substanzielle Grundlage der Marke leichter (weiter)erzählt werden, was sich als Erfolgsursache für diese Marke erwiesen hat.[187]

Diese beiden Beispiele verdeutlichen, dass ein marketingmäßig wertvoller Einsatz der Marke in der Unternehmenskommunikation und das Erwirken von Markenschutz notwendig zusammenhängen. Wird eine Marke in die Unternehmenskommunikation integriert, ohne dass für sie ein adäquater rechtlicher Schutz begründet wird, der für Nachhaltigkeit sorgt, kann ihr kommunikativer Einsatz in Gefahr geraten oder ganz in sich zusammenbrechen, sobald eine Markenkollision mit Dritten entsteht. Nicht selten wünscht sich das Unternehmen dann, es hätte die Marke gar nicht erst zum Gegenstand seiner Kommunikation gemacht.

---

183 „In the 21st century, branding ultimately will be the only unique differentiator between companies. Brand equity is now a key asset." Fortune magazine, zitiert bei Esch, F.-R. (2005), S. 1.

184 Deutsche Wortmarke Nr. 1107665.

185 Zumal die „Piemont-Kirsche" nicht aus Italien, sondern aus Portugal stammt und in der geografischen Zurodnung eine Ferrero-Erfindung ist (sh. Wikipedia, „Mon Chéri", Stand 5.6.2008).

186 Deutsche Wortmarke Nr. 302008001325.7.

187 Vgl. Pirck, P. (2005), S. 4.

Damit eine Marke leistungsfähig wird und als Rechtsphänomen einen maximalen Schutzumfang erlangen kann, müssen diejenigen Parameter erfüllt sein, die eine Marke zu diesen Zielen braucht. Die Markenstrategie, aber auch die Unternehmenskommunikation sowie das Marketing des Unternehmens müssen gewährleisten, dass die Marke aufblühen kann.

Was aber braucht eine Marke?

▶ Als erstes Zeit. Eine Marke muss sich entwickeln können. Angebote und Produkte brauchen ihrerseits Zeit, um sich zu Marken zu entwickeln.
▶ Sodann brauchen Marken Fürsorge, Investitionen und Engagement.
▶ Marken brauchen ferner strategische Führung.
▶ Sie benötigen Qualitätsmanagement.
▶ Marken brauchen ein Gesicht und eine Aussage, die festgelegt und überall einheitlich kommuniziert werden.
▶ Marken brauchen Emotionen.
▶ Marken brauchen Persönlichkeit und Persönlichkeiten.
▶ Marken brauchen Multiplikatoren.
▶ Marken brauchen ein Publikum, das zu ihnen passt – und zu dem sie passen.
▶ Marken brauchen Konzentration auf das Wesentliche.
▶ Marken brauchen Stabilität und Kontinuität.[188]

Sind alle diese Bedingungen erfüllt, kann die Marke leben und sich entfalten. Dann erwirbt sie eine deutlich überdurchschnittliche Kennzeichenkraft und damit auch einen weiten Schutzbereich, der für das Entstehen der Monopolposition entscheidend ist.

Das Aufleben der Marke und das Entstehen eines großen Schutzumfangs wird allerdings durch eine von vornherein bestehende maximale Kennzeichnungskraft wesentlich begünstigt. Deswegen ist auf eine grundlegende Markenfindung Wert zu legen, das heißt auf die Wahl einer Marke mit hoher Eigenständigkeit als Symbol und starker Unterscheidungskraft.

Unter solchen Umständen ist es möglich, große Markenkraft und hohen Markenschutz in idealer Weise zusammenfallen zu lassen. SIP-Management sorgt dafür, dass dieser Zustand entsteht und aufrecht erhalten bleibt.

In rechtlicher Hinsicht sind Marken Kennzeichen, die nach den Bestimmungen des Markengesetzes bzw. der EU-Gemeinschaftsmarkenverordnung geschützt sind.[189] Juristisch wird das „Phänomen Marke" damit eindimensional auf die Beteiligung von Kennzeichen an der Rechtsordnung eingeengt. Entsprechend seiner Be-

---

188 Zitiert aus der Website (Quelle) www.diebotschafterin.de, > Marketing > Was ist eine Marke? - mit freundlicher Genehmigung seitens Katrin Fervers.
189 Vgl. Fezer(2001), Einl. Rn. 17.

deutung für gesellschaftliche Prozesse hat der Gesetzgeber das Markenwesen zum Gegenstand eines verlässlichen und präzisen juristischen Regelwerks gemacht.

Die ökonomische Relevanz von Marken für Austauschvorgänge wird demgegenüber deutlich anhand der komplexeren betriebswissenschaftlichen Begriffsbestimmung, nach der „Marken ... Vorstellungsbilder in den Köpfen der Konsumenten (sind), die eine Identifikations- und Differenzierungsfunktion übernehmen und das Wahlverhalten prägen".[190] Dementsprechend liegt der Wert einer Marke nicht im Unternehmen, sondern reflektiert sich in den Köpfen der Konsumenten.[191] Die Marke bildet sich vom Konsumenten her, nicht vom Unternehmen. Kommerziell „gehört" die Marke den Verbrauchern.

Deswegen nimmt es nicht wunder, dass die Erfolgsformel der Marke sich schon sprachlich vom Kunden und nicht vom Markenartikler her bildet. Es ist der Kunde, der spricht:

"Ich kenne dich!

Ich mag dich!

Ich will dich!"[192]

Weil und insoweit Marken diese erstaunliche Fähigkeit haben, im Markenbetrachter lebendig zu werden, sind sie nicht nur schutzwürdig, sondern auch schutzfähig. Nur dann aber determinieren sie auch Austauschprozesse. Das Vermögen, Vorstellungsbilder zu prägen und Markenschemata[193] entstehen zu lassen, besitzen sie aufgrund ihrer Fähigkeit, in relevanter Weise an Kommunikationsvorgängen teilzunehmen und so auf Anschauungen einzuwirken. Damit wird deutlich, dass ein Zusammenhang besteht zwischen den rechtlichen und betriebswirtschaftlichen sowie kommunikativen Aspekten der Marke. Hier ist wiederum festzustellen, dass die Bereiche des geistigen Eigentums und seines Schutzes, der Unternehmenskommunikation und des Marketings deutlich miteinander vernetzt sind.

Dasselbe trifft aber auch zu in Bezug auf die verschiedenen Rechte, die den Schutz des geistigen Eigentums bewirken. Sie unterscheiden sich hinsichtlich ihrer Enstehungsvoraussetzungen und der Folgen von Rechtsverletzungen, sodass sie sich gegenseitig ergänzen können. Auch sie müssen infolgedessen ganzheitlich gesehen und zusammen gedacht werden, soll ein optimaler Schutz herbeigeführt werden und eine kraftvolle Unterstützung von Unternehmenskommunikation und Marketing durch die Wirkung des Rechts entstehen. Tabelle 2 verdeutlicht diese Gesamtvernetzung:

---

190 Vgl. Esch, F.-R. (2005), S. 23; Gottschalk, B./Kalmbach, R. (2003), S. 481.
191 Vgl. Esch , F.-R. (2005), S. 65; Sattler, H./Völckner, F. (2007), S. 54.
192 Vgl. Martius, W. (2008), S. 169.
193 Vgl. Esch , F.-R. (2005), S. 66.

Tabelle 2: Mehrfache Vernetzung von
Schutzrechten - Kommunikation - Marketing

IP	⬅➡ Unternehmenskommunikation	⬅➡ Marketing
Schutzrecht 1 Marke ⬆⬇		
Schutzrecht 2 Geschmacksmuster ⬆⬇		
Schutzrecht 3 Urheberrecht ⬆⬇		
Schutzrecht 4 Patent ⬆⬇		
etc.		
Vernetztheit ⇒ Gegenstand der ganzheitlichen Betrachtung		

„Neue Markenformen"[194]

Die 1995er Reform des Markenrechts öffnete das Tor für neue Markenformen. Seither können alle Zeichen Marke im Rechtssinne sein, „die geeignet sind, Waren oder Dienstleistungen eines Unternehmens von denjenigen anderer Unternehmen zu unterscheiden"[195], vorausgesetzt, die Marke, wenn sie selbst als solche nicht visuell wahrnehmbar ist, kann gegebenenfalls mit Hilfsmitteln, insbesondere mithilfe von Figuren, Linien oder Schriftzeichen, grafisch dargestellt werden. Die Darstellung muss allerdings klar, eindeutig, in sich abgeschlossen, leicht zugänglich, verständlich, dauerhaft und objektiv sein.[196]

---

194 Siehe S. 84.
195 § 3 Absatz 1 MarkenG.
196 So EuGH, Beschluss vom 12.12.2002, Rechtssache RS C-273/00.

Bei den neuen Markentypen handelt es sich im Wesentlichen um folgende neuen Markenformen (siehe Tabelle 3):

Tabelle 3: Beispiele neuer Markenformen

neue Markenformen[197]	Marken(Schutz-)gegenstand
Formmarken	Abbildungen körperlicher Gegenstände
Farbmarken (konkrete)	Farbtöne in festgelegten Umrandungen
Farbmarken (abstrakte)	Farbtöne ohne festgelegte Konturen
gustatorische Marken	besonderer Geschmack als Unterscheidungszeichen
olfaktorische Marken	besonderer Geruch als Unterscheidungszeichen[198]
haptische Marken	besondere Stimulierung des Tastsinns[199]
Bewegungsmarken	Bewegungsvorgang
Hörmarken	akustische Signale alle Art
Lichtmarken	optische Signale alle Art
Positions- bzw. Positionierungsmarken	spezielle Anbringung eines für sich allein nicht unterscheidungskräftigen Zeichens an einer festgelegten, stets derselben Stelle eines Erzeugnisses (Beispiel: roter Querbalken unter jedem Absatz eines LLOYD-Herrenschuhs[200])

In der Erweiterung des Markenrechts auf neue Markenformen liegt eine bedeutsame Chance: Angesichts der großen und exponentiell steigenden Zahl geschützter Marken wird es immer schwerer, neue Marken herkömmlicher Art (Wort-, Bild- und Kombinationsmarken aus sprachlichen und grafischen Bestandteilen) zu finden, die nicht mit bereits existierenden geschützten Zeichen kollidieren. Es ist somit interessant, auf Markenformen ausweichen zu können, die verfügbar und noch relativ selten anzutreffen sind und von daher einen vergleichsweise hohen Aufmerksamkeitswert haben. Denn es ist für das von den Marken angesprochene Publikum durchaus (noch) überraschend, dass ein Unternehmen eine im geschäftlichen Verkehr unübliche Art, an seinen Leistungen identifiziert zu werden, praktiziert. Wegen ihrer Ungewöhnlichkeit sind die neuen Marken besonders geeignet, in der Unternehmenskommunikation effizient eingesetzt zu werden: Sie bieten ein interessantes Zusatzpotenzial, um Wahrnehmbarkeit des Unternehmens und seiner Leistungen herzustellen.

---

197 Keine abschließende Aufzählung.
198 Nach gegenwärtigem Stand der Rechtsprechung ist es nicht möglich, das aus einem Geruch bestehende Unterscheidungszeichen (Riechmarke, Geruchsmarke) grafisch eindeutig darzustellen, was aber für eine Eintragbarkeit als Marke ins Markenregister erforderlich ist. Der Naturwissenschaftler, der ein Verfahren erfindet, einen Geruch grafisch darstellen zu können, wird ein gemachter Mann sein!
199 Siehe z. B. BGH GRUR (2007), S. 149 - Tastmarke.
200 Vgl. Entscheidungen des Bundespatentgerichts, Band 38, Seite 262.

Weil es besonders lehrreich ist, will ich hier der neuen Markenform „Positionierungsmarke" anhand eines weiteren Beispiels etwas mehr Aufmerksamkeit geschenken: Der berühmte Modedesigner Wolfgang Joop hatte die fantastische Idee, im Zusammenhang mit seinen Kreationen seinen Nachnamen nicht nur stets in Großbuchstaben erscheinen, sondern ihm immer ein Ausrufungszeichen folgen zu lassen:

JOOP!

Sehr zu Recht konnte Wolfgang Joop nach gewisser Zeit davon ausgehen, dass das Ausrufungszeichen für sich genommen – jedenfalls bei Modeerzeugnissen – in den Augen der Verbraucher einen eigenen Wiedererkennungswert gewonnen hatte und für *JOOP* bzw. *JOOP!* stand. Es hatte sich zum Identifikations- und Wiedererkennungsmittel für ein bestimmtes Unternehmen entwickelt. Da alles Marke sein kann, was vom Verkehr als Unterscheidungszeichen verstanden wird, war es folgerichtig, darüber nachzudenken, ob nicht das Ausrufungszeichen für sich genommen zur Eintragung als Marke angemeldet werden könnte. Allerdings erhoben sich Bedenken, ob ein Ausrufungszeichen – als solches – für Bekleidungsstücke als Zeichen ausreichend unterscheidungskräftig ist und vor allem von einem Unternehmen monopolisiert werden darf.[201] Diese Bedenken wurden später tatsächlich hochrichterlich geteilt.[202]

Dementsprechend entschloss *JOOP!* sich, das Ausrufungszeichen mit der Maßgabe zur Marke anzumelden, dass es an stets gleich bleibender Stelle (oben rechts), in gleicher Größe und in einem bestimmten farblichen Kontrast zum Stoff (hier: Jeansstoff) auf der Tasche eines Bekleidungsstücks aufgenäht ist. Gegenstand der Markenanmeldung war folgende (im Original farbige) Darstellung (siehe Abbildung 12):

---

201 Fehlende Unterscheidungskraft und entgegenstehendes Freihaltebedürfnis lassen jede Markenanmeldung scheitern (§ 8 Abs. 2 Nr. 1 und 2 MarkenG, absolute Schutzhindernisse).
202 Vgl. Bundespatentgericht GRUR (1998), S. 819 – Jeanstasche mit Ausrufungszeichen.

Abbildung 12: Grafische Darstellung der JOOP-Positionierungsmarke

ABBILDUNG AUS BUNDESPATENTGERICHT GRUR 1998, 819

Zu Recht wurde die Eintragung dieser Marke gewährt. In der Weise verwendet, wie die Darstellung das wiedergibt, ist das Ausrufungszeichen weder bloße Verzierung der Tasche oder schlicht „Hingucker". Beides hätte einer Eintragung als Marke entgegengestanden. Vielmehr ist das Ausrufungszeichen unter diesen konkreten Umständen ein Markenzeichen, das auf die Herkunft einer damit versehenen Ware aus einem bestimmten Betrieb hinweist.

Das Beispiel zeigt folgende Vorgänge und Mechanismen deutlich auf:

▶ Der Urheber Wolfgang Joop schafft eine entwicklungsfähige Ausgangsposition: umfangreiche Benutzung des Ausrufungszeichens als Abschluss seines Namens (zugleich als Firmenbezeichnung und Wortmarke).

▶ Untrennbar verbunden mit dem Namen nimmt das Ausrufungszeichen an allen Marketingmaßnahmen teil, die das „Unternehmen JOOP!" durchführt.

▶ Die (stets maßgeblichen) Verkehrskreise messen dem Zusatzzeichen „!" peu à peu eine immer stärkere eigene Kennzeichenbedeutung und -kraft zu.

▶ Das „!" emanzipiert sich so von *JOOP* bzw. *JOOP!* und beginnt, ein kommunikatives Eigenleben zu führen.

- Dieses Ergebnis musste verwertet werden und zu einer wehrhaften Wettbewerbsposition erstarken.
- Bei der Suche, wie das gelingen könnte, wurde die Möglichkeit der Positionsmarke gefunden. Die oben wiedergegebene Gestaltung dieser Marke schöpft die vom Recht bereitgehaltenen Schutzmöglichkeiten für das konkrete unternehmerische Markierungsbedürfnis aus.
- Die Schaffung der Marke eröffnet die Kreation neuer Werbebotschaften (– „JEANS! – die Jeans mit dem Ausrufungszeichen" – oder Ähnliches) und gesteigerter Wahrnehmbarkeiten.

Wie sich an diesem Beispiel zeigt, können ungewöhnliche (und an sich rechtlich nicht schutzfähige) Kommunikationsmittel und -inhalte (JOOP!) durch einen nachhaltigen und stets gleich bleibenden, häufig wiederholten Einsatz eine besondere, rechtlich verwertbare Bedeutung als Herkunftshinweis erhalten. Die rechtliche Analyse zeigt das geeignete Mittel auf – die Anmeldung des entstandenen Kommunikationsmittels als Marke neuen Typs (Positionsmarke) – und eröffnet den Weg zur Konversion des Marketinginstruments (Ausrufungszeichen) in ein Schutzrecht (eingetragene Marke) mit Monopolwirkung. Die Monopolposition ist die Grundlage neuer Kommunikationsmöglichkeiten auf der Grundlage des alsdann bestehenden Schutzes.

Ob die markenrechtlich erforderliche Eignung eines Zeichens zur Unterscheidung von Waren und Dienstleistungen von denen anderer Unternehmen im Einzelfall gegeben ist, richtet sich nach der Auffassung der Verkehrskreise, an die sich die im Kontext mit der Marke angebotene kommerzielle Leistung wendet. Dieses Publikum kennen die für Marketing und Vertrieb zuständigen Abteilungen des Unternehmens. Sie können diese Frage für den projizierten Einsatzbereich der Marke unschwer beurteilen. Die maßgebliche Auffassung des Verkehrs ist überdies beeinflussbar. Es kann gegebenenfalls mit geeigneten Marketingmaßnahmen darauf hin gewirkt werden, dass ein bestimmtes Zeichen in den Augen der Verbraucher die Eignung zur Marke erwirbt, die es zunächst noch nicht zweifelsfrei besitzt.

Marken im Sinne des Markengesetzes müssen jedoch nicht nur zur Unterscheidung geeignet sein; einer Marke darf überdies konkret bezogen auf die Waren oder Dienstleistungen, für die sie angemeldet wird, nicht jegliche Unterscheidungskraft fehlen.[203] Ob sie ausreichende Unterscheidungskraft besitzt, ist wiederum nach der – form- und beeinflussbaren – Verkehrsauffassung zu beurteilen. Die Gewöhnung des Verkehrs an die vom Unternehmen gewählte neue Markenform kann durch eine marketingmäßige Unterstützung des Kommunikationswertes der Marke und ihrer Kommunikationskraft erreicht werden.[204]

---

203 § 8 Abs. 2 Nr. 1 MarkenG.
204 Für die Formmarke siehe Ullmann, E., Die Form einer Ware als Marke – Illusion oder Chance, NJW-Sonderheft 100 Jahre Markenverband.

Das Nutzen der Chancen, die die neuen Markenformen bieten, setzt mit Rücksicht auf die Vernetzung der Disziplinen somit ein konzertiertes Vorgehen der für das Unternehmen handelnden Vertriebsfachleute, Marketers, Werbeexperten und IP-Juristen voraus.

Dasselbe gilt für eine in diesem Zusammenhang ganz wesentliche Frage, nämlich die des Erhalts von Markenrechten. Eine Marke muss benutzt werden, sonst verfällt sie und kann gelöscht werden.[205] Sie muss aber **als Marke** benutzt werden, und dies für die Waren oder Dienstleistungen, für die die Marke eingetragen ist. Nehmen wir das Beispiel der nachstehend wiedergegebenen Formmarke, die aus der Abbildung der Ware besteht, für die sie registriert ist und benutzt werden soll, und deswegen „produktabbildende" Marke genannt werden kann:

Abbildung 13: Grafische Darstellung der 3D-Gemeinschaftsmarke
(Form der BIRKIN-Bag)

ABBILDUNG AUS CTM-ONLINE ZUR MARKE 004467247

---

205 § 49 MarkenG.

Die Fachjuristen sind sich einig, dass es für eine das Markenrecht erhaltende Benutzung darauf ankommt, „ob die Marke zur Unterscheidung von Waren oder Dienstleistungen als solche eines bestimmten Unternehmens, also als Marke, benutzt wird, oder ob die Benutzung zu anderen Zwecken erfolgt".[206]

Bezogen auf die zuvor bildlich wiedergegebene Marke stellt sich die Frage, ob es für eine markenmäßige Benutzung („als Marke") ausreicht, wenn die Handtasche, deren Abbildung Gegenstand der Marke ist,

▶ im Schaufenster des Markeninhabers ausgestellt wird,
▶ Handtaschen mit derartigem Erscheinungsbild im Einzelhandel verkauft werden,
▶ Bilder dieser Handtasche in der Werbung des Markeninhabers verbreitet werden oder
▶ Modezeitschriften diese Tasche unter Nennung des Namens des Markeninhabers abbilden.

Erfolgt hier die Benutzung nicht zu anderen Zwecken, nämlich zur bloßen Anpreisung und zum Absatz der Ware?

Eindeutige Rechtsprechung zur aufgeworfenen Frage der ausreichenden (ernstzunehmenden) rechtserhaltenden Benutzung der neuen Markenarten existiert bislang noch nicht. Entscheidend ist, ob die Marke, so wie sie dem Verkehr in der konkreten Benutzung entgegentritt, als betriebliches Herkunftszeichen aufgefasst wird. Auch insoweit ist der Verkehr entwicklungsfähig und erziehbar. SIP führt die Experten der verschiedenen Disziplinen zusammen, um diese Erziehungsarbeit zu leisten. Deren Ziel ist es, dafür zu sorgen, dass das Erscheinen der jeweiligen neuen Markenform - sei es in der Werbung, sei es im Schaufenster - aufgrund der eingesetzten Kommunikationsmittel und Marketingmaßnahmen beim Betrachter die Vorstellung aufkommen lässt, dass es sich beim wahrgenommenen Gegenstand um ein Zeichen, ein Symbol - eben eine Marke - handelt und nicht nur um eine bloße Abbildung der Ware oder gar die Ware selbst.

Das Ergebnis der Expertenarbeit liegt darin, dass der Gegenstand, für den die Marke als Symbol steht - hier die Form der abgebildeten Tasche -, nachhaltig den scharfen und zeitlich nicht beschränkten Schutz des Markenrechts genießt und Nachahmer des Produkts auf der Grundlage des Markenrechts äußerst wirksam bekämpft werden können.

Der Erwerb von neuen, interessanten markenrechtlichen Schutzpositionen und deren Aufrechterhaltung sind von Wahrnehmungen durch die Bezugsgruppen abhängig, die das Unternehmen selbst beeinflussen kann. Allerdings sind Expertenkompetenzen verschiedener Fachrichtungen zusammenzuführen, um diese Einflussarbeit zu leisten. Dabei sind diejenigen Wahrnehmungsvorgänge und

---

206 EuGH, Urteil vom 23.2.1999 (Rechtssache C-63/97) - BMW, Textziffer 38.

Wahrnehmungsgegenstände aufzuspüren und als sowohl marketingmäßige, als auch als rechtliche Ansatzpunkte zu identifizieren, um die erstrebten Monopolpositionen zu erlangen.

Im Zusammenhang mit den „neuen Markenformen" ist folgendes Beispiel zur Veranschaulichung hilfreich:

Der bekannte Hersteller von aus Kunststoff bestehenden Küchen- und Haushaltsartikeln *Tupperware* wurde 1938 gegründet. Seit 1951 erfolgt der Vertrieb der *Tupperware*-Produkte nur noch im Direktvertrieb auf „Tupperparties". Schon in den Vierzigerjahren hatte Earl S. Tupper, Gründer des Unternehmens, einen Deckel erfunden, mit dem man seine Plastikdosen luft- und wasserdicht verschließen kann. Das Besondere daran ist das Geräusch, das dabei entsteht. Die hausfraulichen Fachkreise nennen es gefühlvoll den „Tupperseufzer". Um dieses akustische Elebnis zu haben, wird der Deckel des gefüllten Gefäßes leicht angehoben und die darin enthaltene Luft herausgedrückt. Die nachfolgenden Abbildungen verdeutlichen den Vorgang, der dieses Seufzen enstehen lässt.[207]

Abbildung 14: Verschließen des *TUPPERWARE*-Gefäßes mit Tupperseufzer

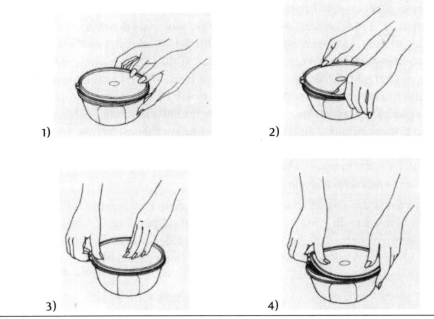

1) 2) 3) 4)

---

207 Quelle: Peter Zec (1992).

Derjenigen, die diesen Begriff ersonnen hat, müsste *Tupperware* nachträglich einen Orden verleihen. Denn er eignet sich vorzüglich, in der Unternehmenskommunikation an vorderster Stelle eingesetzt zu werden. Er gewährleistet ebenso Wertigkeit (Nutzen des akustischen Phänomens als Qualitätsbeweis) wie Unverwechselbarkeit. Man könnte an einen Slogan denken: „So seufzt nur einer!" Diese Aussage wäre geeignet für eine so genannte Sloganmarke. In markenrechtlicher Hinsicht ist der „Tupperseufzer" aber noch weiter ergiebig: Er könnte nicht nur als Wortmarke „Tupperseufzer" angemeldet werden; das Seufzer-Geräusch, sofern grafisch darstellbar[208], könnte als Hörmarke (Geräuschmarke) eingetragen werden mit der Folge, dass allein für die Produktreihen von *Tupperware* werblich ein derartiges Geräusch eingesetzt werden dürfte.

Dieser Fall zeigt sehr deutlich, dass in geeigneten Situationen die Verzahnung der kommunikativen und der rechtlichen Denkansätze zu einer interessanten Ausgestaltung der Wahrnehmbarkeit eines Unternehmens und seiner Produkte sowie zu einer rechtlich wirkungsvollen Absicherung der Wahrnehmungsgegenstände führen kann.

Strategische Bedeutung und Wirkung, Strategieverhaftung

Die unter strategischen Gesichtspunkten zu treffende Wahl der Schutzart für Marken (bloße Benutzung, Registrierung, nationale Marke, europäische Gemeinschaftsmarke oder internationale Marke), die Abstützung der Markenbenutzung in der Unternehmenskommunikation, die Konstruktion einer Struktur mehrerer Marken des Unternehmens (Unternehmensmarken, Produktmarken wie Dachmarken, Familienmarken, Einzelmarken etc.) und deren konkreter Einsatz haben direkte Auswirkungen auf Begründung, Umfang und Erhaltung von Markenrechten. Aus diesem Grund ist es gerechtfertigt, davon zu sprechen, dass eine Marke eng strategieverhaftet ist. Die konkrete Nutzbarkeit der Marke eröffnet Spielräume für das Marketing. Damit ist eine Marke in einem Doppelsinn strategieverhaftet, nämlich auch insoweit, als sie durch das Maß ihrer Kennzeichnungsstärke und die Größe ihres rechtlichen Schutzumfangs auf das Marketing einwirkt. Je nachdem bieten Marken in sehr unterschiedlichem Maß die Möglichkeit, die Eigenschaften der eigenen Produkte deutlicher hervorzuheben, ihnen ein Profil, das heißt, ein Image zu geben und sie somit von vergleichbaren Produkten anderer Anbieter abzuheben.

Verhältnis Marke - Unternehmenskommunikation - Marketing

Für den Kunden sind Marken wichtige Orientierungshilfen auf dem Markt. Mit dem Erwerb eines Markenartikels kauft der Kunde nicht nur einen Gebrauchs- oder Verbrauchsgegenstand, sondern zusätzlich einen ideellen Gegenstand, näm-

---

208 Siehe S. 105.

lich das Versprechen des Markenartikelherstellers bezüglich der Eigenschaften (Qualität, Nutzen etc.) des Produkts und des dahinter stehenden, verantwortlich zeichnenden Unternehmens. Marke, Produkt, Unternehmen, Unternehmenskommunikation und Marketing müssen ein stimmiges Ganzes ergeben und vom Konsumenten als ganzheitliche Einlösung des Markenversprechens wahrgenommen werden können. Die rechtliche Absicherung dieses auf Wahrnehmen und Erleben ausgerichteten Prozesses ist eine wesentliche Aufgabe des Markenschutzes. Dessen Ergebnis ist eine vom Kunden erfahrene hochgradige Glaubwürdigkeit des Unternehmens und seiner Aussagen. Auf diese Weise entsteht oder verstärkt sich der positive Wert der Wahrnehmbarkeit des Unternehmens mit dem Ergebnis, dass es bei Kaufentscheidungen anderen vorgezogen wird.

Die Märkte werden zunehmend schwieriger und wettbewerbsintensiver. Das steigert den Bedarf nach wirksamem Marketing. Gelingt es diesem, dem Unternehmen Vorsprünge in seiner Wahrnehmbarkeit im Verhältnis zu seinen Mitbewerbern zu schaffen, sind die Inhalte dieser Wahrnehmbarkeit in den Maße nachahmungsgefährdet – und dann auch schutzbedürftig, indem sie Vorsprünge bewirken und verkörpern. Sie sind in der Unternehmenskommunikation mit Symbolen, vor allem Marken, intensiv zu verkoppeln, damit Markenrechtsschutz hierfür frühzeitig und machtvoll – mit maximalem Schutzumfang – herbeigeführt werden kann.

Markenstrategie

Ein entwickeltes Markenmanagement ist angesichts der Bedeutung der Markenführung für die Wahrnehmbarkeit des Unternehmens schon bei einer einzelnen Marke erforderlich, erst recht natürlich bei einer Mehrzahl von Marken, einem Markenportfolio.[209] Das gilt insbesondere bei einem heterogenen Markenportfolio, das aus einer Mehrzahl ganz unterschiedlicher Kennzeichen besteht (eingetragene Marken, Unternehmenskennzeichen, Internet-Domains etc. in womöglich komplexen Markenarchitekturen), welche einen hohen Koordinierungs- und Harmonisierungsaufwand erfordern.

Gerade für diesen Fall ist es zu fordern, dass die Einzelheiten der Begründung von Markenrechten, die Benutzung der Kennzeichen und weitere rechtliche Aspekte des Kennzeichnungswesens eines Unternehmens ein optimales Markenmanagement nicht nur nicht behindern, sondern ermöglichen und fördern. Dieses Ziel ist im Sinne des SIP optimal zu erreichen nur durch eine qualifizierte Kooperation der beteiligten Experten.

---

209 Siehe S. 133 ff. „Markenportfolio und Markenmanagement".

Unternehmenskennzeichen

Neben der eingetragenen oder der infolge Verkehrsgeltung durchgesetzten Marke schützt das Gesetz auch Unternehmenskennzeichen.[210] Es handelt sich dabei im Wesentlichen um Zeichen, deren Bedeutung für die Unternehmenskommunikation nicht hoch genug veranschlagt werden kann:

▶ Name bzw. die Firma eines Unternehmens
    Beispielkaufmann e.K.
    Beispielkaufmann GmbH & Co. KG
    Adeo AG
▶ „Besondere Bezeichnung" des Geschäftsbetriebs (alle Kennzeichen, die nicht Unternehmensname oder –firma sind) z. B. „Mercedes" oder „Benz" für die Daimler AG,
▶ Geschäftsabzeichen
    z. B. Auskunft-Telefonnummer „11833" für Telekom, Stern für Daimler AG, Muschel für Shell (Stern und Muschel sind natürlich auch als eingetragene Marken geschützt!),
▶ Die Namen oder besonderen Bezeichnungen (Titel) der Druckschriften eines Unternehmens oder seiner sonstigen Veröffentlichungen.

Alle diese Zeichen eignen sich infolge ihrer Kürze, Prägnanz und Signalkraft in besonderem Maße dazu, sich im Verkehr bei den Bezugsgruppen als Symbole für das Unternehmen und im Falle besonderer Wertschätzung sogar als Ikone einzubürgern. Es handelt sich bei ihnen somit um Kennzeichen, die leicht zu dem werden, was anzustreben ist, nämlich zu Marken, die den Kunden „gehören".

Gerade bei diesen Unternehmenskennzeichen ist infolgedessen darauf zu achten, dass sie mit den sonstigen Kennzeichen des Unternehmens harmonieren, sodass sich ein stimmiges, homogenes „Kennzeichenbild" des Unternehmens ergibt. Das ist nicht nur im Interesse einer gelungenen integrierten Unternehmenskommunikation unverzichtbar, sondern auch deswegen unerlässlich, weil die Verwendung der Unternehmenskennzeichen und deren Einbürgerung im Markt sich verstärkend auf die Schutzumfänge der sonstigen gegebenenfalls bedeutenderen Marken des Unternehmens auswirken können.

Internet-Domains

Mit der immer noch stark zunehmenden Bedeutung des Internets gerade für den globalisierten Wettbewerb kommt den Internet-Domains für die Identifikation des Unternehmens und der Begründung einer hochgradig wahrnehmbaren Identität eine große Bedeutung zu. Gerade deswegen ist darauf zu achten, dass die Do-

---

210   § 5 MarkenG.

main eines Unternehmens zu seinen anderen Kennzeichen problemlos „passt" und schon für sich genommen in der Lage ist, eine Botschaft über die Einmaligkeit und Besonderheit der Unternehmenspersönlichkeit zu transportieren. Je mehr eine Domain dazu in der Lage ist, desto eher genießt sie als Name oder Marke rechtlichen Schutz und desto größer wird ihr Schutzumfang sein.

Patente

Wesentlich für Entscheider

▶ Allein der Patentinhaber darf die patentierte Erfindung nutzen und verwerten (§ 9 PatG).

▶ Patente positionieren das Unternehmen im Innovationswettbewerb.

▶ Patente erhöhen die Wettbewerbsfähigkeit der Unternehmen.

▶ Sie erhöhen deren Finanzkraft.

▶ Sie ermöglichen Lizenzeinnahmen sowie den Zugang zu externem technologischen Wissen.

▶ Patente sichern Handlungsspielräume („freedom to operate").

Die Bedeutung von Patenten ist evident: Sie schützen die Hervorbringungen der technologischen Innovationskraft des Unternehmens. Ihre Wirkung geht aber weit darüber hinaus und hat eine strategische Qualität. Patente positionieren das Unternehmen im Innovationswettbewerb. Patente und das Patentwesen eines Unternehmens sind damit naturgegeben strategieverhaftet. Ihrer Bedeutung nach ist die Patentstrategie in unmittelbarer Nähe zur Gesamtstrategie des Unternehmens angesiedelt. Das macht es erforderlich, Patente unter Managementgesichtspunkten zu betrachten.[211]

Patente ermöglichen aber nicht nur die Nutzung einer Monopolposition unter Ausschluss des Wettbewerbs[212], sondern auch die Einnahmen von Lizenzzahlungen Dritter und vielfach auch den Austausch von Lizenzen mit Dritten („cross-licencing") und damit den Zugang zu externem technologischen Wissen.

Die wichtigsten Motive für die Anmeldung eines Patents und das Erwirken von Patentschutz sind:

▶ kein ausreichender Schutz durch Geheimhaltungsvorkehrungen

---

211 Vgl. S. 67 Patentinformationsmanagement, S. 140 Patentmanagement.
212 Ausnahme: Erteilung einer Zwangslizenz im öffentlichen Interesse (§ 24 PatG).

- vorübergehender Ausschluss des Wettbewerbs von der Nutzung der Erfindung zur Sicherung ausreichender Erträge für hohe und risikobehaftete Investitionen in Forschung und Entwicklung (Schutzfunktion des Patents)
- grundsätzliche Entscheidung zur Teilnahme an der Möglichkeit, Patentinformationen systematisch auszuwerten, um damit im Technologiemanagement sicherer entscheiden zu können (Informationsfunktion des Patents)
- Gewinn von Handlungsfreiheit („freedom to operate")[213], insbesondere:
  - Ermöglichung von Verhandlungen mit Wettbewerbern und/oder potenziellen Kooperationspartnern
  - Ermöglichung der externen Vermarktung des Schutzrechts mit der Erzielung zusätzlicher finanzieller Einnahmen
  - Verhinderung von Blockierungen durch Schutzrechte der Wettbewerber
  - Zugang zu externem technologischen Wissen durch „cross licencing" (gegebenenfalls Freilizenzen) und somit
  - Steigerung des Unternehmenswerts,
  - Steigerung der Sichtbarkeit des Unternehmens im Bereich der Technologie.

Der Anmeldungsmotivation entgegengesetzt ist die gerade bei kleineren Firmen anzutreffende Neigung, Patentanmeldungen beim Auftreten von Problemen vor der Patenterteilung wieder zurückzuziehen.[214] Dies kann ein Anzeichen dafür sein, dass die angemeldete Erfindung eine nur geringe Erfindungshöhe hat, die Anmeldung selbst unter technischen oder inhaltlichen Schwächen leidet, Angst vor Auseinandersetzungen mit Dritten aufkommt, das anmeldende Unternehmen keine gesicherte Kenntnis über den Wert der Erfindung besitzt und gegebenenfalls auch nicht in der Lage ist, diesen Wert Dritten zu kommunizieren, die als Finanzierer oder Nutznießer der Erfindung und ihrer Auswertung in Betracht kommen.

Patente werden erteilt für Erfindungen. Das sind Lehren zum technischen Handeln, mit denen ein technisches Problem gelöst wird. Wenn die Problemlösung sich für den Fachmann nicht in nahe liegender Weise aus dem Stand der Technik ergibt, liegt eine Erfindung vor. Aber nur für Erfindungen, die

- **neu** sind,
- auf einer **erfinderischen Tätigkeit** beruhen und
- **gewerblich anwendbar** sind,

  kommt eine Patenterteilung in Betracht.

Der Begriff der Neuheit soll hier näher betrachtet werden: Neu ist eine Erfindung dann, wenn sie nicht zum Stand der Technik gehört.[215] Zu diesem Stand ge-

---

213 Vgl. Ernst, H. (2002), S. 304 ; . BosworthD./Webster, E. (2006), S. 183; Gassmann, O./Bader M. (2006), S. 33, 36, 84 ff. – „freedom of action = strategisches Gut".
214 Vgl. Bosworth, D./Webster, E. (2006), m.w.A. S. 221.
215 § 3 Abs. 1 Satz 1 PatG.

hört alles, was irgendwo auf der Erde der Öffentlichkeit zugänglich gemacht worden ist, sei es durch schriftliche oder auch nur mündliche Beschreibung oder durch Benutzung oder sonst in irgendeiner Weise. Die Erfindung muss also dem jeweiligen Stand der Technik etwas Weiteres, bisher nicht Bekanntes hinzufügen.[216] Die Erfindung ist mit dem Wissen zu vergleichen, das bei Anmeldung des Patents bestand. Es muss ein Innovationssprung vorliegen. Ob dieser im Einzelfall ausreicht, ist zu prüfen. Je größer der Innovationsabstand zum bisher Bekannten ausfällt, desto größer ist die Wahrscheinlichkeit, dass das erstrebte Patent erteilt wird. Aber nicht nur das: Deutliche Innovationssprünge zu schaffen entspricht dem Bedürfnis, die wichtigen Schlüsselpatente zu erlangen, die zu umfassenden Wettbewerbsvorsprüngen führen. Da Patente offengelegt und Patentschriften veröffentlicht werden, werden solche Innovationssprünge bekannt. Je größer sie ausfallen, desto leichter wird es dem Unternehmens gelingen, seine Innovationskraft in der Öffentlichkeit darzustellen. Die Rekrutierung von „Schlüsselerfindern"[217] zahlt sich nicht nur durch Erzielung gehöriger Innovationsschübe aus, sondern auch durch eine qualifiziertere technologische Darstellbarkeit und Wahrnehmbarkeit des Unternehmens.

Kann der Gegenstand der Erfindung auf irgendeinem gewerblichen Gebiet hergestellt oder genutzt werden, ist sie auch gewerblich anwendbar.

Zum Verfahren der Anmeldung und Erteilung nur gerade soviel: Ein Patent ist förmlich bei der Erteilungsstelle, in Deutschland beim Deutschen Patent- und Markenamt (DPMA) in München, anzumelden. Das DPMA prüft von Amts wegen, ob die Anmeldung formalen Anforderungen entspricht. Erst auf Antrag folgt dann die Prüfung der Patentfähigkeit. Ist das Ergebnis positiv, wird das Patent erteilt. Der Schutz ist auf 20 Jahre ab Anmeldung begrenzt und nicht verlängerbar.

Im Patentrecht gilt, wie im gesamten Bereich des gewerblichen Rechtsschutzes, der **Grundsatz der Territorialität**. Schutz besteht nur im Gebiet des Staats, der das Patent erteilt hat. Um das gerade in Zeiten der Globalisierung bestehende Bedürfnis nach grenzüberschreitendem Patentschutz zu befriedigen, wurden internationale Vereinbarungen[218] getroffen mit dem Ziel, in einem vereinfachten Verfahren und vergleichsweise kostengünstig für ein und dieselbe Erfindung auch in anderen Ländern Patentschutz zu erwirken bzw. durch eine einzige internationale Patenterteilung Rechte in einer Mehrzahl von Ländern zu erlangen.

Wichtigstes Beispiel: Europäische Patentanmeldungen sind beim Europäischen Patentamt in München einzureichen. Im Fall der Erteilung eines europäischen Patents entsteht materiell ein Bündel mehrerer nationaler Patente in allen Mitglieds-

---

216 Vgl. Benkard, G. (2006), § 3 PatG, Rn. 5.
217 Siehe „IP-HRM", S. 56.
218 Pariser Verbandsübereinkunft PVÜ; Patent Cooperation Treaty PCT; Europäisches Patentübereinkommen EPÜ.

staaten des Europäischen Patentübereinkommens (EPÜ), die in der Anmeldung angegeben worden sind.

Während größere Unternehmen eine höhere Patentierneigung und damit die Bereitschaft besitzen, ein Patentportfolio aufzubauen und zu pflegen, nutzen kleinere und mittlere Unternehmen im Gegenzug ihre Patente intensiver.[219] Damit ist die Begründung und Implementierung einer „Patentkultur" für sie keineswegs von geringerer Bedeutung.

Gebrauchsmuster

Das Gebrauchsmuster wird – wie ein Patent – angemeldet für eine technische Erfindung. Die Anforderungen an die Innovationshöhe des erfinderischen Ergebnisses sind nach neuerer Rechtsprechung grundsätzlich ebenso hoch wie beim Patent.[220] Auch hier muss die Erfindung neu und gewerblich anwendbar sein.

Inhaber eines Gebrauchsmusters zu werden, geht deutlich schneller als beim Patent, weil eine Prüfung der Schutzfähigkeit hier nicht stattfindet. Das Gebrauchsmuster ist auch erheblich kostengünstiger als ein Patent. Es ist anzustreben bei geringeren und weniger bedeutsamen Erfindungen, zumal wenn bei ihnen nicht mit Verletzungsprozessen zu rechnen ist. Allerdings ist die Schutzdauer mit höchstens zehn Jahren deutlich kürzer. Die Option für das Gebrauchsmuster ist daher gut zu überlegen, zumal ein Übergang von der Gebrauchsmuster- zur Patentanmeldung nicht möglich ist: Für das dann angestrebte Patent ist infolge der vorhergehenden Gebrauchsmusteranmeldung die Neuheit der Erfindung für die Patentanmeldung nicht mehr gegeben. Demgegenüber ist es innerhalb von zehn Jahren ab Anmeldung eines Patents unter bestimmten Voraussetzungen möglich, aus der Patentanmeldung ein Gebrauchmuster abzuzweigen.[221] Das ist insbesondere dann vorteilhaft, wenn sich das Verfahren der Prüfung einer zum Patent angemeldeten Erfindung hinzieht und es erforderlich erscheint, schon vor Erteilung des Patents bei Verletzung Schadensersatz in Anspruch zu nehmen.

Geschmacksmuster

Schon bei der Marke geht es – auch rechtlich – um Fragen der Wahrnehmung, nämlich die der Zeichen und Symbolde, die für ein Unternehmen stehen und von ihm, nach der Wahrnehmung der Verkehrskreise, unterscheidend und identifizierend als Hinweis auf die Herkunft von Leistungen aus einem bestimmten Betrieb eingesetzt werden.

---

219 Vgl. Ernst, H. (2002) S. 305.
220 BGH GRUR 2006, 842 – Demonstrationsschrank.
221 § 5 GebrMG.

Beim Geschmacksmusterrecht geht es noch entscheidender um Wahrnehmungsgeschehnisse, denn es schützt unter bestimmten Voraussetzungen Erscheinungsformen der unterschiedlichsten Art, ganz allgemein Inhalte von Sinneswahrnehmungen, die von Gegenständen ausgehen. Aus diesem Grund hat dieses gewerbliche Schutzrecht, ähnlich wie die Marke, eine große Bedeutung für die Absicherung der Wahrnehmbarkeitsinhalte eines Unternehmens.

Das Geschmacksmuster stellt nicht Produkte selbst, sondern Erscheinungsformen von Erzeugnissen und sogar von Teilen von Produkten unter Schutz, soweit diese jeweils neu sind und eigenartig. Materiell geht es darum, dass sie sich hierfür vom vorbestehenden bzw. vorbekannten Formschatz im Gesamteindruck ausreichend stark unterscheiden müssen. Die Andersartigkeit im Verhältnis zu bereits bekannten Erscheinungsformen ist die Grundlage des rechtlichen Schutzes. Die genannten Begriffe „Erscheinungsformen" und „Erzeugnisse" sind außerordentlich weit zu verstehen, sodass der Anwendungsbereich des Geschmacksmusterrechts entsprechend groß ist, was es nur umso interessanter für Unternehmen macht.

So versteht das Gesetz unter Erzeugnissen jeden industriellen oder handwerklichen Gegenstand, wozu es beispielsweise auch Verpackungen, Ausstattungen, ja sogar grafische Symbole und typografische Schriftzeichen zählt. Das zeigt, wie weit der Anwendungsbereich des Geschmacksmusterrechts reicht.

Das Geschmacksmuster wird auf Antrag beim DPMA eingetragen. Dieses prüft nicht, ob das angemeldete Muster den Schutzerfordernissen der Neuheit und Eigenart genügt und erteilt bei Vorliegen bestimmter formaler Eintragungsvoraussetzungen ohne weiteres das Geschmacksmuster.

Es handelt sich bei diesem Registerrecht somit, anders als beim Patent oder der Marke, um ein nicht geprüftes Schutzrecht. Ob es Rechtswirkungen entfaltet, muss sich im Fall seiner Verteidigung erweisen. Im Verletzungsprozess werden aber die Schutzvoraussetzungen der Neuheit und Eigenart vermutet. Der aus einem Geschmacksmuster in Anspruch Genommene kann die Vermutung durch Aufzeigen älterer, im Gesamteindruck wesentlich gleicher Muster widerlegen.

Das Geschmacksmusterrecht bietet eine preiswerte und überaus interessante Möglichkeit, wesentlich vom Design her bestimmte Hervorbringungen unter Rechtsschutz zu stellen. In geografischer Hinsicht wird durch das deutsche Geschmacksmuster deutschlandweit Schutz gewährt, durch das Internationale Geschmacksmuster in den entscheidenden Auslandsstaaten und durch das europäische Gemeinschaftsgeschmacksmuster in allen Mitgliedsstaaten der EU. Letzteres existiert in zwei Varianten: Das beim Harmonisierungsamt für den Binnenmarkt (HABM) in Alicante/Spanien angemeldete und registrierte Gemeinschaftsgeschmacksmuster wird – wie das deutsche Geschmacksmuster – für maximal 25 Jahre geschützt, das nicht eingetragene Gemeinschaftsgeschmacksmuster hingegen nur für drei Jahre. Dafür bedarf es keiner Anmeldung. Das Geschmacksmuster braucht hierfür nur geschaffen und der Öffentlichkeit zugänglich (bekannt) gemacht zu werden. Es kostet nichts, ist aber auch nur gegen Nachahmungen geschützt, was begrifflich voraussetzt, dass der Übernehmer der Erscheinungsform des Musters dieses gekannt hat. Dies hat grundsätzlich derjenige zu beweisen, der Ansprüche aus einem nicht eingetragenen Gemeinschaftsgeschmacksmuster geltend macht.[222]

Im Zusammenhang mit Geschmacksmusteranmeldungen ist unter strategischen Aspekten Folgendes von Bedeutung:

▶ Der Schutz eines angemeldeten Musters ist schnell, billig und einfach zu erlangen; für den Schutz notwendige Beweise sind vergleichsweise leicht zu führen.

▶ Geschmacksmusteranmeldungen sind vor allem in Betracht zu ziehen bei Artikeln (z. B. Modeerzeugnissen), die einen besonderen optischen Eindruck erwecken und für die kein technisches Schutzrecht (Patent, Gebrauchsmuster) erlangt werden kann.

▶ Das gilt umso mehr für leicht nachzuahmende Produkte mit hohem merkantilen Potenzial.

▶ Das Geschmacksmusterrecht ist vor allem interessant im (Massen-) Konsumgüterbereich, wenn eine außerordentliche innovative Produktgestaltung es gestattet, sich vom reinen Preiswettbewerb abzusetzen.

▶ Wird für eine Geschmacksmusteranmeldung optiert, sollte so früh wie möglich angemeldet werden.

▶ Das Instrumentarium der gesetzlichen Möglichkeiten, den Schutzeintritt in zeitlicher Hinsicht zu steuern (Stichwörter „Neuheitsschonfrist", „Ausstellungspriorität", „Aufschiebung der Bekanntmachung") sollte mit professioneller Hilfe flexibel nutzbar gemacht werden.

▶ Das Geschmacksmuster, zumal in der Variante des eingetragenen Registerrechts, wirkt auf den Markt ein: Wie andere Schutzrechte auch, wird der Wettbewerb gezwungen, Recherchen durchzuführen und das Schutzrecht zu respektieren - oder es anzugreifen. Ob das geschieht, oder die Umgehung des Schutzrechts vorgezogen wird oder der Wettbewerb sich entscheidet, Lizenzen zu zahlen - in jedem Fall wird er mit Kosten in teils erheblicher Höhe belastet.

▶ Geschmacksmusterschutz wirkt „produktunabhängig". Der Schutz ist - anders als bei Marken - nicht auf die Erzeugnisse beschränkt, für die das Geschmacksmuster angemeldet ist oder benutzt wird. Das Geschmacksmuster darf von Dritten somit auch nicht benutzt werden für Produkte, die mit denen des Schutzrechtsinhabers nicht in Konkurrenz stehen. Das wirkt einer Verwässerung des Geschmacksmusterschutzes entgegen.

---

222 Je stärker aber die Übereinstimmungen zwischen Original und Nachahmung sind, desto größer ist die Tendenz der Gerichte, in ihren Urteilen von einer solchen Kenntnis auszugehen.

▶ Das nicht eingetragene europäische Gemeinschaftsgeschmacksmuster ist vor allem bei eher kurzlebigen - der Mode unterworfenen - Erzeugnissen in Betracht zu ziehen und nutzbar zu machen.

Urheberrecht

Das Urheberrecht schützt alle Werke der Literatur, Wissenschaft und Kunst, die persönliche geistige Schöpfungen sind und als solche unkörperlichen Güter zum immateriellen Vermögen des Urhebers gehören. Eine bestimmte Anzahl solcher Werke nennt das Urhebergesetz: Sprachwerke (Werke der Literatur), Musikwerke, Pantomime, Tanzkunst, Bildende Kunst, Filme etc. Die Aufzählung ist aber nicht abschließend. Immerhin zeigt die Liste des Gesetzes aber sehr deutlich, dass es sich bei allen Werken um Hervorbringungen handelt, die - traditionsbedingt - eine gewisse kulturelle, aber auch eine besondere kommunikationsmäßige Relevanz haben. Literatur, Musik, Bilder, Skulpturen und etwa Fotografien sind Formen der Kommunikation zwischen dem Autor und seinem Publikum. Damit kann der Blick auf Hervorbringungen des Unternehmens auch von der Seite der Kommunikationsrelevanz und ihrer Kommunikationsstärke gerichtet werden, um eine Feststellung über die urheberrechtliche Schutzfähigkeit und die Weite des jeweiligen Schutzbereichs zu treffen. Entscheidend kommt es im Einzelfall darauf an, ob das konkrete Werk die Anforderungen des Urheberrechts an die Schöpfungshöhe erfüllt.

Das Urheberrecht entsteht durch den Schöpfungsakt selbst und bedarf keiner Anmeldung oder Registrierung. Nach deutschem Recht setzt der Urheberschutz weder einen „Copyright"-Vermerk noch eine Verwendung des ©-Zeichens voraus. Die Schutzdauer des Urheberrechts beträgt 70 Jahre gerechnet ab dem Tod des Urhebers. Das Schutzanliegen des Urheberrechts soll nach der gesetzgeberischen Entscheidung in erster Linie Schöpfungen von gewisser kultureller Relevanz zugute kommen. Allerdings ist im Zuge der bevorstehenden Harmonisierung des Urheberrechts in der Europäischen Union damit zu rechnen, dass die Schutzanforderungen an die Schöpfungshöhe urheberrechtlicher Werke spürbar sinken werden.

Gleichwohl wird das Urheberrecht seine ganze Schutzkraft auch zukünftig nicht für sich allein entfalten, sondern - wie andere „Schutzquellen" auch - in Vernetzung mit weiteren Schutzpositionen. Als Beispiel sei der Schutz von Computerprogrammen genannt. Sie stehen - wie andere persönliche geistige Schöpfungen - unter dem Schutz des Urheberrechtsgesetzes.[223] Der Schutz beschränkt sich indes auf die unmittelbare Verwertung des Computerprogramms. Wird darüber hinaus Schutz beansprucht für eine mit dem Programm zusammenhängende computerimplementierte Erfindung, ist Letztere zum Patent anzumelden. Denn erst dann

---

223 §§ 2 Abs. 1 Nr. 1, 69a bis 69g UrhG.

ist es möglich, Dritten die Anwendung der Erfindung selbst zu untersagen, wobei der Schutz auch gegen ähnliche Vorgehensweisen (vermeintliche Umgehungen) besteht. Damit geht der Patentschutz deutlich weiter und kann – bei entsprechend beantragter geografischer Ausdehnung des Schutzbereichs – überdies im Ausland leichter durchgesetzt werden als ein reines Urheberrecht.

Dies ist ein anschauliches Beispiel dafür, dass es von Vorteil ist, die verschiedenen Schutzmöglichkeiten des gewerblichen Rechtsschutzes in ihrer Vernetztheit zu erkennen und zu nutzen. Erst dann werden Möglichkeiten des gewerblichen Rechtsschutzes voll ausgeschöpft.

Wettbewerbsrechtliche Schutzpositionen

Das Gesetz gegen den unlauteren Wettbewerb (UWG) schützt gegen unlautere Wettbewerbshandlungen der Konkurrenten, u.a. gegen Nachahmungen gewerblicher Leistungen, und zwar insbesondere dann, wenn mit der Nachahmung eine Täuschung über deren betriebliche Herkunft einhergeht, der Ruf des Originalherstellers ausgebeutet oder herabgesetzt oder dieser gezielt behindert wird.[224]

Sonstige gewerbliche Schutzrechte

Sie sind nur für bestimmte Branchen von Interesse und sollen nur der Vollständigkeit halber kurz erwähnt werden; wegen der Details wird auf die Spezialliteratur verwiesen, die zum Teil im Literaturverzeichnis genannt wird.

Sortenschutz nach dem **Sortenschutzgesetz** wird für die Entdeckung oder Züchtung bislang unbekannter Pflanzensorten gewährt und vermittelt exklusive Auswertungsrechte bezüglich der jeweiligen Pflanze einschließlich des Vermehrungsguts (Samen) und des Züchtungsverfahrens.

Gesetzlicher Schutz wird auch gewährt für dreidimensionale Strukturen mikroelektronischer Halbleitererzeugnisse nach dem so genannten **Topographiegesetz**. Dieser Schutz kann gegebenenfalls neben einem bedeutend länger andauernden Geschmacksmusterschutz bestehen, sofern die Schutzvoraussetzungen nach dem Geschmacksmusterrecht (Neuheit, Eigenart der Erscheinungsform) erfüllt sind.

Für neue und eigentümliche typografische Schriftzeichen (Muster von Buchstaben, Ziffern und Ornamenten) ist Schutz nach dem so genannten **Schriftzeichengesetz** erreichbar. Ergänzend ist hierfür eine Geschmacksmusteranmeldung in Betracht zu ziehen[225], da ein internationales Schriftzeichenrecht noch nicht besteht und grenzüberschreitender Schutz für in Deutschland geschaffene und hier

---

224 Siehe §§ 3, 4 Nr. 9 a) bis c) und Nr. 10 UWG.
225 Schutzfähige Erzeugnisse nach dem Geschmacksmustergesetz können grundsätzlich auch grafische Symbole und typografische Schriftzeichen sein, § 1 Nr. 2 GeschmMG.

anzumeldende Schriftzeichen nur über das internationale Geschmacksmuster-recht erreicht werden kann.

Gewährte oder erworbene Lizenzen

Schutzrechte und aus ihnen resultierende Befugnisse sind grundsätzlich über-tragbar und können somit lizenziert werden.

Im Wesentlichen sprechen vier gewichtige Gründe für die Vergabe von Lizen-zen:

▶ Schaffung neuer Einnahmequellen
▶ Verbreitung technologischer Standards[226]
▶ Zugang zu externer Technologie
▶ Schaffung von Kooperationen und gegebenenfalls strategische Allianzen mit Lizenzpartnern, vor allem durch attraktiven wechselseitigen Austausch von Lizenzen („cross-licencing") bei starken eigenen Patentpositionen.

Gewährte Lizenzen können dem lizenzierenden Unternehmen bisweilen erheb-liche Umsätze verschaffen. An das Beispiel von Texas Instruments sei erinnert. Bei diesem Unternehmen übersteigen seit geraumer Zeit die Lizenzeinnahmen aus Schutzrechten die Produktionsumsätze. Die französische Firma *THOMSON* finan-ziert ihre F&E-Aufwendungen zu 100 Prozent durch Patentlizenzeinnahmen.[227]

Die Lizenzgewährung kann des Weiteren im Wege des „cross-licensing" Zugang zu dringend benötigten Wissensvorsprüngen verschaffen, das die eine bestimmte eigene Wissensgenerierung komplettiert oder erst ermöglicht.

Unter demselben Aspekt kann es unter Investitionsgesichtspunkten lohnend sein, Lizenzen zu erwerben, um Entwicklungskosten und vor allem –zeit zu spa-ren, sofern der damit verbundene Technologie- und Know-how-Gewinn die Ausga-ben rechtfertigt. Unter Umständen bieten schon Lizenzverhandlungen in solchem Maße Erkenntnisgewinne, dass bereits die bloße Kommunikation im Rahmen der Lizenzverhandlungen sich bereichernd auswirkt.

---

226 Wurzer, A. (2004), S. 28, erwähnt das Beispiel VHS-System: Gegen das an sich überlegene System von Philipps/Grundig setzte sich das Matsushita-VHS-System infolge gezielter Lizenzpolitik schnell als Standard durch.
227 Vgl. Breesé, P. (2002), S. 1 (Introduction).

Schutz von Know-how/Schutz von Geschäfts- und Betriebsgeheimnissen bzw. Unternehmens- und Wirtschaftsgeheimnissen[228]

Eine regelrechte Kuriosität des gewerblichen Rechtsschutzes besteht darin, dass für „bloße" Geschäfts- und Betriebsgeheimnisse – ungeachtet ihrer bisweilen großen Bedeutung für die Unternehmen – keine eigenständigen Schutzrechte entwickelt worden sind.[229] Der Schutz dieser besonders sensiblen Form gewerblich oft höchst wertvollen Wissens über den kaufmännischen Geschäftsverkehr (Kundenkontakte, Adresslisten etc.), über Geschäfts- oder Vertriebskonzepte[230] oder den technischen Betriebsablauf einschließlich aller gegenständlichen und immateriellen Hervorbringungen des Unternehmens führt – soweit es die Aufmerksamkeit und Schutzfürsorge des Gesetzgebers angeht – ein Mauerblümchendasein.[231] Das ist um so erstaunlicher, als wettbewerblich relevantes Vorsprungswissen zu einem gewichtigen Teil in der Form von Geschäfts- und Betriebsgeheimnissen existiert und keinen anderen Aggregatszustand des Wissens annimmt. Das kann daran liegen, dass es sich nicht zu regelrechten Erfindungen verdichtet, oder auch daran, dass das Unternehmen entscheidet, dieses Wissen rein betriebsintern zu halten und es nicht zum Gegenstand von Schutzrechtsanmeldungen zu machen. Denn nach Meinung des Unternehmens ist dieser Gegenstand des Unternehmenswissens gegebenenfalls besser im Innern des Unternehmens aufgehoben[232] oder der gesetzlich vermittelte Schutz befriedigt nicht die Schutzbedürfnisses des Unternehmens.

Für die hier angestellte strategische Betrachtungsweise ist diese „Schnittstellenmaterie"[233] des gewerblichen Rechtsschutzes von besonderem Reiz. Ihr Management ist eine besondere Herausforderung, weil gerade für den Schutz geheimen Wissens eines Unternehmens die Mehrheit von Schutzmöglichkeiten aufgrund

---

228 Vgl. Wurzer, A. (2004), S. 53: Know-how ist „technisches Erfahrungswissen, das nicht durch technische Schutzrechte gesichert ist."

229 Das erinnert an die Schutzverweigerung für „bloße" Ideen – siehe S. 85 ff.

230 Beispielsweise beruhen Franchising-Konzepte zu einem großen Teil auf wertvollem geschäftlichen Know-how.

231 Die Rechtsprechung ihrerseits versucht zu helfen: Der BGH gewährt Know-how-Schutz für Informationen unter dem Aspekt des Betriebsgeheimnisses auch dann, wenn sie zum Stand der Technik gehören und deswegen z.B. nicht zum Gegenstand einer Patentanmeldung gemacht werden können (BGH WRP 2008, S. 1085 – Schweißmodulgenerator).

232 Sofern im betroffenen Unternehmensbereich kein entscheidender Vorsprung vor der Konkurrenz gegeben ist, muss allerdings das Risiko bedacht werden, das darin besteht, dass Wettbewerber durch eigene F&E-Tätigkeit das geheime Wissen kurzfristig erwerben und ihrerseits zum Gegenstand von Schutzrechtsanmeldungen machen, die das Unternehmen – wie alle anderen – blockieren würden. Damit würde dem Unternehmen der mit seinem Know-how verbundene Vorteil aus der Hand geschlagen werden.

233 Vgl. Ann, C., in GRUR (2007), S. 39.

der unterschiedlichen gesetzlichen Schutzquellen in ihrer Vernetztheit identifiziert und mobilisiert werden muss.

Geheimnisschutz ist risikoreich. Dementsprechend hoch können die Aufwendungen für effektiven Geheimnisschutz sein.[234] Das relativiert die Vorteile[235] einfachen Schutzes von Geschäfts- und Betriebsgeheimnissen gegenüber Schutzrechtsanmeldungen bisweilen erheblich.

Gleichwohl ist für die Schutzkultur eines Unternehmens zumindest ergänzend von den praktischen und organisatorischen Möglichkeiten Gebrauch zu machen, den Zugang zu seinen sensiblen Informationen zu regulieren und gegen die unbefugte und vor allem unlautere Offenbarung von Know-how geschützt zu sein.

Nicht offenkundige Informationen des Unternehmens mit wirtschaftlichem Wert sind nicht nur schutzwürdig. Für sie kann auch rechtlich wirksamer Schutz erwirkt werden, auch wenn es sich im Einzelfall nicht um technische, neue und gewerblich unmittelbar anwendbare Kenntnisse von besonderer intellektueller Qualität handelt. Voraussetzung ist allerdings, dass diese Informationen eine Beziehung zum Unternehmen haben und dass ein Geheimhaltungswille ebenso vorhanden ist wie ein Geheimhaltungsinteresse.[236] Jegliche Nachlässigkeit bei der Behandlung der Geschäfts- und Betriebsgeheimnisse und deren Wahrung durch das Unternehmen selbst führt allerdings zum – dann meist sogleich definitiven – Verlust der gesetzlichen Schutzmöglichkeiten.[237]

Aufgabe des IP-Managements ist es, im Unternehmen Strukturen zu etablieren und Vorkehrungen zu treffen, die es ermöglichen, den existierenden rechtlichen Schutz von Geschäfts- und Betriebsgeheimnissen wirksam zu mobilisieren.[238] Er lässt sich aus folgenden Schutzquellen herleiten:

UWG

§ 17 UWG schützt strafrechtlich gegen die unlautere Offenbarung von Informationen und deren Verrat durch Unternehmensinterne und die Ausspähung durch Dritte (Betriebsspionage). Ebenfalls ist die Verwertung solchermaßen unlauter ausgespähter oder verratener Geheimnisse unter Strafe gestellt. Speziellen Schutz genießen technische Vorlagen (Zeichnungen, Modelle, Schablonen etc.) nach § 18 UWG. § 19 UWG verbietet schließlich unter Strafe das Verleiten zum Verrat und andere Formen des verräterischen Zusammenwirkens.

---

234 Kontroll- und Unterbindungsaufwand.
235 Schutz für Know-how ist jederzeit erreichbar, kostengünstig, bedarf keiner Anmeldung und besteht ohne zeitliche Beschränkung. Die Durchsetzung des Geheimnisschutzes wird nicht selten durch das Tätigwerden von Strafverfolgungsinstanzen wirksam unterstützt (u.a. nach § 17 UWG; siehe nachfolgend S. 127 f.).
236 Vgl. Ann, C. (2007).
237 Vgl. Wodtke C./Richters, S. (2004), S. 27.
238 Siehe die Beispiele und praktischen Anregungen bei Wodtke C./Richters, S. (2004), S. 28 ff.

Zivilrechtlich greifen gegebenenfalls die Haftungsvorschriften der §§ 8 Abs. 1 i.V.m. 3, 4 Nr. 10 und 11 UWG ein, sofern eine gezielte Behinderung oder der Verstoß gegen ein Gesetz vorliegt, das, wie §§ 17, 18 UWG, „auch dazu bestimmt ist, im Interesse der Marktteilnehmer das Marktverhalten zu regeln".

Strafgesetzbuch

Den strafrechtlichen Schutz gegen Ausspähung und Verletzung von Geheimnissen gewähren – unabhängig von §§ 17 – 19 UWG –

§ 96 StGB – gegen landesverräterische Ausspähung,

§ 99 StGB – gegen geheimdienstliche Agententätigkeit,

§ 201 StGB – gegen Verletzungen der Vertraulichkeit des Worts,

§ 202 StGB – gegen Verletzungen des Briefgeheimnisses,

§ 202a StGB – gegen Ausspähung von Daten,

§ 203 StGB – gegen Verletzungen von Privat- und Geschäftsgeheimnissen,

§ 204 StGB – gegen Verletzungen fremder Geheimnisse,

§ 206 StGB – gegen Verletzungen des Post- und Fernmeldegeheimnisses.

Damit ist die Liste der direkt oder indirekt wirkenden strafrechtlichen Instrumente gegen Geheimnisverrat und Betriebsspionage eindrucksvoll lang. Aufgabe des IP-Managements ist es, im Unternehmen Vorkehrungen zu treffen, dass diese Instrumente auch wirksam greifen können. Eine effektive Überwachung des Informationsbestands des Unternehmens und sichere Kontrolle des Zugangs hierzu sollte ebenso selbstverständlich sein wie eine Dokumentation des Umgangs mit den Daten. Bestehen hierfür im Unternehmen keine verbindlichen Regeln, ist Geheimnisschutz nicht zu erreichen und dessen Verletzung praktisch nicht verfolgbar.

BGB

Den zivilrechtlichen Schutz von Betriebs- und Geschäftsgeheimnissen bewirkt § 823 Abs. 1 BGB unter dem Gesichtspunkt des geschützten Rechts am eingerichteten und ausgeübten Gewerbebetrieb. Zivilrechtlicher Unternehmensschutz erfasst auch Schutz des Know-how als sonstiges Recht i.S.d. § 823 Abs. 1 BGB. Es ist somit selbstständig als solches geschützt.

Ferner gewährt § 823 Absatz 2 BGB i.V.m. §§ 17 und 18 UWG Schutz für Know-how, da die wettbewerbsrechtlichen Vorschriften den Schutz des Unternehmens bezwecken. Deren Verletzung löst Unterlassungs- und, wenn sie schuldhaft erfolgte, auch Schadensersatzansprüche aus.

Ein Verstoß gegen die §§ 17 und 18 UWG führt regelmäßig auch zur Schadensersatzpflicht des § 826 BGB, da darin zumeist auch eine sittenwidrige Rechtsverletzung liegt.

Zivilrechtlich können sich darüber hinaus Ansprüche aus entsprechenden vertraglichen Geheimhaltungs- und Verschwiegenheitsvereinbarungen ergeben.

Arbeitsrecht

Arbeitnehmer, die aufgrund ihrer Betriebszugehörigkeit Kenntnis vom Geschäfts- und Betriebsgeheimnis haben, sind allein aufgrund ihrer generellen Schweigepflicht aus dem Arbeitsvertrag – auch ohne ausdrückliche Vertragsbestimmungen hierüber – zur Wahrung des Geheimnisses verpflichtet. Ein schuldhafter Verstoß gegen diese Pflicht verpflichtet zum Schadensersatz und kann eine gegebenenfalls sogar fristlose Kündigung des Arbeitsverhältnisses rechtfertigen. Gleichwohl sind eindeutige und klare Regelungen in den Arbeitsverträgen von Vorteil, und überdies sollte das Unternehmen verbindliche Richtlinien über den Umgang mit sensiblen Informationen besitzen und deren Einhaltung überwachen. Dies ist Bestandteil des IP-HRM.[239]

Arbeitnehmererfindungsrecht

Arbeitnehmererfindungen sind in aller Regel Betriebsgeheimnisse. Sie geheim zu halten, liegt im offensichtlichen Interesse des Unternehmens, aber auch des Arbeitnehmers. Falls das Unternehmen die Diensterfindung nicht oder nur eingeschränkt in Anspruch nehmen will, muss dem Arbeitnehmer daran liegen, dass die Erfindung geheim und deren anderweitige Verwertung möglich bleibt. Will das Unternehmen aus Geheimschutzgründen auf die Erfindung kein Schutzrecht anmelden, werden die Belange des Arbeitnehmers dadurch gewahrt, dass er eine Klärung der Schutzfähigkeit der Diensterfindung verlangen und auch in diesem Falle eine Vergütung beanspruchen kann.[240] Das Managen des Arbeitnehmererfindungswesens einschließlich der Geheimhaltung ist ein Thema des IP-HRM[241] und vernetzt mit dem betrieblichen Wissensmanagement[242] und dem im Unternehmen installierten Vorschlagswesen.[243]

---

239 Siehe S. 56.
240 Vgl. § 17 des Arbeitnehmererfindungsgesetzes.
241 Vgl. dazu auch die das Informationsmanagement des Unternehmens betreffenden Ausführungen oben unter S. 67.
242 Siehe S. 63.
243 Siehe „Ideenmanagement", S. 61.

Handelsrecht, Gesellschaftsrecht, Insiderrecht, Berufsrecht, Prozessrecht

Dem Geheimnisschutz dienen eine ganze Reihe von Vorschriften dieser fünf Rechtsbereiche. Betroffen sind die Vertreter des Unternehmens (Geschäftsführer, Vorstände), Gesellschafter, Mitglieder von Aufsichtsgremien, selbstständige Vertriebsmittler (Handelsvertreter, Franchisenehmer, Vertragshändler) sowie externe Berater und Prüfer, die im Rahmen ihrer jeweiligen Tätigkeiten Kenntnis von Geschäfts- und Betriebsgeheimnissen erlangen. Auch bezüglich dieser Personen sollten Dokumentationen darüber erstellt werden, wer wann zu welchen Daten Zugang erhalten hat, damit nachvollzogen werden kann, welchen Weg Informationen genommen haben. Erkenntnisse hierüber können helfen, Täter unerlaubter Weitergabe von sensiblen Unternehmensinformationen zu identifizieren. Die Wahrscheinlichkeit, identifiziert zu werden, dient der Abschreckung viel mehr, als dies die Sanktionen können, die der Gesetzgeber für den Fall der Verletzung des Rechts vorsieht. Denn die Täter gehen in aller Regel davon aus, für das Ertapptwerden zu schlau zu sein und Strafen zu entgehen.

Vernetzung mit gewerblichen Schutzrechten

Über eines darf die eindrucksvolle Auflistung von Schutzmöglichkeiten für Betriebs- und Geschäftsgeheimnisse nicht hinwegtäuschen: Nur eine äußerst wache, strikte und kontrollintensive Überwachung der Handhabung der Geheimnisse kann gewährleisten, dass das Unternehmen keine größeren Schäden durch unbefugte Offenbarung erleidet. Deswegen ist daran zu denken, Betriebs- und Geschäftsgeheimnisse, soweit möglich, durch flankierende Schutzrechte abzusichern, die ihrerseits keine oder nur eine zurückhaltende Offenbarung der Geheimnisse bewirken. Wenn einzelne Inhalte von Betriebs- und Geschäftsgeheimnissen soweit isoliert werden können, dass sie Gegenstand von Schutzrechten sein können, ohne dass sich durch ihre Offenbarung das jeweilige Geheimnis mitoffenbart, ist deren Anmeldung zu erwägen. Wenn die unbefugte Verwertung eines Betriebs- und Geschäftsgeheimnisses nicht möglich ist, ohne zugleich parallel begründete Schutzrechte zu verletzen, kann die Fremdnutzung des Geheimnisses gegebenenfalls wirksam unterbunden werden.

Schutzrechtsportfolios

Schutzrechtsportfolios sind die Zusammenfassung von artgleichen Schutzrechten eines Unternehmens (Patenten, Marken, Geschmacksmuster etc.) zu Gesamtheiten. Die einzelnen Schutzrechtsportfolios werden vereinigt zu einem Gesamtschutzrecht-Portfolio. Der Aufbau von Schutzrechtsportfolios und deren koordiniertes Management ist ein zentrales SIP-Thema. Gerade für diese Thematik sind die SIP-Aspekte

▶ strategischer Ansatz,
▶ Vernetzung der verschiedenen Schutzrechtsbereiche untereinander und mit den Themen des Wissens- und Informationsmanagements, des Marketings und der Unternehmenskommunikation,
▶ ganzheitliche Betrachtung und Behandlung und
▶ Optimierung der mit dem Versprechen eines hohen Kundennutzens positiv aufgeladene Wahrnehmbarkeit des Unternehmens und seiner Leistungen

von hoher Bedeutung. Dem Thema Schutzrechtsportfolios und den damit zusammenhängenden Managementaspekten ist erhöhte Aufmerksamkeit zu schenken, weil eine ausgereifte Portfoliokultur dem Unternehmen deutliche Wettbewerbsvorteile beschert.

Kaum ein Unternehmen besitzt nur ein Schutzrecht. Mehrere Schutzrechte erfordern Koordination und strategische Handhabung. Geeignete Werkzeuge dafür sind Schutzrechtsportfolios.

Unter dem Begriff Portfolio ist ein Instrument der Analyse und des Sichtbarmachens von strategischen Positionierungen und Stoßrichtungen zu verstehen.[244] Ein Schutzrechtsportfolio hat damit eine Doppelfunktion: Es visualisiert die Aufstellung des Unternehmens im Bereich der gewerblichen Schutzrechte und verdeutlicht zugleich deren Bezug zur Unternehmensstrategie.

Schutzrechte eines Unternehmens wirken in der Regel vernetzt und sind unter dem Portfoliogedanken als Ganzes zu betrachten. Die Begründung eines Schutzrechts ist somit nie ein punktueller Vorgang, sondern stets kontextuell und unter Wahrung konzeptueller Gesichtspunkte vorzunehmen.

Die strategische Vorgehensweise ist die Konstituierung von Schutzrechtsportfolios, wobei die Schnittstellen fachlich getrennter Patent-, Marken- und anderer Portfolios (z.B. Geschmackmusterportfolio) identifiziert werden müssen. Nach Möglichkeit sind hier Synergieeffekte zu produzieren, indem die verschiedenen Portfolios koordiniert werden.

Der Aspekt der Ganzheitlichkeit ist bei der Begründung und Beherrschung des IP-Wesens eines Unternehmens ein zentrales Anliegen. Vernetzungsmöglichkeiten sind zu identifizieren und zu nutzen.

---

244 Vgl. Gassmann, O./Bader, M. (2006), S. 55.

Schaffung und Management eines Schutzrechtsportfolios

Schon wenn zwei Schutzrechte im Unternehmen nebeneinander existieren, ergibt sich die Notwendigkeit, ihre Koexistenz zu organisieren und die Rechte zu koordinieren. Diese Aufgabe wird umso dringlicher, je größer die Zahl der Schutzpositionen ist, über die das Unternehmen verfügt. Patente sollen sich in ihrer Wirkung ergänzen, und bei Marken sind die bekannten und gefürchteten Kannibalisierungseffekte[245] zu vermeiden, die eine Marke zulasten einer anderen desselben Markeninhabers ausüben kann. Es gilt also, Synergieeffekte zu nutzen und Nachteile abzuwehren, die zwangsläufig eintreten, wenn Schutzrechte nicht zu Portfolios zusammengefasst und gemeinschaftlich - im Verbund - gemanagt werden.

Funktionen eines Schutzrechtsportfolios

Strategische Ausrichtung

Damit ein Schutzrechtsportfolio als Zusammenfassung der zusammengehörigen Schutzrechte seine Wirkung entfalten kann, benötigt es eine eindeutige strategische Ausrichtung. Im Zentrum der strategischen Festlegung steht die Absicherung der eigenen Handlungs- und Entscheidungsfreiheit.

Dabei sind mehrere grundsätzliche Entscheidungen zu treffen. Wird eine schwerpunktmäßig eher offensive oder defensive Strategie bevorzugt?[246] Soll eine eher ausladende Schutzrechtspräsenz im Wettbewerb mit einer Volumenstrategie[247] erreicht werden oder will sich das Unternehmen - im Technikbereich - auf wenige Basis- oder Schlüsselpatente mit weitem Schutzumfang konzentrieren (Basispatentstrategie[248]), die allenfalls mit darum angeordneten Absicherungspatenten zu einem Patentcluster[249] verbunden werden?

Das Unternehmen wird die Wahl zumindest auch danach treffen, wie es von seinen Bezugsgruppen wahrgenommen werden will. Auch hier ist die Begründung und Gestaltung von Wahrnehmbarkeit eines der entscheidenden Kriterien.

---

245 Vgl. dazu Esch, F.-R.. (2005), S. 397 ff. et passim.
246 Schutzrechtsstrategien sind zumeist hybride offensiv-defensive Strategien; vgl. Gassmann, O./Bader, M. (2006) S. 36.
247 Vgl. Burr, W./Stephan M./Soppe, B./Weisheit S. (2007), 101.
248 Vgl. Burr, W./Stephan M./Soppe, B./Weisheit S. (2007), 102.
249 Vgl. Wurzer, A. (2004), S. 58; Burr, W./Stephan M./Soppe, B./Weisheit S. (2007), 100 „Patentnetzstrategie"; Ernst, H. (2002), S. 316, und Fabry, B., Mitt. 2005, 421, 425, erwähnen das Beispiel der neuen Sensor-Rasier-Technologie von Gillette, dessen Basisprinzip durch 22 Patente geschützt ist; vgl. ferner Gassmann, O./Bader, M., Neue Zürcher Zeitung v. 7./8.8.2004, S. 29, die auf die Dynamik von Clustern hinweisen, welche bedarfsgerecht wieder ausgedünnt werden können.

Will das Unternehmen als bewusst wehrhaft und expansiv wahrgenommen werden, wird es sich eher für eine offensive Portfoliostrategie entscheiden. Bevorzugt es stattdessen eine eher auf Prävention und Reaktion auf Wettbewerberverhalten ausgerichtete Strategie, wird es tendenziell für eine defensive Patentstrategie optieren.

Eine der Devise „Klasse statt Masse" folgende Portfoliostrategie führt zu einem Schutzrechtsbestand, der für den Eingeweihten gegebenenfalls weit beeindruckender ist als ein weit komponiertes Portfolio. Es ist überdies leichter zu verwalten und unter Umständen weit effizienter und auch effektvoller (spektakulärer) zu verteidigen.

Im Gegensatz dazu verfolgt die Volumenstrategie, etwa bei Patenten, das Ziel, durch ein möglichst großes Patentportfolio die Reputation des Unternehmens zu steigern. Es ist möglicherweise tatsächlich leichter – je nach Beurteilungsvermögen des Beobachters –, über die schiere Anzahl der erlangten Schutzrechte den Eindruck technologischer Kompetenz und hochstehenden erfinderischen Niveaus zu vermitteln, als mit einigen wenigen, deren Schutzumfang sich einem jedoch erst nach gründlichem Studium erschließt.

Ein große Anzahl von Schutzrechten wirkt möglicherweise aber auch auf ganz andere Weise positiv: Eine größere Ansammlung von Schutzrechten kann Konkurrenten zwingen – oder anreizen –, Lizenzen zu nehmen, sich zum „cross-licensing" zu entschließen oder in sonstiger Weise mit dem eigenen Unternehmen im Schutzrechtsbereich zu kooperieren.

Ein Schutzrechtsportfolio erlaubt es, die Schutzrechte einer Kategorie (z. B. Patent oder Marke) gesammelt zu erfassen und zu managen. Mehrere Schutzrechtsportfolios lassen es zu, zwischen den einzelnen, so erfassten Schutzrechtsgruppen Vergleiche zu ziehen und Verbindungen zwischen den Portfolios unter unterschiedlichen Gesichtspunkten anzustellen. Insbesondere wird es auch möglich, Interdependenzen der Portfolios und der einzelnen in ihnen erfassten Schutzrechte zu identifizieren und zu nutzen.[250]

Reputationsfunktion eines Schutzrechtsportfolios

Die hohe Kultur eines effizienten Schutzrechtsportfolio-Managements wird für Außenstehende wahrnehmbar. Es wird die Vorstellung von Wert und Rüstung vermittelt. Schutzrechtsportfolios vermitteln Unternehmensreputation und begünstigen die Eigenwertdarstellung des Unternehmens.

Diese Kommunikationswirkung kann sich bei Fragen der Unternehmensfinanzierung ebenso günstig für das Unternehmen auswirken wie bei der Rekrutierung hochqualifizierter neuer Mitarbeiter.

---

250 Siehe dazu die Beispiele S. 174 ff.

Im Rahmen einer offensiven Patentstrategie wird das Unternehmen seine Konkurrenten daran hindern, ihrerseits die Reputationsfunktion eines Schutzrechtsportfolios zu nutzen. Es wird die Patente der Wettbewerber mit Einsprüchen und Nichtigkeitsklagen anfechten und sie wegen Verletzung der eigenen Patente verfolgen. Sind diese Vorgehensweisen erfolgreich, kann dies zu einer empfindlichen Herabsetzung des Schutzrechtsprestiges der Konkurrenten führen und damit zur Anhebung des Ansehens des eigenen Schutzrechtsportfolios, aus dem vorgegangen wird.

Schaffung und Gestaltung eines Markenportfolios

Inhaber einer deutschen Marke zu werden ist sehr leicht. Man braucht nur die Website www.dpma.de aufzusuchen, lädt das amtliche Anmeldeformular herunter, füllt es aus, sendet es elektronisch oder per Fax bzw. auf dem regulären Postweg ab und zahlt die Anmeldegebühr. Dasselbe gilt entsprechend für die Gemeinschaftsmarke und die Website des HABM www.oami.europa.eu.

Geht man so vor, handelt man allerdings mehr als leichtfertig. Der Berater, der sich in der Betreuung des Beratenen auf diese Handlungsweisen beschränkt, ist mit einem Arzt vergleichbar, der ohne jede Frage nach den Vorerkrankungen sowie Lebensumständen und -gewohnheiten des Patienten nur die Symptome betrachtet, das in Betracht kommende Medikament der Roten Liste entnimmt, mit dem Überreichen des Rezepts nur noch gute Besserung wünscht und die Übersendung seiner Rechnung ankündigt.

Vor jeder Markenanmeldung ist zwingend zumindest eine Recherche durchzuführen, die klären hilft, ob mit ihr fremde Kennzeichenrechte beeinträchtigt werden. Denn bereits eine Markenanmeldung kann die Verteidigung bereits existierender Kennzeichenrechte provozieren. Nach der Rechtsprechung rechtfertigt schon die Anmeldung die Sorge, dass die angemeldete Marke in beeinträchtigender Weise benutzt werden soll.[251]

Den Anforderungen des strategischen IP-Managements entsprechend sind darüber hinaus aber mindestens folgende Fragen zu stellen:

▶ Was hat das Unternehmen mit der Marke vor?
▶ Welche anderen Marken besitzt es bereits?
▶ Wie verträgt sich die neue Marke mit den bereits vorhandenen?
▶ Welche weiteren Schutzrechte besitzt das Unternehmen, mit denen die Marke in Berührung kommt und mit denen sie in Konflikt geraten kann? Wie verträgt sich die Marke mit ihnen?

---

251 Siehe die Nachweise bei StröbeleP./Hacker F. (2007), S. 682, und bei Ingerl, R./Rohnke, C. (2003), S. 382: Wer eine Marke anmeldet, hat auch vor, sie im geschäftlichen Verkehr zu benutzen = Verletzungshandlung.

▶ Integriert sich die Marke in ein bestehendes in sich schlüssiges und widerspruchsfreies Kommunikations- und Marketingkonzept des Unternehmens?

▶ Welche Position und Funktion ist der Marke unter den diversen Marketinginstrumenten des Unternehmens zugedacht?

Von erheblicher Bedeutung ist es, sich für sein eigenes Unternehmen klarzumachen, welche und wie viele Marken es effektiv benötigt.

Während in der Vergangenheit dafür plädiert wurde, dass ein Unternehmen nur eine einzige Marke besitzen sollte[252], kann heutzutage wohl selbst ein kleines Unternehmen nicht ohne mehrere Marken auskommen. Der Verbraucher ist viel zu hybrid geworden und die Bedürfnisstruktur der Konsumenten zu heterogen, als dass eine einzige Marke das ganze Kommunikationsspektrum abdecken könnten, für das sie überzeugende Unternehmens- und Produktbotschaften übermitteln soll. Der Konsument soll zwischen mehreren Marken desselben Unternehmens wählen können, statt zwischen der eigenen Marke und der der Konkurrenz wählen zu müssen.[253]

Der Filialist Tchibo, noch im Jahr 2005 stolzer Gewinner des Deutschen Marketing-Preises des Deutschen Marketing-Verbandes, verwendet seit geraumer Zeit eine einzige Marke für die unterschiedlichsten Non-food-Produkte, die in einem wöchentlich wechselnden Rhythmus in den Tchibo-Filialen und im Internet angeboten wurden. Es handelt sich um die bekannte, aber gleichwohl ziemlich blasse Dreibuchstabenmarke „TCM". Der bekannte Rückgang des Tchibo-Absatzes nach 2005 ist wohl auch darauf zurückzuführen, dass es eben nicht möglich ist, Verbraucher, die zugleich „Geiz ist geil"[254] leben und daneben – zumindest bisweilen – luxuriös-verschwenderisch konsumieren, mit ein und derselben Marke anzusprechen. Es reicht nicht aus, nur ein Symbol etwa für aufregende Damendessous und höchst unerotische Heimwerkerausrüstungen oder klappbare Spazierstöcke für Senioren auftreten zu lassen.

Mehrere Marken zu besitzen und zu benutzen ist vorteilhaft, birgt zugleich aber auch Gefahren. Wird in einem Unternehmen die Zahl der benutzten Marken zu groß, droht Unübersichtlichkeit und überdies die Gefahr der gegenseiti-

---

252 Nähres bei Vollhardt, K. (2007), S. 1; bei Esch (2005), S. 379.

253 Vgl. Esch (2005), S. 379.

254 „Geiz" im Sinne einer zwanghaften oder übertriebenen Sparsamkeit, verbunden mit dem Unwillen, Güter zu teilen (Wikipedia) – als Habgier immerhin eine der sieben Todsünden -, war hier natürlich gar nicht gemeint. Immerhin sollte der Slogan ja zum Geldausgeben (bei Saturn und im Media Markt natürlich) animieren. Angesprochen wurde vielmehr der Wunsch der Konsumenten, sich nicht übervorteilen und nach Möglichkeit günstige Gelegenheiten nicht entgehen zu lassen. Das „Ich bin doch nicht blöd!" der Media Märkte lag auf derselben Linie. Selbstredend hat es die Media-Saturn-Holding GmbH nicht unterlassen, den Slogan als Marke (u. a. Deutsche Marke 302 51 434) eintragen zu lassen.

gen Kannibalisierung der Marken.[255] Mit der Zahl der Marken wächst zugleich auch der nicht unerhebliche Aufwand deren Verwaltung und Erhaltung und ebenso das Risiko des Konflikts mit den Kennzeichen anderer.

▶ Vollhardt hat in seiner aufschlussreichen Dissertation zum Management von Markenportfolios herausgearbeitet, dass sieben zentrale Gestaltungsvariablen identifiziert werden können, die die für ein erfolgreiches Markenportfolio-Management relevanten Dimensionen repräsentieren.[256] Dies sind:

   ▶ Formalisierung (Schaffen von Regeln über Inhalt und Ausgestaltung der Marketinginstrumente, einer gemeinsamen Vermarktungsphilosophie und einer Standardisierung des Vermarktungsprozesses)

   ▶ Einsatz von heterogen zusammengesetzten Teams (Einhaltung grundsätzlicher Rahmenvorgaben, Entwicklung von Steuerungs- und Kontrollsystemen)

   ▶ Top-Management-Beteiligung (zur Durchsetzung markenstrategischer Leitlinien im Unternehmen)[257]

   ▶ Ressourcenzugang (Zugang zu technischen, personellen und finanziellen Ressourcen des Unternehmens)

   ▶ Nutzung komplementärer Ressourcen (Nutzen des Vorteils der Kombination sich ergänzender Ressourcen)

   ▶ abteilungsübergreifende Zusammenarbeit (aller Abteilungen, deren Aufgabenstellung vom Management des Markenportfolios betroffen ist)

   ▶ Teamgeist (zur Schaffung eines kooperationsfördernden Klimas zur Optimierung der abteilungsübergreifenden Zusammenarbeit).

▶ Im Rahmen der angestellten Untersuchungen kommt Vollhardt zu folgenden, für ein ganzheitlich orientiertes Markenportfolio-Management wesentlichen Ergebnissen:

   ▶ Ein effektives Markenportfolio-Management hat erhebliche positive Auswirkungen auf den Erfolg des Unternehmens.

   ▶ Effektives Markenportfolio-Management setzt dessen proaktive Gestaltung abhängig vom jeweiligen Kontext voraus.

   ▶ Es lassen sich typische Gestaltungsformen des Markenportfolio-Managements in der Unternehmenspraxis identifizieren, deren Wahl Entscheidungen zur Führung des Portfolios bedeutend erleichtert.

   ▶ Es gibt nicht nur eine Möglichkeit für ein erfolgreiches Markenportfolio-Management, sondern es gibt verschiedene Wege zur Realisierung des Erfolgs.

---

255 Darunter wird der Marktanteilsgewinn einer Marke verstanden, der zu Lasten einer anderen Marke desselben Portfolios geht; vgl. Esch, F.-R. (2005), S. 397.

256 Vollhardt, K. (2007), S. 79 ff.

257 Für eine Top-Management-Beteiligung für die Umsetzung von Patentstrategien: Ernst, H. (2002), S. 317.

▶ Die Auswahl und der Einsatz der für das Unternehmen adäquaten Marken-portfolio-Strategie schlagen sich im Erfolg des Unternehmens nieder.[258]

Markenmanagement

Aufgabe des Markenmanagements ist es, den Markenwert von Unternehmen zu steigern. Dafür kommt es entscheidend darauf an, welche Vorstellungen die Ziel- und sonstigen Bezugsgruppen des von der Marke getragenen Unternehmensange-bots im Zusammenhang mit ihr entwickeln und wie auf die Vorstellungsbildung eingewirkt werden kann.

▶ Auch hier steht somit im Zentrum der Betrachtung, was die Verbraucher subjektiv von einem Unternehmen oder seinen Leistungen wahrnehmen. Denn das ist Marke. Es ist nicht in erster Linie das Erzeugnis mit seinen spezifi-schen Eigenschaften, welches über den Erfolg entscheidet, sondern seine mit der Marke verknüpfte Wahrnehmung durch die Zielgruppe.[259]

Allerdings verlangt dieser Ansatz sogleich eine Relativierung. Der zumin-dest überwiegend zielgruppenorientierte Ansatz hat einer Bezugsgruppenori-entierung Platz gemacht. Zu Recht wird festgestellt, dass ein Übergang erfolgt ist vom klassischen Kundenmarketing zum „Stakeholder-Marketing".[260] Die allein kundenzentrierte Orientierung erscheint aus heutiger Sicht ohnehin als Irrtum oder Illusion. Immer schon haben die Empfänger von Signalen der Un-ternehmenskommunikation, die nicht der eigentlichen Zielgruppe angehören, auf Letztere mit eingewirkt. Die dort vernommene Botschaft war schon immer komplex. Im besten Fall entsprach sie zumindest überwiegend dem, was sich das Unternehmen unter seiner eigenen Kommunikation vorstellte.

▶ Das Managen von Marken muss sich in den Dienst dieser Einsichten stellen. Nicht nur die Markenführung, auch schon die Generierung von Marken, deren Anmeldungen und die Verteidigung erworbener Markenrechte ordnen sich dem Grundsatz der bezugsgruppenzentrierten Auffassung von Marke unter. Dabei wird sich eine koordinierte Markenführung der Tatsache bewusst sein, welche Faktoren unterschiedlicher Art (auch) auf den Kunden bei der Bildung seiner Vorstellung von dieser Marke Einfluss nehmen. Wiederum wird nur eine ganzheitliche Betrachtung Antworten liefern können. Alle Umstände, die auf die Bildung dieser Vorstellung Einfluss nehmen, sind bei dem Management der fraglichen Marke in Betracht zu ziehen und zu steuern. Dabei mache man

---

258 Vgl. Vollhardt (2007), S. 79 ff., 222 ff.
259 Vgl. Göttgens, O./Gelbert, A./ Böing, C. (2003), S. 11.
260 Vgl. Göttgens, O./Gelber, A./Böing, C. (2003), S. 13.

sich klar, dass das Zeichen[261], das Gegenstand einer Marke ist, an sich noch gar nichts ist, jedenfalls was die Vorstellung angeht, die Menschen von einer Marke haben. Allein das Wort MIELE zu hören oder zu lesen, ohne die sonstigen Informationsinhalte zu kennen, die sich um diesen Namen ranken, wird nie dazu führen, die Bedeutung dieser Marken erklären zu können. Erst die Eindrücke, die die Vorstellung überragender Qualität im Bereich der „weißen Ware" vermitteln, vermögen das mit MIELE verbundene Markenverständnis nachzuvollziehen.

Strategische Markenführung muss somit bestrebt sein, derartige Vorstellungswelten proaktiv und gezielt zu schaffen, um einem bloßen Zeichen Substanz zu verleihen und es zum „Phänomen Marke" erstarken zu lassen. Dem hat die Kommunikation der Marke ebenso Rechnung zu tragen wie ihre rechtliche Fundierung und ihre notfalls prozessuale Sicherung, damit sich die Marke ungehindert für das Unternehmen entfalten kann und zum Erblühen kommt.

Das „Leben" der Marke, ihre Entwicklung und Entfaltung ist unter Schutzgesichtspunkten zu verfolgen. Dieser dynamische Prozess kann durchaus Ansatzpunkte dafür liefern, etwa Nachanmeldungen der Marke vorzunehmen, um bislang nicht erfasste Waren- und/oder Dienstleistungsbereiche abzudecken. Sollte eine eingetragene Marke infolge ihrer Benutzung in Bereichen, die vom registrierten Waren-/Dienstleistungsverzeichnis nicht abgedeckt sind, Verkehrsgeltung erwerben, ist dafür zu sorgen, dass dieser Umstand durch aufbereitete Dokumente bewiesen werden kann.

Betriebswirtschaftlich gesprochen muss das Unternehmen anstreben, seiner Marke die Möglichkeit zu verschaffen, ihre Bekanntheit über sämtliche Stufen der Markenwirkung hinweg – Begründen eines Markenimages, Wecken der Kaufbereitschaft, Herbeiführen des Kaufs – in Loyalität des Kunden zur Marke zu konvertieren und ihn nachhaltig an die Marke zu binden.

▶ Welche Eckdaten eines erfolgversprechenden Markenmanagements zu verzeichnen sind, soll anhand des fünfstufigen Brand Equity Management-Ansatzes verdeutlicht werden, den die Agentur BBDO verfolgt.[262]

Hierzu werden fünf Fragen aufgeworfen:

▶ Wird eine Marke richtig evaluiert?
▶ Ist die Marke richtig positioniert?
▶ Hat das Unternehmen das richtige Markenportfolio mit einer sinnvollen Portfolioarchitektur aufgebaut?
▶ Ist das Markenportfolio mit der richtigen Budgethöhe ausgestattet?
▶ Sind im Unternehmen die richtigen Strukturen installiert, und laufen die richtigen Prozesse ab zur Umsetzung der Markenführungsaktivitäten?

---

261 Wort, Bild, Zeichen, Symbol, Bewegung, Geräusch, Geruch, Form …
262 Vorgestellt in Göttgens, O./Gelber, A./Böing, C. (2003).

Nachfolgend sollen zwei hier speziell interessierende Fragen näher betrachtet werden.

Markenpositionierung

Hier geht es um die Identifizierung und Charakterisierung der Zielgruppen, an die die Marke sich wendet. Es wird die Frage nach dem Leistungsversprechen aufgeworfen, das die Marke besitzt. Und es wird näher betrachtet, wofür die Marke aus der Sicht ihrer Zielgruppen differenzierungs- und präferenzbildend stehen soll. Schließlich wird nach Mitteln und Wegen gefragt, wie die Marke in der Unternehmensrealität so positioniert werden kann, dass sie auf allen Wahrnehmungsebenen konsistent erlebbar wird.[263]

Unter markenrechtlichen Gesichtspunkten nimmt SIP diese Fragestellungen in den Blick und schafft die rechtlichen Rahmenbedingungen der Markenkreation dafür, dass von daher eine präferenzbildende Verankerung der Marke in der Wahrnehmung der Zielgruppe durch eine eindeutige und attraktive Positionierung möglich wird. Dabei ist in erster Linie auf den Schutzumfang der Marke Einfluss zu nehmen. Er ist durch Förderung der Kennzeichnungskraft der Marke und Bestimmung des Waren- und Dienstleistungsverzeichnisses so zu gestalten, dass das Ziel der strategischen Positionierung der Marke bestmöglich unterstützt wird.

Um diese Gestaltungsaufgaben der Markenschaffung sachgerecht bewältigen zu können, ist nicht nur fachjuristische Expertise erforderlich, sondern auch eine enge Vernetzung zwischen dem mitwirkenden Rechtskundigen und den für die Markenführung Verantwortlichen.

Organisation der Markenführung

Dieser kooperative Ansatz ist aber nicht nur für die Positionierung der Marke, sondern auch für ihre erfolgreiche Führung anzustreben. Der Einsatz der Marke muss abgesichert sein und störungsfrei ablaufen können. Das setzt eine kollisionsvermeidende Markenüberwachung und eine Markenverteidigung voraus, die die Möglichkeiten der Defensiv- und der Offensivstrategien dosiert nutzt. Werden etwa Markenallianzen mit Drittunternehmen eingegangen, sind hierfür die rechtlichen Rahmenbedingungen zu schaffen, und es ist in der Durchführung u. a. darauf zu achten, dass die parallele Nutzung zweier oder mehrerer Marken den rechtlichen Bestand der eigenen Marke nicht beeinträchtigt.

---

263 Vgl. Göttgens, O./Gelber, A./Böing, C. (2003), S. 27 f.

Schaffung und Gestaltung eines Patentportfolios

Wesentlich für Entscheider

Gründe für Patentanmeldungen sind vor allem:

▶ Patente schotten die Zugänge zu relevanten Technologien ab und regeln den Wettbewerb. Patente erleichtern den Erhalt von Marktanteilen.

▶ Patente bescheren Handlungsfreiheit: Der Patentinhaber bestimmt den Zeitpunkt der Umsetzung der Erfindung.

▶ Patente ermöglichen es, Innovationsfreude und Motivation der Mitarbeiter zu steigern (Arbeitnehmererfinderwesen und betriebliche Förderprogramme).

▶ Die Bedeutung von Patenten für die Unternehmensfinanzierung nimmt zu: Sie ermöglichen die Konzeption von Lizenzierungsstrategien und den Lizenzaustausch (Abschluss von Kreuzlizenzverträgen – cross-licencing) mit anderen Patentinhabern. Sie sind Kreditsicherheiten und gegebenenfalls Grundlage für das Bankenrating nach Basel II. Patente und andere Schutzrechte können somit helfen, Kapitalkosten zu reduzieren.

▶ Cross licensing verschafft Zugang zu wichtigen Komplementärtechnologien.

▶ Patente vermitteln einen höheren Kundennutzen und rechtfertigen höhere Preise für die auf der Erfindung beruhenden Produkte. Das Unternehmen positioniert sich durch Patente auf einer höheren Werteebene.

▶ Der technologische Ruf des Unternehmens profitiert.

▶ Die Vorteile des Patentbesitzes werden verstärkt durch die Zusammenfassung von Patenten zu einem Patentportfolio.

Die digitale Erfassung und Verwaltung von Daten erlaubt es, zur Strukturierung eines Patentportfolios einen Patentbestand nach unterschiedlichen relevanten Gesichtspunkten zu ordnen.

Derartige Relevanzgesichtspunkte können sein:

▶ Zweck des Patents (Absicherungs- beziehungsweise Schutzzweck, Vorratsfunktion, Blockier- bzw. Sperrfunktion, Kommunikationsfunktion ...)
▶ geografischer Schutzbereich
▶ Schutzumfang
▶ Nachweisbarkeit von Verletzungen
▶ Technologien/technologische Lösungen
▶ Anwendungsmöglichkeiten (gegenwärtige, zukünftige; nach Märkten, Marktsegmenten)
▶ Produktbereiche
▶ Produkte

- Produktteile
- Verbindungen von patentierten Verfahren zu Produktbereichen und Produkten unter Zuordnung zu technologischen Kernkompetenzen des Unternehmens
- Umsatzrelevanz
- Abgrenzung zu verwandten Schutzrechten wichtiger Mitbewerber

Das bedürfnisgerecht strukturierte Patentportfolio und die darin erfassten Patente sind Gegenstand des Patentmanagements. Dessen Anliegen geht jedoch weiter und nimmt die Möglichkeiten zukünftigen Schutzerwerbs in den Blick, etwa soweit es Patente für Geschäftskonzepte/-methoden – speziell im Internet – angeht. Ferner befasst sich Patentmanagement mit dem organisierten Zufluss und Abfluss zum Patentportfolio unter unternehmensstrategischen Gesichtspunkten.

Patentmanagement[264]

> **Wesentlich für Entscheider**
>
> - Patentmanagement hat zur Aufgabe, Vorsprünge im Wettbewerb zu sichern.
> - Das Patent ist das wesentliche Schutzinstrument für technologische Innovationen. Das Patentmanagement ist damit eine wesentliche Ergänzung des Technologiemanagements.
> - Die systematische Auswertung von Patentinformationen erleichtert Entscheidungen im Bereich des Innovations- und Technologiemanagements.
> - Das Patentwesen eines Unternehmens ist eine relevante Informationsquelle für die strategische Planung.
> - Patentmanagement führt zum Aufbau eines Patentportfolios von starken Patentpositionen.
> - Patentmanagement beinhaltet auch die externe Vermarktung des Patentportfolios und sorgt für finanziellen Rückfluss aus der internen und externen Technologieverwertung.
> - Somit trägt Patentmanagement zur Steigerung des Unternehmenswertes bei. Patente dienen als Sicherheit bei Kreditvergaben.
> - Grundlegend für das Patentmanagement ist die Entscheidung zwischen amtlicher Patentanmeldung und Geheimhaltung.

---

264 Das vorliegende Buch beschränkt sich auf die konzeptuelle Behandlung dieses Themas im Rahmen der hier gewählten Themenstellung SIP. Wegen eher technischer Fragen (z.B. konkrete Aspekte des Patentanmelde- und Patenterteilungsprozesses) sowie konkreter Maßnahmen zur Einrichtung und Verwaltung von Patentportfolios wird auf die dazu erschienene Fachliteratur verwiesen, insbesondere auf Burr, W./Stephan, M./Soppe, B./Weisheit S. (2007) und Gassmann, O./Bader M. (2006).

Bei einer im Sommer 2007 durchgeführten repräsentativen Befragung von Führungskräften im F&E-Bereich von Unternehmen hat sich herausgestellt, wie es in deutschen Unternehmen mit dem Management von Patenten im Speziellen und dem des geistigen Eigentums im Allgemeinen bestellt ist.[265]

Daraus lassen sich folgende Aussagen ableiten:

▶ Da technische Leiter bzw. Leiter Entwicklung Zielgruppe der Befragung waren, mithin Angehörige von technologischen Unternehmen, nimmt es nicht wunder, dass für drei Viertel von ihnen Patente eine große bzw. sehr große Bedeutung haben.

▶ Rund ein Fünftel meint, Patente seien überflüssig (zu zeit- und kostenaufwendig, nicht Nutzen bringend).

▶ Gebrauchsmuster werden nur rund von der Hälfte der Befragen für bedeutend gehalten, für Geschmacksmuster beträgt die Quote nur rund ein Fünftel.

▶ Soweit es Marken angeht, verfügt mehr als die Hälfte der befragten Unternehmen über wenige oder gar keine Schutzrechte.

▶ Bei einer knappen Hälfte der befragten Unternehmen liegt die Zuständigkeit und Verantwortung für das Patentmanagement nicht bei der Geschäftsführung.

▶ Fast 50 Prozent der Firmen wendet nicht mehr als 20 Mann-Tage per anno für das Patentmanagement auf.

▶ Mehr als drei Viertel der Befragten sind der Auffassung, dass die Funktion von Patenten, Wettbewerber zu blockieren, essenziell ist.

▶ Deutlich mehr als die Hälfte der Befragten bezweifelt, dass sich durch Lizenzvergabe neue Märkte erschließen ließen und dass der Erwerb fremder Patente der Erschließung neuer Märkte, Produkte oder Technologien diene oder sich hierdurch auch nur die Kosten der eigenen F&E-Abteilung senken ließen.

▶ Mehr als die Hälfte der Befragten traut dem Patentmanagement nicht zu, die Finanzierungssituation des Unternehmens zu verbessern.

▶ Eine monetäre Bewertung von Patenten findet nur ausnahmsweise statt. Überwiegend wird auch keine der gängigen Methoden der Patentbewertung als geeignet erachtet. Gleichwohl sehen nur 15 Prozent der Befragten einen Verbesserungsbedarf hinsichtlich der Bewertung von Patenten.

Wie diese Befragungsergebnisse offenbaren, steht für die Unternehmen die Primärwirkung des Patents, Schutz zu bewirken und im Zusammenhang damit Konkurrenten zu blockieren, im Vordergrund. Die Möglichkeiten weitergehender Patentstrategien[266] (offensive/passive Patentstrategien, Patentvolumen-/Basispa-

---

265 TNS-Emnid-Befragung und Studie zum Thema „Bewertung von Patenten". Die Ergebnisse dieser Umfrage decken sich weitgehend mit denjenigen, die bei der DLA-European Intellectual Property Survey, 2004 erzielt wurden, welche im Vorwort erwähnt wurde.
266 Siehe S. 131 f.

tentstrategie, Patentnetzstrategie etc.) sind nicht bekannt, jedenfalls nicht genutzt. Ein differenzierter Einsatz von Patenten nach Patentfunktionen (Informationsfunktion, Lizenzierungsfunktion, Abschreckungsfunktion, Reputationsfunktion, Tauschmittelfunktion) findet nicht statt.

Insgesamt lässt sich dazu sagen, dass von den Möglichkeiten, mit Schutzrechten dieser Art unter den verschiedenen relevanten Aspekten gezielt auf die Bezugsgruppen im Sinne eines Beziehungsmarketings Einfluss zu nehmen, nicht ausreichend Gebrauch gemacht wird. Die Chance, die Wahrnehmbarkeit des Unternehmens durch den Einsatz von Schutzrechten zu verstärken und zu verbessern, wird nicht konsequent genutzt.

Unternehmen, die die hier gegebenen Handlungsspielräume identifizieren und Chancen nutzen, können sich bedeutsame Wettbewerbsvorteile verschaffen.

▶ Im technologischen Bereich wird das Patentmanagement immer mehr zu einem strategischen Wettbewerbs- und Erfolgsfaktor für Unternehmen, da es hilft, Wettbewerbsvorsprünge zu sichern[267], zumal bei der Kombination von faktischen und rechtlichen Schutzstrategien. Verstärkt wird dieses Ergebnis noch einmal durch eine Koordination aufeinander abgestimmter Patent- und Markenstrategien.[268]

Ein strategisches Patentmanagement wird schon bei einem Patent erforderlich, bei einer Mehrzahl von in einem Patentportfolio zusammengeschlossenen Patenten ist es schlicht unerlässlich.

▶ Das Managen von Patenten und Patentgruppen oder –familien wird in Betracht ziehen, dass technische Schutzrechte Lebenszyklen besitzen, die denjenigen von Technologien und den nach ihnen konzipierten Produktkonzepten entsprechen. Es werden vier oder fünf Zyklusphasen unterschieden.[269]

In der **Frühphase** des Entstehens einer Technologie ist deren Potenzial zu erkennen, aufgrund dessen Anmeldentscheidungen zu treffen sind.

Die **Aufbauphase** ist durch Aktivitäten sowohl im F&E-Bereich als auch im Patent-Monitoring mittels Patentrecherchen gekennzeichnet. Mit ihrer Hilfe werden die Entwicklungen in definierten Technologiebereichen und die Aktivitäten der Mitbewerber überwacht. Patente werden angemeldet und Lizenzen werden genommen und gegeben, um die wettbewerbliche Stärke der gewonnenen Position zu optimieren.

Während der **Reifungsphase** steht die Sicherung der Positionierung durch Schutzrechte im Vordergrund, um die gewonnenen Monopolpositionen zu stabilisieren und zu sichern.

---

267 Vgl Gassmann, O/Bader, M. (2006), S. 198.
268 Vgl Gassmann, O/Bader, M. (2006), S. 251 ff. unter Hinweis auf den Persil-Hersteller Henkel.
269 Vgl. Burr, W./Stephan, M./Soppe, B./Weisheit, S. (2007), S. 118 ff.; Gassmann, O./Bader, M. (2006), S. 61 ff.

Dem schließt sich die **Optimierungsphase** an, während der das Platzgreifen von Substitutionstechnologien durch das Anmelden von Sperrpatenten verhindert wird. Gleichzeitig wird die Lizenzvergabe verstärkt in Aussicht genommen, um technologische Standards zu diktieren.

In der **Spätphase** wird zu prüfen sein, ob Vorteile durch Exklusiv-Lizenzierung, Patentverkauf oder Aufgabe der Schutzrechte erzielt werden können.

Die systematische Beachtung, aber auch Nutzung der Dynamik dieser Zyklen unter Koordinierung der verschiedenen technologischen Projekte des Unternehmens ist eine wesentliche Aufgabe des Patentmanagements.

▶ Erfolgreiches Patentmanagement beruht zu einem wesentlichen Teil auf der effizienten **Nutzung der Patentinformation**.[270]

Deren Auswertung ist zweifach wichtig und vorteilhaft. Die Bedeutung von Patentinformation wird offenbar, wenn man weiß, dass die **Wertschöpfung** der Unternehmen in Zukunft schätzungsweise zu mehr als 50 Prozent auf **Information und Kommunikation** beruhen wird.[271] Dies gilt naturgemäß insbesondere für Unternehmen, für die die Entwicklung der Wirtschaftsgesellschaften zu Wissensgesellschaften unmittelbare Bedeutung hat, wie Unternehmungen mit hochtechnologischem Unternehmensgegenstand.

Ferner sind die Qualität von Patentinformationen für recherchierende Unternehmen und der vergleichsweise einfache, teilweise sogar kostenlose[272] Zugang zu ihnen von hohem Wert. So kann es von besonderem Interesse sein, durch systematische Überwachung von Patentanmeldungen der Wettbewerber so rechtzeitig von der Erteilung von Patenten an Konkurrenten Kenntnis zu erlangen, dass ein Einspruch erhoben werden kann. Das ist bedeutend kostengünstiger als das Einreichen einer Nichtigkeitsklage nach Verstreichen der Einspruchsfrist. Somit kann rasch und vergleichsweise billig verhindert werden, dass Konkurrenten Schutzrechtspositionen mit Sperrwirkung erlangen, die einen selbst an der Entfaltung auf dem Markt empfindlich behindert.

Patentschriften enthalten technologische Informationen von großer Aktualität und hoher Exaktheit. Es wird geschätzt, dass der Inhalt von 37 Millionen Dokumenten weltweit mit einer Zunahme von über 800 000 Dokumenten jährlich um die 80 Prozent des gesamten technischen Wissens der Menschheit darstellt. Immerhin werden bis zu 80 Prozent aller patentierbaren Erfindungen international tatsächlich zum Patent angemeldet und sind als Information in den Patentdatenbanken verfügbar, sobald die Offenlegungsschriften oder Patentschriften veröffentlicht sind.[273] Dem Wert dieser Informationen kommt zugute, dass es sich um amtliche Patentdatenquellen handelt.

---

270 Vgl. dazu die informative und praxisnahe Abhandlung von Wurzer, A./Grünewald, T. (2007).
271 Vgl. Wurzer, A. (2004), S. 40.
272 Siehe Recherchemöglichkeiten bei www.dpma.de, www.european-patent-office.org, www.uspto.gov.
273 Vgl. Wurzer, A. (2004), S. 19, 40.

Ein wesentlicher Bestandteil des Patentmanagements ist das systematische Erschließen und Auswerten der Patentinformationen. Eine bedeutsame Quelle von Patentinformationen sind die Offenlegungen der zum Patent angemeldeten technischen Lehren durch die Patentämter. Sie erlauben unschwer eine Zuordnung zu Wirtschaftssektoren und Wettbewerbern. Vertiefte Einblicke gewährt die Einsicht in die Akten der Patentämter, die jedermann zusteht. Von besonderer Bedeutung ist dabei, dass die ganz überwiegende Menge der in den amtliche Patentdatenquellen enthaltenen Informationen nicht oder nicht mehr Gegenstand rechtlichen Schutzes sind, sei es, dass die Patentanmeldung zurückgewiesen wurde oder das jeweilige Patent nicht mehr geschützt ist. Damit sind diese Informationen frei verwertbar.

▶ Werden die erhobenen Patentdaten sachgerecht ausgewertet, kann das zu wertvollen Erkenntnissen auf mehreren wichtigen Ebenen führen:

Offenlegungs- oder Patentschriften beinhalten unmittelbar oder indirekt eine Vielzahl von interessanten wirtschaftlichen Informationen über Marktentwicklungen und Forschungs- und Entwicklungsaktivitäten des Wettbewerbs.

In technischer Hinsicht ermöglicht die in Patentschriften enthaltene kritische Auseinandersetzung mit dem Stand der Technik, den Wert der patentierten technischen Lehre einzuschätzen. Die sich aus ihr ergebenden Vorteile lassen sich erkennen, ebenso ihre Grenzen. Gerade deren Betrachtung kann Anstöße zu Weiterentwicklungen liefern.

In rechtlicher Hinsicht offenbart eine Analyse der Patentdaten, in welcher Hinsicht und mit welchem Umfang das Patent Schutz entfaltet (sachlicher und geografischer Schutzumfang).

▶ Gegenstand des strategischen Patentmanagements muss es daher auch sein, die nachfolgenden Situationen zu antizipieren, damit eine Rücknahme der Anmeldung vermieden werden kann:

  ▶ Die angemeldete Erfindung hat eine nur geringe Erfindungshöhe.
  ▶ Die Anmeldung leidet selbst unter formalen oder inhaltlichen Schwächen.
  ▶ Angst vor Auseinandersetzungen mit Dritten kommt auf.
  ▶ Das anmeldende Unternehmen besitzt keine gesicherte Kenntnis über den Wert der Erfindung und ist gegebenenfalls auch nicht in der Lage, diesen Wert Dritten zu kommunizieren, die als Finanzierer oder Nutznießer der Erfindung und ihrer Auswertung in Betracht kommen.

Das Gesetz schreibt im Patentrecht – anders als bei der Marke – nicht vor, dass ein erteiltes Patent benutzt bzw. ausgeübt werden muss. Entschließt sich der Patentinhaber, es allein zur Unterrichtung der Öffentlichkeit über die Innovationskraft und Kreativität seines Unternehmens oder zur Blockierung von Konkurrenten zu nutzen, ist ihm das während der ganzen Dauer der Schutzzeit grundsätzlich möglich (Ausnahme: Zwangslizenz). Ob diese Möglichkeit ausgeschöpft wird, richtet sich nach einer Kosten/Nutzen-Betrachtung. Die Kosten eines Patents steigen progressiv mit der Schutzdauer. Sollte das Informationsziel oder die Blockierungswirkung vor Ablauf der Schutzfrist erreicht sein, kann durch Einstellung der Zahlungen auf das Patent verzichtet werden.

▶ Grundlegend für das Patentmanagement ist die Entscheidung zwischen amtlicher Patentanmeldung oder Geheimhaltung von Geschäfts- und Betriebsgeheimnissen.[274]

Eine geringe Aufnahmefähigkeit des Marktes für spezielle Produkte, deren Kurzlebigkeit oder Modeunterworfenheit können es rechtfertigen, sich auf Geheimhaltungsstrategien zu beschränken. In Marktsektoren, für deren Leistungen der gewerbliche Rechtsschutz keinerlei Schutzrechte vorhält, sind die Kombination von Geheimhaltung und Innovationsgeschwindigkeit und der damit realisierte Zeitvorsprung häufig ohnehin das einzige Mittel, Schutz für Hervorbringen zu mobilisieren.

In anderen Fällen beruht die Wahl bloßer Geheimhaltung nicht selten auf falsch verstandener Sparsamkeit, Vorurteilen oder Informationsdefiziten.

Geheimhaltung scheint weniger Kosten zu verursachen, als die Begründung von Schutzrechten. Das ist gerade unter Kosten-Nutzen-Gesichtspunkten in Frage zu stellen. Es ist nicht zum Nulltarif möglich, eine erfolgversprechende, effektive Geheimhaltungsstrategie zu installieren und durchzuführen. Das erfordert durchaus einigen Aufwand. Das geheim zu haltende Wissen ist zu identifizieren und zu klassifizieren. Die Informationskanäle, auf denen es im Unternehmen kommuniziert wird, müssen erkannt werden. Die Personen, die Zugang zu ihm haben, müssen von der Notwendigkeit der Geheimhaltungsstrategie überzeugt und in Einzelheiten eingeführt werden. Abgestufte Berechtigungen sind zu organisieren. Alsdann sind Vorkehrungen zu treffen, dass der Verkehr mit Geheimnissen dokumentiert wird. Mit den Personen, die Zugang zu Geheimnissen haben, sind vertragliche Regelungen vorzubereiten und zu treffen, die im Interesse der Geheimhaltung wirken, erst recht, wenn sie zur Weitergabe berechtigt sind. Selbst wenn die Geheimhaltungsstrategie des Unternehmens durchdacht und konsequent beachtet wird, ist deren Wirksamkeit begrenzt. US-amerikanische Studien haben gezeigt, dass die Konkurrenz binnen 18 Monaten (!) nach Abschluss einer Entwicklung die technischen Details kennt.[275]

Geheimhaltungsvorkehrungen sind zwar in gewissem Umfang auch dann erforderlich, wenn das Unternehmen sich für die Patentierung von Erfindungen entscheidet, allerdings nicht im selben Maß. Denn im Falle des Verrats oder der Betriebsspionage kann die Nutzung des Patentwissens durch selbst gutgläu-

---

274 Vgl. „Schutz von Know-how", S. 125.
275 Vgl. Ernst, H. (2002), S. 302, mit Nachweisen.

bige Dritte aufgrund des Patents verboten werden. Beschränkt sich das Unternehmen auf eine Geheimhaltungsstrategie, kann es gegenüber Dritten, denen eine Beteiligung an Verrat oder Spionage nicht nachgewiesen werden kann, rechtlich nicht vorgehen.

Ein verbreitetes Vorurteil besteht darin, dass Schutzrechte wenig oder gar nicht nützten. Sie seien teuer und leicht zu umgehen. Darauf ist zu entgegnen, dass natürlich auch bei der Anmeldung von Schutzrechten, insbesondere Patenten, auf höchste Qualität geachtet werden muss, damit ein leistungsfähiges Schutzrecht entsteht. Das ist ein Schutzrecht mit maximalem Schutzumfang. Unter dem Gesichtspunkt der Kosten-Nutzen-Abwägung ist die Behauptung[276] gerechtfertigt, dass dem Patentschutz eine herausragende Bedeutung für den Schutz technischer Erfindungen und der Marke eine Schlüsselbedeutung für den Schutz von Kommunikationsinstrumenten zukommt.

In rechtlicher Hinsicht ist festzustellen, dass ein gut angemeldetes Schutzrecht beispielsweise für eine bedeutende Erfindung oder eine kennzeichnungsstarke Marke einen großen Schutzumfang entfaltet. Dafür, dass ein solchermaßen gut fundiertes Schutzrecht nicht allzu leicht umgangen werden kann, hat die höchstrichterliche Rechtsprechung ein System äußerst scharfer Unterscheidungskriterien zur Frage des Schutzumfangs eines solchen Rechts entwickelt. Unter Anwendung der Rechtsprechungsgrundsätze ist bei ausreichender Rechtssicherheit ein durchaus erheblicher Schutz gewährleistet, sodass das Prozessrisiko kalkulierbar bleibt.

Nicht selten wird bei einem Verzicht auf ein bestimmtes erreichbares Schutzrecht nicht gesehen, dass eine ähnliche, womöglich ausreichende Schutzwirkung auch durch die Wahl eines anderen Schutzrechts erreicht werden kann. Bekanntes Beispiel ist die Option für ein Gebrauchsmuster, das anstelle eines Patents angemeldet wird. Diese Lösung ist zu allermeist schneller und kostengünstiger, wenngleich sie auch Nachteile mit sich bringt (z. B. tendenziell geringere Rechtsbeständigkeit des nicht amtlich geprüften Schutzrechts, kürzere Schutzdauer).

Grundsätzlich besteht auch die Möglichkeit, wertvolles Know-how, das nicht durch Schutzrechtsanmeldungen offenbart werden soll, durch flankierende Schutzrechte abzusichern, die möglichst nahe am Know-how-Kern positioniert anzumelden wären. Aber auch dann bleibt der eigentlich wertvolle Zentralbereich ungeschützt.

Grundsätzlich ist für technische Erfindungen somit eine Anmeldungsstrategie der Geheimhaltungsstrategie vorzuziehen. Das gilt insbesondere dann, wenn es sich um wertvolle Schlüsselerfindungen handelt, deren Nutzungsdauer voraussichtlich lang sein wird. Der Verzicht auf Anmeldemöglichkeiten von

---

276 Vgl. Ernst, H. (2002), S. 298.

Schutzrechten ist in fast allen Fällen definitiv und kann zu Verlusten führen, die nicht wettgemacht werden können.

▶ Aktives Patentmanagement nutzt die vielfältigen Vorteile aller Patentfunktionen, deren wesentliche nach Burr/Stephan/Soppe/Weisheit[277] folgende sind:
  ▶ Anreizfunktion von Patenten
  ▶ Ausschluss- und Schutzfunktion von Patenten
  ▶ Informationsfunktion von Patenten
  ▶ Signalfunktion von Patenten
  ▶ Reputationsfunktion von Patenten
  ▶ unternehmensinterne Anreiz- und Kontrollfunktion
  ▶ Tauschmittelfunktion von Patenten
  ▶ Funktion von Patenten bei der Stabilisierung und rechtlichen Absicherung von Lizenzverhältnissen, Kooperationen und Unternehmensnetzwerken
  ▶ Finanzierungsfunktion von Patenten
  ▶ Überraschungs-, Erpressungs-, und Nötigungsfunktion von Patenten
  ▶ Vorleistungs- und Testfunktion von Patenten

Dem fachübergreifenden Anliegen dieses Buchs entsprechend sollen hier nur die Funktionen näher betrachtet werden, die eine direkte explizite kommunikative und Marketingbedeutung haben.

▶ Ausschluss- und Schutzfunktion von Patenten: Hier steht die Warnung der Mitbewerber vor Rechtsverstößen im Vordergrund.[278]
▶ Informationsfunktion von Patenten: Die inhaltlichen Mitteilungen der Patentanmeldung werden bewusst für die Positionierung des Unternehmens genutzt.[279]
▶ Signalfunktion von Patenten: Der Erwerb des Patents wird als Gütesiegel für die eigene F&E eingesetzt.[280]
▶ Reputationsfunktion von Patenten: Diese Funktion wird genutzt als Werbemittel zur Kundenakquisition und zur Verbesserung des Unternehmensimages.[281]

Es vermittelt sich ohne Weiteres, dass diese funktionalen Ansätze nur dann zur Entfaltung kommen, wenn das eigentlich patentbezogene Management den Schulterschluss mit dem Marketing und der integrierten Unternehmenskommunikation sucht und findet – und mit ihnen die Effekte der genannten Funktionen verstärkt zugunsten einer gestärkten und positiv aufgeladenen Wahrnehmbarkeit des Unternehmens und seiner Leistungen.

---

277 Burr, W./Stephan, M./Soppe, B./Weisheit, S. (2007), S. 36 ff.
278 Vgl. Burr, W./Stephan, M./Soppe, B./Weisheit, S. (2007), S. 38.
279 Vgl. Burr, W./Stephan, M./Soppe, B./Weisheit, S. (2007), S. 39.
280 Vgl. Burr, W./Stephan, M./Soppe, B./Weisheit, S. (2007), S. 40.
281 Vgl. Burr, W./Stephan, M./Soppe, B./Weisheit, S. (2007), S. 40.

▶ Schutzrechtsanmeldungen basieren auf qualifizierte Vorarbeiten

Es ist empirisch abgesichert, dass eine Schutzrechtsanmeldung nur dann eine positive Auswirkung auf die Entwicklung des Unternehmenswertes hat, wenn ein qualitativ hochwertiges Schutzrecht oder Schutzrechtsportfolio entsteht.[282] Der Umfang des jeweiligen Schutzes (bei Patenten: die Breite der Schutzansprüche und die Häufigkeit von Zitaten[283]) ist der Gradmesser für die Qualität der Schutzrechte, schon allein deswegen, weil eine entsprechende Breite des Schutzumfangs einerseits Umgehungsmöglichkeiten für Wettbewerber reduziert und andererseits das Lizenzierungspotenzial steigert.

Die Qualität eines Schutzrechts kann aber auch durch die konkret gegebene Verwertbarkeit im Rahmen der Unternehmensstrategie bestimmt werden. Eine Erfindung mit hohem Innovationsgrad kann für ein Unternehmen weniger **gewichtig** sein als eine andere mit einem geringeren, wenn letztere zu einer Patentposition führt, die im Verbund mit anderen Patenten des Unternehmens von höherem strategischen Wert ist.[284]

Tooltauglich im Sinne des SIP sind somit in erster Linie hochwertige Schutzrechtspositionen, die nur erlangt werden, wenn bewusste Planungen verwirklicht werden. Dies zu gewährleisten, ist Ziel und Aufgabe eines strategischen Schutzrechtsmanagements, das mit qualitativ hoch stehenden F&E-Ergebnissen auf allen - nicht nur technischen - Ebenen beginnt.

Qualifizierte F&E-Ergebnisse müssen allerdings ergänzt werden durch verlässliche Erkenntnisse über die Marktchancen des Produkts und die sachgerechte Beurteilung aller Parameter erfolgreicher Kommerzialisierung. Insoweit gewonnenes Wissen ist für Schutzrechtsflankierungen der Markteinführung zu nutzen.

▶ Einzelne konkrete Prozesse des Patentmanagements

   ▶ Ist die Patentstrategie des Unternehmens definiert und mit seiner allgemeinen Strategie in Übereinstimmung gebracht worden, muss sie mit Letzterer kontinuierlich abgeglichen werden. Ändert sich die Unternehmensstrategie, wird die Patentstrategie dieser veränderten Situation im Zweifel angepasst werden müssen.

   ▶ Der kontinuierliche Fluss von Informationen vom Patentinformationsmanagement zu den Bereichen F&E und Produktion ist sicherzustellen, speziell hinsichtlich der Sperrpositionen der Wettbewerber und der festgestellten Drittinnovationen bzw. Entwicklungstrends.

---

282 Vgl. für das Patent: Ernst, H. (2002), S. 306; grundlagenforschungsnahe Patente („Basispatente", „Schlüsselpatente") über breite, konzeptionelle Erfindungen von grundlegender Bedeutung sind freilich eher in der Lage, solche Positionen zu vermitteln, als entwicklungsgenerierte Patente; vgl. auch Gassmann, O./Bader, M. (2006), S. 24.

283 Vgl. Gassmann, O./Bader, M. (2006), S. 24.

284 Siehe das Beispiel bei Ernst, H. (2002), S. 318 f.

- Erfassung, Dokumentierung und Kanalisierung der Informationen über Verletzung eigener Schutzrechte durch Dritte an die Patentabteilung und die Rechtsabteilung.

- Kontinuierliche Bewertung der Schutzrechte und Verwertung der hierbei gewonnenen Daten durch die Abteilung Finanzen des Unternehmens. Konsequentes Nutzen der diesbezüglich gewonnenen Erkenntnisse gegenüber den Anspruchs-/Bezugsgruppen des Unternehmens.

- Über die dem Patentmanagement zugehörigen Prozesse und schutzrechtsrelevanten Vorgänge, wie Anmeldung, Aufrechterhaltung, Verteidigung, Lizenzierung, Veräußerung, Veränderung der Marktsituation, des Rankings gegenüber den Wettbewerbern, Gewinn neuer Erkenntnisse über Risiken, ist der Geschäftsführung zu berichten.

- Ergebnisrelevante Prozesse sind dem Controlling zu unterwerfen.

- Nutzen des Patentmanagements
  - Patentmanagement steigert die Effizienz der im Schutzrechtsbereich eingesetzten Mittel durch Konzentration auf essenzielle, nach Möglichkeit Basispatente und Verzicht auf Positionen mit schwacher oder ohne Umsatzrelevanz oder ohne Lizenzierungsaussichten.

  - Eines der wesentlichen Potenziale des Patentwesens eines Unternehmens liegt in der gegebenenfalls umfassenden Verwertbarkeit der Schutzrechte. Patentmanagement hat im Blick, dass die Erlöse in Lizenzeinnahmen bestehen können, aber auch im Zugang zu fremder attraktiver Technologie, etwa im Wege des „cross-licensing". Besonderes Augenmerk ist auch zu legen auf die Lizenzierung an Nichtwettbewerber bei Innovationen, die auch branchenfremd verwertet werden können.

- Patentmanagement ist in der Lage, folgende Erfolgswirkungen hervorzubringen:
  - Stärkung des Marktwerts durch erteilte und erworbene Patente.
  - Steigerung des Unternehmenswerts durch öffentliche Erwähnungen seiner Patente.
  - Patentanmeldungen führen zu Umsatzsteigerungen; je höherwertig die Patente (Innovationssprung), desto größer fällt die Steigerung aus.
  - Aktive, systematische Patentstrategien führen zu hochwertigem Patentportfolio und bewirken größeren Unternehmenserfolg als inaktives, unsystematisches Patentierverhalten, das minderwertige Portfolios entstehen lässt.
  - Basis- oder Schlüsselpatente erhöhen die Kommerzialisierungswahrscheinlichkeit und damit den Wert des Unternehmens.

Das Eintreten dieser Wirkungen setzt voraus, dass die Bezugsgruppen in das Patentmanagement einbezogen werden. Sie müssen über erteilte und erworbene Patente informiert sein und von der öffentlichen Erwähnung der Patente tangiert werden, damit in ihrer Vorstellung Ideen über den gestiegenen Marktwert des Unternehmens entstehen. Wird der Charakter von Basis- oder Schlüsselpatenten offenkundig, steigt die Erwartung zukünftiger Wertentwicklung. In einer Zeit, in der die Bedeutung des Beziehungsmarketings verstärkt in den Vordergrund rückt, wird der Wert bewusst, der in der proaktiven Begründung solcher Vorstellungen der Bezugsgruppen über den Unternehmenswert liegt. Sie tragen bei, Vertrauen in das Unternehmen und seine Leistungsfähigkeit – auch in der Zukunft – zu begründen. Das ist die Grundlage jeder dauerhaften geschäftlichen Beziehung.[285]

SIP und Unternehmensfinanzierung

Ein ebenfalls zentrales SIP-Thema ist die Bewertung von Schutzrechten. Dieses ist von Bedeutung nicht nur für die Ermittlung des Unternehmenswertes für relevante Einschnitte im Leben der Unternehmen (Unternehmenskäufe und -verkäufe, Fusionen, relevante Investitionen etc.), sondern vor allem auch für Fragen der Unternehmensfinanzierung.[286]

So war für die bekannte Firma TA Triumph-Adler AG eine verlässliche, „belastbare" Bewertung der Unternehmensmarke von entscheidendem Wert, als sie sich entschloß, zu Finanzierungszwecken eine Marke des Unternehmens zu verkaufen und zurück zu leasen.[287]

Das SIP-Thema Bewertung von Schutzrechten hat Bedeutung über den Einzelfall hinaus: Die Frankfurt School of Finance and Management Bankakademie HfB bildet in Seminaren zum Thema „Patente und Marken im Bankenumfeld – Bedeutung und Handhabung" Bewertungsspezialisten der Banken aus, die lernen, die beträchtlichen immateriellen Vermögenswerte bei Technologieunternehmen in Form von Patenten und Marken zu ermitteln und deren Bedeutung im Rahmen der Unternehmensfinanzierung zu beurteilen.[288] Die Seminare werden ausdrücklich angeboten für Mitarbeiter aus den Bankenbereichen Firmenkreditgeschäft, Spezialkreditgeschäft, Abwicklung und Sanierung und Risikomanagement. Das Rating-Know-how der Banken würde nicht aufgebaut werden, wenn Schutzrech-

---

285 Vgl. Meffert, H./Burmann, C./Kirchgeorg, M., (2008), S. 43.

286 Vgl dazu Achleitner, A./Jarchow, S./Schraml, S./Nathusius, E. (2008), GRUR Int. 2008, S. 585.

287 Zu den Einzelheiten dieses „Marken-Sale-and-lease-back"-Falles und den Vorteilen dieser Finanzierungsmethode vgl. Köhler, „Mit gutem Ruf zu mehr Liquidität", absatzwirtschaft, Sonderausgabe Deutscher Marketing-Tag 2008, S. 88.

288 www.frankfurt-school.de.

te nicht als bedeutende Finanzierungsgrundlage erkannt worden wären. Dem entspricht die Feststellung, dass Patente sich mittlerweile direkt als Sicherheit für Kreditvergaben einsetzen lassen.[289]

Entsprechend dem Grundanliegen dieser Arbeit, die die ganzheitliche Betrachtung vernetzter Gebiete in IP-relevanten Unternehmensbereichen in den Vordergrund rücken und fördern will, soll die Frage der Bewertung von Schutzrechten und ganzer Schutzrechtsportfolios hier nicht vertieft werden. Es wird verwiesen auf die dazu veröffentlichte Spezialliteratur.[290]

Immerhin ist an dieser Stelle auf das zukünftige Bilanzrechtsmodernisierungsgesetz hinzuweisen, zu dem ein Referentenentwurf seit dem 8. November 2007 vorliegt und das wohl noch 2009 in Kraft treten wird. Nach den zu erwartenden Regelungen dieses Gesetzes werden sich die Bilanzierungspflichten der Unternehmen im hier interessierenden Zusammenhang insoweit ändern, als dass Know-how, Lizenzrechte, bestimmte gewerbliche Schutzrechte, wie Patente oder Gebrauchsmuster, die nicht entgeltlich erworben wurden, aktiviert werden müssen.[291] Von der Aktivierungspflicht werden indes nur solche immateriellen Vermögensgegenstände erfasst, die einzeln wirtschaftlich verwertbar sind, etwa durch Veräußerung, Lizenzierung, Nutzungsüberlassung oder Ähnliches. Die Aktivierung hat zur Folge, dass die Eigenkapitalbasis verbreitert wird. Die Beschaffung von Kapital am Kapitalmarkt soll dadurch erleichtert werden.[292]

Immerhin ist die Wichtigkeit von SIP unter dem Gesichtspunkt der Unternehmensfinanzierung wohl kaum zu überschätzen. Gerade eigenkapitalsschwache mittelständische Unternehmen können von dieser Auswirkung eigener Schutzrechte und deren Verstärkung im Rahmen des strategischen IP-Managements entscheidend profitieren. Wertvolle Schutzrechtspositionen mit weitem Schutzumfang verbessern das Rating dieser Unternehmen für Banken. Bisweilen trifft auf sie sogar die hoffnungsvoll stimmende Bezeichnung der „hidden champions"[293] zu, für deren Zukunftsfähigkeit und Expansionskraft Kreditgeber sich in besonderem Maße interessieren dürften.

---

289 Vgl. Gassmann, O./Bader, M. (2006), S. 163; wie praxisnah das Thema ist, verdeutlicht die Veröffentlichung des Artikels „Geistiges Eigentum nutzen" im Unternehmermagazin „Creditreform" Ausgabe 7/2008, S. 44, in der in dessen Bedeutung für die Unternehmensfinanzierung belegt und hervorgehoben wird.

290 Z. B. . Gassmann, O./Bader, M. (2006), S. 163; Burr, W./Stephan, M./Soppe, B./Weisheit, S. (2007), S. 175 ff.; P./Kaiser, A. (2004), L'évaluation des droits de propriété industrielle ; absatzwirtschaft-Sonderveröffentlichung 2004: Markenbewertung Die Tank-AG; Repenn W./Weidenhiller, G.(2005), Markenbewertung und Markenverwertung, 2. Auflage; Göttgens, O./Gelber, A./Böing, C. (2003), S. 39 - 101.

291 Gegenwärtig verbietet § 248 Abs. 2 HGB den Ansatz von Aktivposten für derartige immaterielle Vermögensgegenstände.

292 Referentenentwurf des Bilanzrechtsmodernisierungsgesetzes vom 8. November 2007, S. 97 f.

293 Vgl. dazu: Simon, H. (2007).

Aktives Vermeiden von Schutzrechtsverlusten

Ein besonderes Anliegen aktiven, systematischen Schutzrechtsmanagements muss es sein, dem unkontrollierten Verlust von Schutzrechten entschieden entgegenzuwirken.

Es geht dabei darum, funktions- und kostenadäquate Aufrechterhaltungssysteme zu installieren, um den Fortbestand von Schutzrechten zu gewährleisten. Dazu gehört nicht nur, dass sichergestellt ist, dass die erforderlichen formalen und technischen Vorgänge zur Schutzrechterhaltung organisiert und beherrscht werden, wie rechtzeitige Zahlung von Verlängerungs- und Aufrechterhaltungsgebühren. Notwendig ist auch die Kontrolle rein faktischer Vorgänge innerhalb und außerhalb der eigenen Unternehmenssphäre, um Verlusten vorzubeugen.

Marken müssen zum Beispiel benutzt werden, damit aus ihnen Rechte hergeleitet werden können und sie nicht löschungsgefährdet werden.[294] Wer eine Marke besitzt, muss sie zur Rechtserhaltung als Marke benutzen. Lautet der Name seines Unternehmens gleich, kann der Markeninhaber nicht unbedingt davon ausgehen, dass die Benutzung desselben Zeichens als Unternehmensname oder als Schlagwort der Firma auch der Marke zugute kommt und deren Erhalt sichert.[295]

Gefährdungsfälle dieser Art sind nicht unbedingt einfach zu vermeiden. In einem kürzlich vom Europäischen Gerichtshof (EuGH) entschiedenen Fall[296] besaß ein Markeninhaber eine Vielzahl eingetragener Marken, die jeweils das Wort „bridge" beinhalteten. Nicht alle diese Marken wurden indes in der eingetragenen Form benutzt. Das aber ist nach Auffassung des EuGH nötig, um einen Rechtsverlust zu vermeiden. Deswegen konnten die nicht oder nicht in der eingetragenen Form benutzten Marken einer neu angemeldeten Fremdmarke „BAINBRIDGE" nicht entgegengehalten werden. Die wenigen benutzten Marken mit „bridge" reichten nicht aus, um den Verbraucher zu veranlassen, eine Markenfamilie oder -serie anzunehmen, der er irrig „BAINBRIDGE" zuordnen könnte.

Werden Marken „modernisiert" - etwa in ihrer grafischen Erscheinungsform aktuellem Geschmack angepasst -, die modernisierte Form neu registriert, und werden sie nur noch in der „modernen" Form benutzt, kann das nach diesem Urteil des EuGH im Übrigen dazu führen, dass die Altmarken wegen Nichtbenutzung löschungsreif und auf Antrag (beliebiger!) Dritter getilgt werden. Markeninhabern ist es also anzuraten, ihre Altmarken, wenn deren Rang-Priorität erhalten werden soll, vorsorglich neben neuen Marken weiterzubenutzen.

---

294 §§ 26, 49 MarkenG; Art. 15 Abs. 1, 50 Abs. 1 a), 55 Abs. 1 a) GMV.
295 Vgl BGH GRUR 2006, 151 - Norma: Die Benutzung des Zeichens „Norma" - zugleich Unternehmensbezeichnung - kommt nur dann dem Rechtserhalt der Marke zugute, wenn das im konkreten Bezug zur Ware erfolgt.
296 EuGH, Rechtssache c-237/06 P (Il Ponte).

Diese Frage des Erhalts durch Registrierung erworbener Marken zeigt wiederum die außerordentliche Bedeutung der Wahrnehmung von unternehmerischen Kommunikationstools und –inhalten für die Grundlegung rechtlicher Besitzstände. Wenn der Einsatz „modernisierter" Marken je nach Art ihrer Erscheinungsform nicht als Benutzung der Altmarken – in ihrem wesentlichen Markierungskern – wahrgenommen werden kann, kann die Verwendung des benutzten Zeichens den Altmarken erhaltungsmäßig nicht zugute kommen.

Im Übrigen ist es ganz allgemein für das sachgerechte Managen eines Schutzrechtsportfolios unerlässlich, Schutzrechtsverletzungen zu registrieren und zu bekämpfen, damit Rechtsverlusten vorgebeugt wird.[297]

Im Bereich der Marken ist durch Ergreifen juristischer und Marketingmaßnahmen zu vermeiden, dass Marken in Public-Domain-Bereiche abgleiten. Beispiele für den Verlust von Markenrechten durch Abgleitenlassen von Zeichen: *„Walkman"* von *SONY*, *„Tempo"* für Papiertaschentücher in Deutschland oder *„Mobylette"* in Frankreich für Mopeds.[298]

Mit dem Rechtsschutz synergetisch wirkende faktische Schutzmaßnahmen

Derartige, im Verbund mit rechtlichen Schutzstrategien synergetisch wirkende faktische Schutzmaßnahmen sind die notwendige Ergänzung der rechtlichen Schutzfundamente. Gassmann und Bader[299] nennen in diesem Zusammenhang:

▶ kurze Time-to-market bei globalen Produkten mit hoher Aktualitätsattraktivität, z. B. Designermode
▶ geheime Prozesse und Verfahren, z. B. *Coca-Cola*
▶ Geheimhaltung des Quellcodes in der Software, z. B. *Schindler*-Steuerung
▶ Aufbau von starken Distributionskanälen, z. B. *Tupperware* (oder auch *Hilti* oder *Avon*-Cosmetics)
▶ Quasi-Monopole, z. B. *Hewlett-Packard*
▶ Bindung starker Lieferanten und Beherrschung der Wertschöpfungskette, z. B. *Alu-Suisse*
▶ Schaffung von Kundenbindung durch Pole-Position, z. B. *Straumann*

---

297 EugH GRUR Int. 2006, 597, 599 – Levi Strauss ./. Casuci (Mouette), Textziffern 30 und 31. Werden verletzende Marken Dritter geduldet, können sie nach rund fünf Jahren nicht mehr mit Aussicht auf Erfolg angegriffen werden.
298 Vgl. S. 96 mit weiteren Beispielen.
299 Gassmann, O./Bader, M. (2006), S. 5; Neue Zürcher Zeitung vom 7./8. August 2004, S. 29; Mitt. 2007, S. 97.

- Volumenvorteile durch Pionierarbeit und damit Nutzen von Kostenvorteilen, z. B. *Swatch*
- Aufbau eines starken Markenimages, z. B. *Haribo*
- Komplexität der Gestaltung, z. B. *Koziol*

Ergänzend könnte gedacht werden an:

- effizienten Know-how-Schutz[300]
- Schaffung technologischer Standards für eine große Zahl von Wettbewerbern durch Lizenzierung eigener Spitzentechnologie
- fortwährende Produktverbesserung, Weiterentwicklungen, Entwicklung von Annex- und Ergänzungsobjekten, Stopfen von „Schlupflöchern", die vom Wettbewerb als Umgehungsmöglichkeiten identifiziert werden können, durch Anmeldung flankierender Schutzrechte (Letzteres führt zu den rechtlichen Schutzstrategien zurück und verdeutlicht die Zugehörigkeit beider Bereiche zueinander).
- Schaffung überragender Marktpräsenz: z.B. *NUR DIE*-Strümpfe
- last but not least: überragende Verkaufs- und vor allem Serviceleistungen

Gerade im Bereich der Serviceleistungen sind Unternehmen bei der heute weit verbreiteten Misere in der Lage, in besonderer Weise wahrnehmbar zu sein und gegenüber der Konkurrenz ein völlig eigenständiges, stark positives Profil zu erwerben. Es ist bei weitem nicht Allgemeingut geworden, dass das Wort „Dienstleistung" die sprachlichen Wurzeln „dienen" und „leisten" hat. Beide Tätigkeiten sind in ehrlicher Kundenorientierung und der Atmosphäre der „mental and physical convenience" zusammenzuführen, damit von Service im eigentlichen Sinn gesprochen werden kann.

„Geiz ist geil" hieß bis vor Kurzem die viel beachtete Werbung einer großen Supermarktkette des Einzelhandels mit Elektro- und Elektronikartikeln. Wenn aber die Unternehmenskalkulation Serviceleistungen wegrationalisiert, so offenbart das eine Geilheit des Geizes, die dem Verbraucher sarkastisch, wenn nicht zynisch erscheinen muss. Sich von ihr zu distanzieren und das Gegenteil von Geiz gegenüber den Bezugsgruppen zu kommunizieren, bewirkt die Wahrnehmbarkeit einer geradezu exklusiven und für die Abnehmerschaft attraktiven und höchst willkommenen Dienstleistungskompetenz. Denkt man an die bedeutende und immer noch wachsende Kaufkraft der so genannten „Best Ager", die die Werte von Service und Diensten in hohem Maße zu schätzen wissen und bereit sind, dafür nicht nur einiges „Geld in die Hand zu nehmen", sondern auch wirklich auszugeben, sollte mancher Unternehmer erwägen, in den Servicebereich vermehrt zu investieren. Er hat dadurch die Chance, nicht nur eine besondere positive Wahrnehmbarkeit seines Unternehmens und seiner Leistungen zu erreichen, sondern damit auch noch un-

---

300 Siehe S. 125.

mittelbar Geld zu verdienen, und dies zu Zeiten, in denen Einzigartigkeit und Unterscheidbarkeit durch das bloße Angebot von Produkten kaum noch erzielt werden kann, die – auch auf hohem Qualitätsniveau – mehr und mehr austauschbar sind.

Eine Liste faktischer Schutzmaßnahmen kann nie abschließend sein. Immer wieder wird die betriebswirtschaftliche Fantasie unternehmerische Aktivitäten und Maßnahmen ersinnen, die im Hinblick auf die Bezugsgruppen eine derartige Magnet- und Sogwirkung entfalten werden, dass dadurch zugleich auch eine relevante Schutzwirkung für die Hervorbringungen des Unternehmens und letztlich für es selbst entsteht. Kaum etwas wirkt auch in dieser Hinsicht stärker als die entfachte Begierde der Zielgruppe, die sich durch nichts anderes stillen lässt, als das Erwerben der Produkte eben dieses Unternehmens.

IP-Audit[301] – Audit des geistigen Eigentums

Wesentlich für Entscheider

▶ Jedes Unternehmen besitzt geistiges Eigentum.

▶ Mit SIP (Strategischem IP-Management) kann aus geistigem Eigentum ein „Profit-Center" werden – unter Einsatz des IP-Audit.

▶ Ein IP-Audit ist das unerlässliche Instrument, die Position des Unternehmens im Bereich IP konkret zu bestimmen und eine Vorstellung über den Wert seines geistiges Eigentum zu generieren.

▶ Die Ergebnisse eines IP-Audit liefern Entscheidungshilfen für die strategische Ausrichtung und Verwaltung des geistigen Eigentums. „If you don´t mesure it, you can´t manage it."

▶ Der durch ein IP-Audit erworbene Kenntnisstand ist sukzessive aufzufrischen.

Der Leser, der die Möglichkeiten des strategischen IP-Managements erkannt hat, versteht, dass sein Unternehmen sich um sein IP kümmern muss, um Chancen wahrzunehmen und Verluste an Wettbewerbsstärke zu vermeiden. Diese Einsicht fordert auf, tätig zu werden.

Um Zugang zu dieser Art des strategischen Managements zu finden, empfiehlt es sich, einen IP-Audit durchführen zu lassen – sofern er nicht sogar unabdingbar ist.

---

301 Vgl. http://mittelstaedt.afm-e.de/_media/pdf/basics_ip_audit.pdf

Der IP-Audit öffnet den Weg zum IP-Management, indem folgende Fragen aufgeworfen und beantwortet werden:

▶ Welche Monopolpositionen (Schutzrechte etc.) hat das Unternehmen (Identifikation und Bewertung)?
▶ Welchen Schutzumfang haben diese Besitzstände?
▶ Was macht das Unternehmen mit diesen Monopolpositionen?
▶ Wird das vorhandene Monopol-Potenzial erschlossen?
▶ Welche Schwächen (Sicherheitsdefizite, Lücken) sind vorhanden?
▶ Stärken oder schwächen sich das IP-Wesen des Unternehmens und seine Unternehmenskommunikation einschließlich des Marketings (Thema „Geistiges Eigentum und Kommunikation eines Unternehmens") und seiner Formensprache (Thema Designschutz) gegenseitig?

Alles Weitere folgt im Anschluss an die Auswertung des Gutachtens mit Expertenempfehlung, das nach durchgeführtem IP-Audit erstellt wird

❗ DEFINITION

Als Audit (von lat. „Anhörung") werden allgemein Untersuchungsverfahren bezeichnet, die dazu dienen, Prozessabläufe hinsichtlich der Erfüllung von Anforderungen und Richtlinien zu bewerten. Geläufig ist der Begriff des Audits im Bereich der Wirtschaftsprüfung und der Unternehmensberatung.

Ein Wirtschafts-Audit soll Erkenntnisse vermitteln über die im Unternehmen angewandten Methoden und ablaufenden Prozesse (Vorgänge). Ein Audit stellt ein Instrument der Unternehmensführung dar, das der Risikoprävention dient (Vermeidung von Nachteilen, die auf Betrug oder Untreue, Irrtümern, Misswirtschaft oder Ineffizienz beruhen) und mittelbar der Einhaltung von Unternehmensrichtlinien. Ziel eines Audit ist es, die Vorschriftsmäßigkeit und Effizienz der Methoden und Abläufe zu gewährleisten und die Richtigkeit und Verlässlichkeit von Inhalten der internen Unternehmenskommunikation zu garantieren. Ein durchgeführtes Audit und seine Auswertung wirken auf eben diese Gegenstände ein, indem die bei der Evaluation der Audit-Ergebnisse gewonnenen Erkenntnisse helfen, die angesprochenen Methoden und Prozesse sowie die Unternehmenskommunikation zu optimieren.

Was ist ein IP-Audit?

IP-Audits („Intellectual Property-Audits") sind spezielle von Rechts- und Patentanwälten oder von hausinternen Experten, zum Teil mit externer Unterstützung, durchgeführte Audits im Bereich des geistigen Eigentums. Sie werden seit einiger Zeit in den USA praktiziert und zunehmend auch in Frankreich.

In Deutschland kommen gegenwärtig systematisch durchgeführte IP-Audits überwiegend vor bei Fusionen oder Firmenkäufen, wobei die Ermittlung von Werten zur Bestimmung von Kaufpreisen und die Abschätzung von Risiken im Vordergrund stehen.

Im IP-Bereich geht es bei einem Audit zunächst darum, das Kapital des Unternehmens auf dem Gebiet des geistigen Eigentums und die Güte seines Managements zu erfassen und zu bewerten sowie seine Rentabilität zu prüfen. Die Auswertung von Audit-Ergebnissen kann dann dazu genutzt werden, die Politik des Unternehmens im Bereich des geistigen Eigentums festzulegen und durchzusetzen. Der Beginn des IP-Managements setzt die Durchführung eines IP-Audits im Unternehmen grundsätzlich voraus.

Was erspart das IP-Audit dem Unternehmen?

▶ IP-Audits vermindern oder beseitigen Entscheidungsschwächen der Unternehmensführung im Bereich des geistigen Eigentums.

Wie in jedem Unternehmensbereich sind auch auf dem Gebiet des geistigen Eigentums fortwährend Entscheidungen zu treffen. Welche Marke soll ein Unternehmen für welche Waren und/oder Dienstleistungen anmelden? Was ist zu tun, um die bestehenden Marken des Unternehmens rechtserhaltend zu benutzen? Welche Erfindung ist zum Patent anzumelden, welche nicht? Wie ist unter Umständen wertvolles Know-how des Unternehmens zu erfassen, zugriffsgerecht zu speichern und schützen?

Zu diesen und einer großen Zahl weiterer Fragen ist das Unternehmen ständig zur Problemlösung aufgerufen. Ohne die Erkenntnisse, die IP-Audits gewähren, sind qualifizierte Entscheidungen hierzu nicht gesichert.

▶ IP-Audits helfen, Irrtümer bei der Bewertung bestehender Schutzrechte zu vermeiden.

⬛ BEISPIEL:

Die Entwicklung eines Unternehmens verlagert dessen Aktivitäten aus den Bereichen hinaus, die durch die bestehenden Marken „abgedeckt" sind. Damit verlieren diese Marken für das Unternehmen sukzessive an Wert. Durch ein Audit kann ermittelt werden, ob und in welchem Maß durch Nachanmeldungen Nachteile dieser Entwicklung kompensiert werden können oder ob und zu welchen Konditionen die betroffenen Marken abgestoßen werden.

▶ IP-Audits ersparen Fehlinvestitionen in gewerbliche Schutzrechte.

⑪ BEISPIEL FÜR UNPROFITABLE IP-MAßNAHMEN:

Schutzrechte werden fehlerhaft angemeldet, können nicht den erwünschten Schutz entfalten, sind möglicherweise nicht rechtsbeständig.

⑪ EIN WEITERES BEISPIEL:

Unrichtige Einschätzungen des Rechtsbestandes und des Schutzumfangs von Marken, für die das Unternehmen Lizenzen nehmen möchte, führen zur Überbewertung dieser Marken und zur Überbezahlung der Lizenznahme. Ohne ein Audit ist eine richtige Einschätzung nicht zu erzielen.

⑪ UMGEKEHRTER FALL:

Werden die Marken – oder andere Schutzrechte –, an denen das Unternehmen Lizenzen gewähren möchte, nicht realistisch bewertet, ist es praktisch unausweichlich, dass zu niedrige Lizenzen eingenommen werden.

▶ IP-Audits helfen, Unternehmenschancen beim Aufbau erfolgreicher Schutzrechtsportfolios zu wahren.

Erfolgreiche Schutzrechtsportfolios werden durch mehrere, aufeinander abgestimmte Schutzrechtspositionen gebildet, zum Teil durch mehrere unterschiedliche, sich ergänzende Schutzrechte, wobei es auf inhaltliche Stimmigkeit und Widerspruchsfreiheit des Portfolios ankommt.

Ohne genaue, durch ein Audit vermittelte Kenntnis der einzelnen Schutzrechte, die das Portfolio konstituieren, können dessen Qualitäten nicht evaluiert werden. Die Begründung neuer, dazu passender Schutzrechte setzt diese Kenntnis ebenfalls voraus.

▶ IP-Audits reduzieren Schwächen des Unternehmens bei der Verteidigung eigener Schutzrechtspositionen.

Einzelne Schutzrechte, insbesondere wenn sie isoliert begründet und benutzt werden und nicht im Kontext eines stimmig begründeten und genutzten Portfolios, sind wirkungsloser und in ihrem Bestand leichter gefährdet, als Rechte, die auf einander bezogen entstehen, leben und benutzt werden.

Ohne Audit unterbleibt zumeist eine bewusste, planmäßige Begründung und Benutzung vernetzter Schutzrechte.

▶ IP-Audits reduzieren oder beseitigen gar Ineffizienz bei der Nutzung von Schutzrechten.

Ohne ein IP-Audit ist nicht zu ermitteln, ob ein Markenrecht seiner rechtlichen Bandbreite entsprechend genutzt wird oder ob etwa aus einem Geschmacksmuster seinem Schutzbereich entsprechend gegen Nachahmungen vorgegangen wird.

▶ IP-Audits beseitigen Unkenntnis hinsichtlich der Möglichkeiten des aktiven und passiven Lizenzwesens.

Nur ein IP-Audit kann die Erkenntnis liefern, ob ein Unternehmen adäquaten Gewinn aus seinen Möglichkeiten zieht, Dritten Lizenzen zu gewähren, und ob es seinerseits an fremden Schutzrechte diejenigen Lizenzen nimmt, die es benötigt – und dies zu Konditionen, die rechtlich und wirtschaftlich angemessen sind.

Was gewinnt das Unternehmen mit einem IP-Audit?

Ein IP-Audit führt

▶ zu Erkenntnissen über den Stand und die Qualität des IP-Managements im Unternehmen,

▶ zu einem klaren Verständnis bezüglich der Budgets, die das Unternehmen für den Aufbau und die Verteidigung seines Vermögens im Bereich des Geistigen Eigentums einplanen muss,

▶ zu Handlungsfähigkeit innerhalb des Bereichs des geistigen Eigentums,

▶ zur Möglichkeit, den gesamten Bereich des geistigen Eigentums in die Konzepte der strategischen Unternehmensführung einzubinden,

▶ zur Fähigkeit, die Schutzrechtspositionen in eine strategisch ausgerichtete und konzeptuell aufgezogene Unternehmenskommunikation zu integrieren und

▶ letztlich zur Steigerung des Unternehmenswerts.

Die gegenwärtige Situation ohne IP-Audit

Nicht selten besteht in Unternehmen weitgehende Unkenntnis über Wesen und Bedeutung und die Möglichkeiten des geistigen Eigentums (des gewerblichen Rechtsschutzes). Es entsteht keine Kompetenz bezüglich der Konvertierung von Expertise in Unternehmensgewinn.

Notorisch sind auch Unternehmen, in denen die Unternehmensleitung die Führung der Abteilung für den gewerblichen Rechtsschutz, wenn es überhaupt eine dafür kompetente Substruktur gibt, nicht wahrnimmt, sondern der Abteilungsleitung überlässt und keinerlei Kontrolle ausübt. Die Abteilung bleibt sich mehr oder weniger selbst überlassen. Niemand außerhalb dieser Abteilung verfügt im Unternehmen über tatsächliche Kontroll- und Bewertungskompetenz, sodass die Arbeit der betreffenden Abteilung häufig von Ineffizienz und dem „Braten im eigenen Saft" gekennzeichnet ist. Davon, was die Abteilung im besten Fall leisten könnte, hat niemand (!) eine Vorstellung.

Ebenso wenig bestehen Erkenntnisse darüber, ob die Expertise externer Berater tatsächlich optimal genutzt wird und die Abteilung für den gewerblichen Rechtsschutz mit ihnen so effizient wie möglich zusammenarbeitet.

Eine Kosten-Nutzen-Relation im Bereich „geistiges Eigentum" wird nicht erkennbar. Die Arbeit der IP-Abteilung wird unter solchen Umständen nicht wirklich budgetierbar. Es gibt keine Erkenntnisse über den „return on investment" im Bereich des geistigen Eigentums. Effizientes Controlling ist nicht möglich.

Niemand im Unternehmen verfügt über ein realistisches und fundiertes Bild darüber, welchen pekuniären und – nicht weniger wichtig – operativen Wert die Schutzrechte haben.

Mehr als häufig werden Schutzrechte angemeldet, ohne dass realistische und entwickelte Vorstellungen darüber bestehen, wie sie be- und genutzt werden sollen und wie sie sich in die Gesamtaufstellung des Unternehmens (u. a. sein Schutzrechtsportfolio) einreihen.

In nicht wenigen Fällen besitzen Unternehmen eine Vielzahl von Marken, ohne dass diese zu einem konsistenten, stimmigen, und funktionsfähigen Markenportfolio zusammengefasst sind und in einem Funktionsverbund eingesetzt werden. Teilweise unterbleibt jede Benutzung mancher Marken über längere Zeit, sodass die Löschung der Marken nach etwa fünf Jahren der Nichtbenutzung jederzeit und von Jedermann beantragt werden kann (so genannte Löschungsreife).[302]

Geschmacksmuster werden angemeldet, ohne dass deren Neuheit und Eigenart feststehen. Die so entstehenden Schutzrechte sind im Konfliktfall nicht nur wenig oder gar nichts wert, sondern darüber hinaus jederzeit vernichtbar. Solche „Rechte" nutzen nicht nur nichts, sie gaukeln Schutz vor und sind regelrechte Zeitzünderbomben, die beim ersten (Gegen-)Angriff eines Konkurrenten hochgehen können.

Es wird nicht ausreichend darüber nachgedacht, ob durch Lizenzerteilung Gewinne gemacht werden können, oder ob durch Lizenznahme die Leistungsfähigkeit des eigenen Unternehmens verbessert werden kann.

Es ist mehr als trivial festzuhalten, dass Kaufleute regelrecht verpflichtet sind, günstige geschäftliche Gelegenheiten beim Schopf zu ergreifen. Hierfür sind die Voraussetzungen zu schaffen – im Bereich des geistigen Eigentums mit dem Besitz und professioneller Nutzung eines funktions- und leistungsfähiges IP-Wesens des Unternehmens. Unternehmen, die die gegebenen Möglichkeiten nicht nutzen, vertun geschäftliche Chancen.

---

302 §§ 49, 26 MarkenG.

Wie es aussehen könnte

Ein Unternehmen, das sich durch ein IP-Audit seiner Stärken und Schwächen bewusst geworden ist, besitzt eine genaue Kenntnis über das im Unternehmen vorhandene geistige Kapital. Es hat einen Überblick gewonnen darüber, wie das Unternehmen im Bereich des geistigen Eigentums aufgestellt ist. Es hat eine Stärken-Schwachstellen-Untersuchung (etwa als SWOT[303]-Analyse) des geistigen Eigentums durchgeführt und evaluiert, wie dieser Bereich zur Gesamtheit der Unternehmensprozesse beträgt und was er perspektivisch beitragen kann.

▶ Es hat die folgende Vermögenspositionen identifiziert, erfasst und bewertet:
  ▶ Erfindungen
  ▶ Schöpfungen
  ▶ Know-how
  ▶ Geschäfts- und Betriebsgeheimnisse
  ▶ in-house entwickelte Software
  ▶ Ideen und Publikationen der Angehörigen des Unternehmens
  ▶ Patente
  ▶ Marken
  ▶ Formschöpfungen/Geschmacksmuster
  ▶ Domain-Namen
  ▶ Urheberrechte
▶ Es hat anschließend die Möglichkeiten des Schutzes identifiziert.
▶ Entsprechend dem Wert der ermittelten Vermögensbestandteile hat es Schutz begründet durch Schutzrechtsanmeldungen.
▶ In Relation zur den Unternehmenszielen definiert das Unternehmen seine IP-Strategien. Hierzu liefert ihm ein IP-Audit Empfehlungen.
▶ Es nimmt dazu dann die Planung mit Budgetierung vor.
▶ Dann lässt es die Umsetzungsphase folgen.
▶ Laufend wird die Einhaltung der strategischen und der budgetmäßigen Vorgaben kontrolliert.

Diese Vorgänge tragen der Erkenntnis Rechnung, dass materielle Anlagegüter sich ausnahmslos abnutzen. Nur das in Menschen, ihren geistigen Fähigkeiten, kurz im human capital steckende Vermögen ist vermehrbar.

---

303 SWOT = **S**trength-**W**eaknesses-**O**pportunities-**T**hreats. Vgl. Esch, F.-R./Herrmann, A./Sattler, H. (2006), S. 165 f.

Was entsteht?

▶ Ein IP-Wesen des Unternehmens, das den Bedürfnissen nach soliden Schutz-rechtspositionen gerecht wird, die einerseits optimal wirken und andererseits erfolgreich und mit rationellem Kostenaufwand verteidigt werden können.

▶ Eine lebendige Beziehung zwischen dem IP-Verhalten des Unternehmens und allen seinen sonstigen Aktivitäten.

▶ Eine gelungene Einbindung der gewerblichen Schutzrechte in die Gesamtstra-tegie des Unternehmens und insbesondere seine Binnen- und vor allem Außen-Kommunikation.

▶ Eine aktive Beteiligung von IP an der Zukunftssicherung des Unternehmens und der Mehrung des Unternehmensvermögens.

Die Durchführung eines IP-Audit

Man unterscheidet drei Arten von IP-Audits:

Punktuelles IP-Audit

Es ist möglich und in geeigneten Situationen durchaus sinnvoll, ein IP-Audit auf bestimmte Bereiche des geistigen Eigentums zu beschränken.

▶ Audit der Patente
▶ Audit der Kennzeichen des Unternehmens (Marken, alle Unternehmenskenn-zeichen wie Name, Firma, bes. Geschäftsbezeichnung, Abzeichen, Wappen, Internetdomains etc.)
▶ Audit der Geschmacksmuster (Design-Audit bzw. des gestalterischen Schaf-fens des Unternehmens)
▶ Audit der Präsenz im Internet

Ein hochtechnologisches Unternehmen mit starken wettbewerblichen Positio-nen und gefestigten Kundenbindungen wird ein größeres Interesse an einem Pa-tent-Audit als an einem Marken- oder Geschmacksmuster-Audit haben. Es ist für dieses Unternehmen wichtiger, im Bereich seiner technischen Schutzrechte als op-timal aufgestellt wahrgenommen zu werden, als mit einem exzellent strukturier-ten Markenportfolio zu glänzen.

Aber auch dieses Unternehmen wird sich Gedanken machen müssen – und Er-kenntnisse gewinnen – über seine Wahrnehmung und die seiner Produkte durch seine Zielgruppe und die sonstigen Bezugsgruppen und somit über alle Faktoren, die auf sie einwirken. Ansonsten schiebt es eine „Blackbox" unkontrollierter Phä-nomene vor sich her, die auf den Absatz seiner Leistungen einwirken, zumindest einwirken können.

Themenorientiertes IP-Audit

Um in Bezug auf ein aktuelles oder erwartetes Wettbewerbsgeschehen die eigenen Möglichkeiten einschätzen zu können, ist es gegebenenfalls von Vorteil, ein auf ein spezielles Thema beschränktes – schnelles – Audit durchzuführen (Beispiel: Design-Audit). Das hat den Vorteil kurzer Reaktionszeiten und rascher Entscheidungsfindung.

Umfassendes IP-Audit

Wenn das Unternehmen allerdings seine Chancen umfassend, und zwar in allen Bereichen des geistigen Eigentums wahrnehmen will, wird es sich für ein vollständiges IP-Audit entscheiden. Dabei wird es berücksichtigen, dass die Positionierung des Unternehmens im IP-Bereich von seinen Bezugsgruppen ganzheitlich wahrgenommen genommen wird, ganz genauso wie auch die einzelnen Kommunikationsvorgänge, an denen das Unternehmen aktiv beteiligt ist, von den Bezugsgruppen zu seiner Unternehmenskommunikation zusammengesetzt werden. Das Ziel ist also, in Übereinstimmung mit der marketingmäßigen Erkennbarkeit des Unternehmens auch eine stimmige, widerspruchsfreie, schlüssige und ausgewogene Positionierung in den Bereichen des geistigen Eigentums den Bezugsgruppen zu präsentieren, mit dem Erfolg, dass das Unternehmens als optimal organisiert, lebendig und verteidigungsfähig erscheint.

Die umfassende Ausschöpfung aller Möglichkeiten, die ein IP-Audit gewährt, wird nachfolgend dargestellt.

Bestandteile eines umfassenden IP-Audit

Ist-Aufnahme des Bestands der IP-Positionen, -Besitzstände und -Rechte[304]

Anhand des Fragebogens (Anlage 5) kann eine zumindest kursorische Selbsteinschätzung der IP-Positionen, IP-Besitzstände und -Rechte des eigenen Unternehmens nach Art und Bedeutung zunächst selbst vorgenommen werden. Dadurch erhält man einerseits ein Gefühl für den Stellenwert des geistigen Eigentums des eigenen Unternehmens. Andererseits vermittelt dieser Vorgang eine jedenfalls vorläufige konkrete Vorstellung des Objekts und vertieft das Verständnis speziell des IP-Managements des Unternehmens. Mit Blick auf diese Anregung wird in den nachfolgenden Unterpunkten das unbedingt Wissensnotwendige zum Prozess des IP-Audit dargestellt. Anhand dieser Angaben wird es vielfach möglich sein, die Aufgabenstellung des IP-Managements für das eigenen Unternehmen zu erfassen und die damit verbundenen unternehmerischen Interessen.

---

304 Vgl. IP-Audit-Prüfungsstruktur – Anhang 2 – und IP-Audit-Fragebogen, Anhang 3.

Zugleich kann der Fragebogen helfen, die eigenen IP-Positionen, IP-Besitzstände und IP-Rechte daraufhin zu überprüfen, ob sie bestandskräftig sind und was dem entgegenstehen kann. Dort, wo der grundsätzlich zur Neutralität verpflichtete Staat Einzelnen Monopole gewährt – im Fall der Marken gegebenenfalls sogar dauerhafte – sind Korrektive erforderlich. Im Markenrecht wird das gewährleistet durch den Benutzungszwang, der zum Verlust des Markenrechts führen kann, wenn eine Marke länger als fünf Jahre nicht benutzt wird. Ferner kann die Ausübung des Verbietungsrechts aus der Marke gegenüber Einzelnen verwirkt werden, wenn deren (kollidierende, an sich rechtsverletzende) Markenbenutzung über eine bestimmte Zeit hinweg bewusst geduldet wird. Schließlich kann das Markenrecht auch nach seiner Erteilung vernichtet werden, wenn geltend gemacht werden kann, dass es gar nicht erst hätte erteilt werden dürfen oder es gegen bessere (ältere) Rechte verstößt. Diese Korrektive gelten sinngemäß in Bezug auf alle durch staatliche Registrierung erteilten Schutzrechte, womit sichergestellt ist, dass es nicht zu Begründung von Monopolpositionen jenseits der hierfür gesetzgeberisch vorgesehenen Bereiche kommen kann.

IP-Positionen, -Besitzstände und –Rechte sind „geronnene" Innovationskraft und Kreativität des Unternehmens im Zeitpunkt der Rechtsentstehung. Es mag eine Quelle wohltuender – jedenfalls lehrreicher – Erkenntnis sein, die Entwicklung eines Unternehmens anhand seiner IP-Geschichte nachzuverfolgen und seine Fortschrittskraft daran zu messen und gedanklich in die Zukunft zu projizieren.

Alle Ideen, die Unternehmensangehörige entwickeln, können in ihren weiteren Ausformungen zukünftige Bestandteile des geistigen Eigentums des Unternehmens werden.[305] Unter diesem Aspekt ist den geistigen Kreationen der Menschen im Unternehmen große und wohlwollende Aufmerksamkeit zu schenken. Es handelt sich um die Zukunftsressource des Unternehmens.

Am Anfang jedes IP-Audits stehen Fragen. Die wichtigsten sollen hier aufgelistet werden:

▶ Ermittlung der IP-schutzfähigen Hervorbringungen des Unternehmens: Welche Hervorbringungen des Unternehmens (Produkte, Dienstleistungen, Kommunikationsmittel, Know-how etc.) sind geeignet, Objekte von IP-Schutz zu sein?

▶ Ermittlung des IP-Bestands: Über welche Schutzrechte verfügt das auditierte Unternehmen? Was sind die weiteren Bestandteile seines geistigen Eigentums? Welches Know-how des Unternehmens kann und sollte in Schutzrechte umgemünzt werden? Für welches Know-how sind Geheimhaltungsvorkehrungen getroffen worden? Wie sind sie zu beurteilen?

---

305 Vgl. dazu S. 61 „Ideenmanagement" sowie „Schutz von Ideen", S. 85.

- Beurteilung und Bewertung des IP-Bestands: Welche Qualität weist der IP-Bestand auf in ökonomischer Hinsicht (wirtschaftliche Verwertbarkeit, gegebenenfalls auch durch licensing out; Ergänzungsbedürftigkeit, evtl. durch licensing in von externer Technologie) und in rechtlicher Hinsicht (Bestandssicherheit, Schutzumfänge).
- Vertraglicher Bereich: Auswertung der IP-relevanten Verträge mit Dritten und Analyse des Arbeitnehmererfindungswesens.
- Technologischer Bereich: Welche technologischen Innovationen eignen sich in Bezug auf die Unternehmensziele für die Begründung von Schutzrechten? Welches sind die Kerntechnologien des Unternehmens? Besteht ein Patentportfolio und wie wird es gemanagt?
- Kommunikativer Bereich: Besteht ein Markenportfolio und wie wird es gemanagt? Analyse des Geschmacksmusterportfolios.
- Bereich der IP-Konflikte mit Wettbewerbern: Risikobeurteilung der anhängigen Streitigkeiten, Risikobeurteilung der drohenden Auseinandersetzungen sowie Beurteilung der Möglichkeiten, Konflikte in eine „win-win"-Richtung aufzulösen.

Wirkungsweise der identifizierten Positionen

Von großem Interesse ist die Frage, wie die Elemente des ermittelten IP-Bestands wirken. Hierzu sind die Meinungen, Erkenntnisse und Erfahrungen der Mitarbeiter des Unternehmens zu erkunden, die mit diesen Wirkungen tagtäglich konfrontiert sind.

Wahrnehmbarkeit

In diesem Buch wird ein besonderer Akzent auf die Wahrnehmbarkeit des Unternehmens und seiner Hervorbringungen durch seine Bezugsgruppen gelegt, die sowohl für die Unternehmenskommunikation als auch für sein gesamtes Marketing und eben auch für seine IP-Kultur von ausschlaggebender Bedeutung ist.[306] Die Wahrnehmbarkeit ist, wie schon ganz eingangs dargestellt[307], das Bindeglied zwischen den Rechten des geistigen Eigentums und dem Marketing eines Unternehmens und letztlich seinem Markterfolg.

Eingedenk dessen ist zu klären, ob es beim Unternehmen - etwa aufgrund von Recherchen/Verkehrsbefragungen oder sonstiger Untersuchungen - Erkenntnisse darüber gibt, wie das Unternehmen und sein Auftritt (einschließlich der Unternehmenssymbole und –kennzeichen), seine Erzeugnisse und deren Präsentation von den Angehörigen der Zielgruppe wahrgenommen werden. Welche Inhalte kommu-

---

306 Vgl. Einführung und Grundlagen.
307 Grundlagen, S. 19 ff.

nizieren sie, welche Werte verkörpern sie? Gibt es ein kontinuierlich durchgeführtes „trend-scouting"?

Existiert eine gesteuerte, bezweckte Vernetzung; sind synergetische Wirkungen feststellbar? Besteht ein Kommunikationsbewusstsein bei den Verantwortlichen des Unternehmens? Ist der Führung klar, dass es unmöglich ist, nicht zu kommunizieren und dass kein Kommunikationsempfänger sich weigern kann, etwa vom Unternehmen nicht gewünschte Inhalte der Unternehmenskommunikation zu empfangen und zu bewerten? Weiß die Unternehmensführung, dass alle Faktoren der Kommunikation miteinander vernetzt sind und unweigerlich aufeinander einwirken – positiv im Sinne gegenseitiger Stärkung oder negativ durch Schwächung?

Wie definiert vor diesem Hintergrund das Unternehmen die Ziele seiner Kommunikation? Wie konzipiert es als Folge dieser Definition die Kommunikationswirkung der diversen Faktoren der Unternehmenskommunikation? Sind sie registriert und dokumentiert? Wie werden die strategischen Kommunikationsziele innerhalb des Unternehmens kommuniziert?

Bestehen im Unternehmen Untersuchungen darüber, ob und wie die Positionen, Besitzstände und Rechte dazu beitragen, dass das Unternehmen seine strategischen Kommunikationsziele erreicht (einschließlich Schwachstellenanalyse), und inwieweit dabei Rechtschutzwirkungen eintreten?

Widmet sich das Unternehmen systematisch der Frage, ob und inwieweit die Erscheinungsform der Produkte des Unternehmens und deren Präsentation das wirtschaftliche Potenzial der Erzeugnisse vollständig ausschöpft und ob Steigerungsmöglichkeiten gegeben sind (Optimierung der Kommunikationskraft) und damit auch Optimierungen der Möglichkeiten, konnexe IP-Positionen zu begründen, sowie der Frage, ob alle Kommunikationsfaktoren des Unternehmens und seiner Erzeugnisse vernetzt optimal synergetisch wirken oder darin verbessert werden können?

Das Ergebnis eines IP-Audit ist in einer gutachterlichen Untersuchung darzustellen. Einer ausführlichen und begründeten Darstellung der IP-Position des Unternehmens folgen Vorschläge für Verbesserungen seiner Aufstellung im Bereich des geistigen Eigentums.

Konsequente Verteidigung des geschaffenen Niveaus

Ihr dient ein intensives Nutzen der prozessualen Möglichkeiten der Schutzrechtsverteidigung. In diesem Zusammenhang gewinnt die EG-Durchsetzungs-Richtlinie 2004/48 an Bedeutung, die im April 2008 durch den deutschen Gesetzgeber im Wege der Anpassung deutscher Gesetze an die Regeln der Richtlinie umgesetzt worden ist. Das entsprechende Gesetz zur Verbesserung der Durchsetzung von Rechten des geistigen Eigentums ist am 1. September 2008 in Kraft getreten.

Die unternehmerischen Vorteile der Richtlinie und des deutschen Umsetzungsgesetzes sind auf einen Blick folgende:

- ▶ mehr Rechte für den Original-Hersteller, der schneller, effektiver und sicherer Plagiate verfolgen kann,
- ▶ mehr Pflichten für den Nachahmer im Rechtsfall, der im Vergleich zu früher weniger Nachsicht bei den Gerichten zu erwarten hat, weniger Verschleierungsmöglichkeiten besitzt und mehr Ächtung fürchten muss,
- ▶ höhere Kosten für die Nachahmer, weil Ware und Herstellungswerkzeuge der Vernichtung anheim fallen,
- ▶ auch Vertreiber von Plagiaten (Wiederverkäufer) werden in die Pflicht genommen,
- ▶ mehr Schutz für Innovationen, härtere Sanktionen von Plagiaten, von denen der Markt systematisch gesäubert werden kann.

DIE RECHTLICHEN ÄNDERUNGEN IM ÜBERBLICK:

Neuheit 1: Erweiterung
Sämtliche Rechte des geistigen Eigentums, des Urheberrechts und des unlauteren Wettbewerbs schützen zukünftig gegen Nachahmung. Das heißt also, dass derjenige, der „nur" nach den Bestimmungen des UWG geschützt ist, zukünftig auch weitergehende Rechte für sich in Anspruch nehmen kann, die zum Beispiel einem Marken- oder Patentinhaber zustehen.

Neuheit 2: Beweislastregelung
Unter bestimmten Bedingungen muss der Nachahmer zukünftig bei Gericht sich selbst belastende Beweismittel vorlegen. Das ist ein großer Vorteil für den Kläger, der dadurch unter anderem auch Kenntnis über die Bezugs- und Vertriebswege des Nachahmers erhält.

Neuheit 3: Auskunft anderer Beteiligter
Der Rechtsinhaber erhält Ansprüche auf Auskünfte auch von Dritten, die kopierte Ware in ihrem Besitz hatten, damit gehandelt haben oder Ähnliches. So erhält er ein umfassendes Bild über die Verbreitung der Plagiate.

Neuheit 4: Wirksamkeit der Durchsetzung von Ansprüchen
Durch die neue Form der Beweismittelerbringung kann der Rechtsinhaber wirksam seine Unterlassungsansprüche durchsetzen und die Rechtsverletzung schnell bei Bedarf auf dem Weg der einstweiligen Verfügung – unterbinden.

Neuheit 5: Entfernung der Plagiate vom Markt
Mithilfe der Rückrufmöglichkeit verletzender Ware vom Markt und der endgültigen Entfernung aus den Vertriebswegen soll dafür gesorgt werden, dass die Pirateriewaren in jedem Fall aus den Absatzkanälen verschwinden.

Neuheit 6: Vernichtung von Plagiaten und ihrer Herstellungswerkzeuge
Der Vernichtungsanspruch erfasst auch Waren, die gar nicht mehr beim Nachahmer sind, sondern bei denen, die sie über die Absatzkanäle weiter vertreiben. Außerdem kann auch die Vernichtung von Herstellungsvorrichtungen des Nachahmers durchgesetzt werden.

Neuheit 7: Prävention und Sicherung von Ansprüchen
Zukünftig kann die Verbreitung von Imitationen präventiv verhindert werden, nämlich mit Hilfe der Sicherung im Verdachtsmoment. Ansprüche werden besser durchsetzbar durch die Möglichkeit, auch bei Mittelspersonen Ware zu beschlagnahmen. Außerdem können Vermögensgegenstände und Bankkonten des Fälschers beschlagnahmt werden.

Neuheit 8: Mehr Möglichkeiten beim Schadensersatz
Die Gerichte können den Schadensersatz zukünftig auf drei Arten berechnen oder auch einen pauschalen Schadensersatz zusprechen. Sogar dann, wenn der Verletzer nicht wusste, dass er die Rechte Dritter berührte, muss er gegebenenfalls zahlen.

Neuheit 9: Urteile werden veröffentlicht
Auf Kosten des Nachahmers wird das Urteil auf Antrag veröffentlicht, sodass sein Ruf Schaden nehmen kann. So sollen fortwirkende Fälschungstätigkeiten ein für alle Mal beseitigt werden. Dies gilt für alle Fälle und Rechte des geistigen Eigentums.

Neuheit 10: Mehr Möglichkeiten der Beschlagnahme an der Grenze
Die Möglichkeiten, Waren bei Ein- und Ausfuhr im Verdachtsmoment zu beschlagnahmen, werden erweitert und verfeinert, um die Schutzrechtsinhaber zu stärken.

Neuheit 11: Keine hohen Kosten für private Urheberrechtsverletzungen
Bei einfachen Fällen und unerheblichen Rechtsverletzungen im Privatbereich werden zukünftig die Kostenerstattungen auf ein Minimum beschränkt.

Neuheit 12: Unterstützung durch das Strafrecht
Gegen vorsätzlich und gewerblich handelnde Rechtsverletzer können Staatsanwaltschaft und Kriminalpolizei im Rahmen des Ermittlungsverfahrens wirksam im Sinne des Rechtsinhabers eingreifen. Das gilt als Neuheit nunmehr im Bereich sämtlicher gewerblichen Schutzrechte.

Die Umsetzung der Richtlinie über die Durchsetzung der Rechte des geistigen Eigentums, die in allen Ländern der EU erfolgen muss, soweit das noch nicht geschehen ist, ist ein deutlicher Fortschritt in die Richtung einer einheitlichen Anwendung der gewerblichen Schutzrechte im gesamten Gebiet der europäischen Union. Das war überfällig, denn was nutzen europäisch harmonisierte Rechtsgebiete, wie das Markenrecht, wenn die Anwendung durch die Gerichte höchst unterschiedlich bleibt. In diesem Sinne ist es zu begrüßen, dass ein Nachdenken über die Harmonisierung der unterschiedlichen nationalen Regeln des Zivilprozesses eingesetzt hat, das im Endergebnis zu einem europaweit geltenden Gesetz über den Zivilprozess führen könnte.[308]

Zur laufenden Aufrechterhaltung des geschaffenen Niveaus an IP-Management gehört es, dass die gewonnenen Schutzpositionen konsequent mit allen Mitteln des Rechts verteidigt werden. Geschieht das nicht, kann es passieren, dass sie infolge Laxheit wieder verloren gehen. In diesem Zusammenhang verdient ein Urteil des Europäischen Gerichtshof vom 25.04.2006 (C-145/05)[309] Beachtung, bei dem es um eine an das Flugbild einer Möwe erinnernde Steppnaht auf der Mitte der Jeans-Gesäßtasche ging, deren Erscheinungsbild *Levi Strauss & Co.* als Marke angemeldet hatte. Nach Auffassung dieses bekannten amerikanischen Jeans-Herstellers verletzte das Nahtbild auf den Jeanstaschen eines Konkurrenten diese Marke. Die in diesem Fall aufgeworfene Fragestellung hielt der Europäische Gerichtshof für so interessant, dass er die Gelegenheit nutzte, in seinem Urteil etwas ganz grundsätzliches zur Frage der Untätigkeit von Markeninhabern zu sagen: Markeninhaber können nur solange Markenschutz beanspruchen, wie sie sich hinreichend wachsam zeigen und sich der Benutzung ihrer Marke durch Unbefugte widersetzen. Dies nennt der Europäische Gerichtshof das Erfordernis der Wachsamkeit. Ihm misst er ganz generelle Bedeutung zu. Denn ohne durch den zu entscheidenden Levi-Strauss-Fall hierzu genötigt zu sein, ergänzte der Gerichtshof sein Judikat dahingehend, dass sein Erfordernis der Wachsamkeit für alle Bereiche des – immer umfangreicher werdenden – Europäischen Gemeinschaftsrechts gilt. Beansprucht ein Bürger der Europäischen Gemeinschaft Schutz nach dem Recht dieser Gemeinschaft, kann er das nur tun, wenn er zum Schutz seiner Rechtspositionen wachsam war und auch aktiv geworden ist, um sie zu verteidigen.

---

308 Dies war eines der Themen des Deutschen Juristentages 2008.
309 EugH GRUR Int. 2006, S. 597, 599 – Levi Strauss ./. Casuci (Mouette), Textziffern 30 und 31.

Systematischer Designschutz

Wesentlich für Entscheider

▶ Schon eingangs wurde herausgestellt: Der Erfolg von Unternehmen und Produkten hängt davon ab, wie ihre Bezugsgruppen sie wahrnehmen und bewerten.

▶ Für die positive Wahrnehmbarkeit des Unternehmens und seiner Leistungen durch seine Bezugsgruppen sind sämtliche Erscheinungsformen des Unternehmens, insbesondere seiner Produkte (oder Teilen davon), von maßgeblicher Bedeutung. Sie sind konstitutiv für Wettbewerbsstärke. Deswegen wird diesem Thema hier besondere Aufmerksamkeit zuteil.

▶ Sämtliche Wahrnehmbarkeiten des Unternehmens benötigen Design, auch und gerade seine rein unternehmerische Erscheinung und seine Kommunikation und seine Dienstleistungen.

▶ Soweit es körperliche Erzeugnisse betrifft, geht es rechtlich darum, optimalen Schutz für diese Erzeugnisse oder ihre Teile herbeizuführen.

▶ Das geschieht in enger Kooperation zwischen den für die Gestaltung Zuständigen im Unternehmen und den für Formenschutz zuständigen juristischen Experten.

▶ In dieser Kooperation kann es erreicht werden, die Erscheinungsform schützenwerter Produkte und anderer Schutzobjekt gezielt so weiterzuentwickeln, dass nach den Kriterien der Rechtsprechung möglichst weit reichender Schutz entsteht.

Der systematische Aufbau eines Schutzes für die Erscheinung gestaltbarer Objekte jeglicher Art unter konsequenter Nutzung aller gesetzlicher Schutzmöglichkeiten („Schutzquellen"[310]) und die Durchsetzung solchen Schutzes ist ein vorrangiges Anliegen des strategischen IP-Managements. Dieser Schutz lässt sich in außer- oder vorprozessualen Auseinandersetzungen und notfalls auch in gerichtlichen Streitigkeiten effektvoll durchsetzen und stellt eindrucksvoll die Wirkungen temporärer Monopolpositionen unter Beweis.

---

310 Dem Schutzbedürfnis von Rechtsinhabern würde es eigentlich mehr entsprechen, von „Schutzschildern" zu sprechen. Das würde jedoch den unrichtigen Eindruck hervorrufen, der Staat hielte solche Schilder vor die Inhaber von Schutzrechten, um sie vor Beeinträchtigungen, insbesondere vor Nachahmern, zu schützen. Vielmehr müssen die Inhaber selbst aktiv werden. Sie müssen aus den vom Staat vorgehaltenen Schutzquellen schöpfen, um die für sie selbst passende Kombination von Schutzmöglichkeiten zusammenzustellen. Diese kompositorische Arbeit unterfällt dem Ausdruck „Systematischer Designschutz" und ist Teil des SIP.

Systematischer Designschutz ist ein Filetstück des SIP. Denn es ist ein Parade-beispiel für die Verknüpfung von Marketing und Rechtsschutz. Gerade hier werden die Wirkungen des Marketings nutzbar gemacht zur Stärkung der Schutzrechte, und hier erfolgt eine Verstärkung von Unternehmenskommunikation und Marketing durch Geschmacksmuster, Marken, Patente und andere Schutzrechte. Der Nutzen liegt in einem leichteren und sicheren Erreichen der Unternehmensziele.

Die Wahrnehmung eines Unternehmens, seiner Aktivitäten und Leistungen durch die Bezugsgruppen erfolgt in großem Umfang über die Erscheinung gestalt-barer Objekte, die sie im Zusammenhang mit dem Unternehmen erleben und von ihnen mit ihm in Verbindung gebracht werden. Dabei soll der Begriff „Objekt" hier in einem sehr weiten Sinn verstanden werden. Gemeint sind nicht nur die körperli-chen Erzeugnisse des Unternehmens, sondern auch solche Gegenstände, die nicht vertrieben werden, wohl aber einem rechtlichen Schutz zugänglich sind (z.B. Ob-jekte, die CI begründen – etwa die braune Erscheinung der Lieferwagen von UPS). Die für seinen Erfolg entscheidende Wahrnehmbarkeit des Unternehmens muss unter anderem auf der Grundlage solcher – schützbarer – Erscheinungsbilder auf-gebaut werden.

Für Erzeugnisse gilt dabei, dass durch den gezielten Einsatz kommunikativer, erscheinungsstarker Elemente unterschiedlichster Art – hierzu gehören gestalteri-sche Formgebungen und sprachliche Elemente für ein Produkt und seine Präsenta-tion, insbesondere auch seine Bewerbung – nicht nur der Markterfolg des Produk-tes selbst, sondern auch seine rechtliche Absicherung verbessert werden kann.

Dazu werden auf Basis der geeigneten Kommunikationsebenen und -medien die verschiedenen rechtlichen Instrumentarien kombiniert und ausgeschöpft (z.B. Formmarke, Geschmacksmuster, Sloganmarke usw.). Erzielt werden kann dieser positive Effekt jedoch nur durch die vernetzte fachübergreifende Aktivität meh-rerer Experten. Benötigt werden hierfür einerseits die fachlich Verantwortlichen, die von der Produktentwicklung bis zur Vermarktung involviert sind (z.B. Designer und Marketingleiter, Vertriebler), andererseits aber auch die einzubindenden juris-tischen Experten des Unternehmens oder externe Berater. Im Wege der interdiszi-plinären Analyse des Produktes und seiner Präsentation können Synergien erfasst und rechtlich systematisch aufgebaut und genutzt werden; der Produkterfolg und seine rechtliche Absicherung werden so nicht nur wesentlich beeinflusst, sondern der Wert des Produktes wird gesteigert und der Schutz des Produktes, sein indivi-dueller „Designschutz", maximiert.

Zwischen systematischem Designschutz und Unternehmensrendite besteht da-mit ein direkter Zusammenhang. Gutes Design ist ein wichtiges Mittel zur Absatz-förderung und kann gleichzeitig, wenn es systematisch eingesetzt wird, rechtli-chen Designschutz bewirken und so Wertsteigerungs- und Profitchancen sichern. Designschutz ist somit als notwendige unternehmerische Investition einzustufen.

Positionierung des Designschutzes

Jedem, der in der Wirtschaft mit Wertschöpfungsprozessen zu tun hat, ist die Notwendigkeit von Designanstrengungen und der Wert von Design bekannt. Design steigert unter Erzeugnissen gleicher Qualität und Preiswürdigkeit den Produktwert erheblich. Zugleich ist es Ansatzpunkt für Marketingmaßnahmen oder gar -strategien.

Henry Ford, der Schöpfer der legendären Tin-Lizzy (Ford-T-Modell) und Erfinder der der Fließbandfertigung von Automobilen, wurde einst gefragt, warum sich seine Fahrzeuge so viel besser verkauften, als die von General Motors, ob das denn daran liege, dass sie soviel besser seien. Er antwortete: „Nein, sie sehen nur besser aus." Der französische Schriftsteller Stendhal[311] hat es so formuliert: „Die Schönheit ist die Verheißung des Glücks."[312] Wenn er dabei möglicherweise an etwas anderes gedacht hat, als an von Menschen geschaffene Designobjekte, trifft seine Aussage gleichwohl auch für diese zu. Denn auch von ihnen wird erwartet, dass sie, ihr Besitz und der Umgang mit ihnen das Leben positiv verändern. Design erfordert und verdient damit Schutz. Der Zusammenhang zwischen Designschutz und Unternehmensrendite ist evident. Gutes Design hilft, Geld zu verdienen, und Designschutz sichert Profitchancen.

Unternehmen investieren ständig hohe Summen in Ideenproduktion, Produktentwicklung und -gestaltung sowie in ihr Marketing. Diese Investitionen sind aus kaufmännischer Sicht nur dann gerechtfertigt, wenn sie sich in einem messbaren Markterfolg realistisch niederschlagen können; Design und sein Schutz helfen, diesen Markterfolg zu ermöglichen und zu sichern, sodass auch der Designschutz als notwendige unternehmerische Investition einzustufen ist. Er trägt dazu bei, die erarbeiteten Werte sicher zur Geltung zu bringen.

Nur wer Leistung schafft, soll auch von ihr profitieren. Jeder Unternehmer strebt nach Monopolen. Das ist grundsätzlich erlaubt und wird vom Gesetzgeber durch die Gewährung von monopolbildenden Sonderschutzrechten (Patenten, Marken etc.) sogar honoriert. Ziel ist, die Sogwirkung der Attraktivität eines Produkts auf die Abnehmer so weit zu steigern, dass sie Konkurrenz- und Substitutionsprodukte gar nicht mehr wahrnehmen, zumindest nicht als Alternative in Betracht ziehen.

Leider entspricht es nicht der Haltung aller deutschen Unternehmen, die Chancen zu nutzen, die konsequenter Designschutz gewährt. Eine vor nicht allzu langer Zeit durchgeführte internationale Untersuchung[313] hat hier auf drei Ebenen Defizite aufgedeckt.

---

311 1783 bis 1842.
312 „La beauté est la promesse du bonheur."
313 DLA-European Intellectual Property Survey, 2004.

- Weniger als 40 Prozent deutscher Unternehmen kennen den Wert ihrer Designschutzrechte und ihres geistigen Eigentums allgemein.[314]
- Eine dokumentierte IP-Strategie existiert nur in wenigen Fällen und wird selten konsequent verfolgt.
- International besitzen 57 Prozent der Unternehmen Kontrollsysteme zur Ermittlung von Verletzungen und Verletzern; in Deutschland liegt der Anteil nur bei 42 Prozent.

Zur Sicherung des volkswirtschaftlichen Wohlstands in Deutschland muss nicht nur das Hervorbringen geistiger Schöpfungen, sondern insbesondere auch deren Schutz im Mittelpunkt des unternehmerischen Denkens stehen. Designschutz ist somit schon allein für sich genommen eine Angelegenheit der Unternehmensführung.

Denn es gilt gerade nicht das weit verbreitetes Vorurteil: „Man kann ja doch nichts machen, alles zu teuer und wenig effektiv; Nachahmer brauchen ja nur geringfügig abzuwandeln, dann kann man sie nicht mehr kriegen."[315]

Dieses Vorurteil sollte man getrost der Konkurrenz überlassen: Denn systematischer Designschutz rechnet sich. Im Verhältnis zu den beträchtlichen Einbußen und Schäden, die durch einen unterlassenen Schutz eintreten können, und mit Rücksicht auf die Möglichkeiten, den Wert einer Marke zu steigern, sind die Kosten für Designschutz lohnende Investitionen.

Rechtliche Schutzquellen

Was schützt Ergebnisse geistigen gestalterischen Schaffens?

Wir haben gesehen: Bloße Ideen können - ohne deren Umsetzung in „konsumige" Produkte - keinen Markterfolg haben, und sie werden von den Gesetzen auch nicht geschützt. Das Recht schützt nur ausreichend konkretisierte Ergebnisse geistiger Kreativität auf technischem und ästhetischem Gebiet.

Die technischen Schutzrechte, Patente und Gebrauchsmuster, können erteilt werden für Ideenschöpfungen auf naturwissenschaftlich-technischem Gebiet. Nur ausnahmsweise wirken technische Schutzrechte designschützend. So, wenn die Umsetzung der technischen Erfindung zwangsläufig dazu führt, dass ein Leistungsergebnis entsteht, welches - auf die fünf Sinne einwirkend - Vorstellungen darüber aufkommen lässt, dass bei der Erfindung auch ästhetischer Gestaltungswille mitgewirkt hat. Da dies nur selten der Fall sein wird, ist den „ästhetischen" Schutzrechten besondere Aufmerksamkeit zu widmen.

---

314 Was um so mehr überrascht, als in Deutschland nahezu 60% der Wertschöpfung auf wissensbasierten Produkten und Dienstleistungen beruht gegenüber z.B. nur rd. 50% in England (vgl. Bosworth, D./ Webster, E. (2006), S. 4 f.).

315 Näheres dazu S. 186 f.

Schutz für Gestaltungsleistungen, also für Ideenschöpfungen auf ästhetischem Gebiet (Designschöpfungen), gewähren das Urheber-, Geschmacksmuster-, Marken- und Wettbewerbsrecht.

Anknüpfungspunkt für den Rechtsschutz sind besondere Vorstellungen, die beim Einwirken auf die fünf Sinne entstehen, nämlich

▶ beim Urheberrecht über das Wirken geistiger Kreativität,
▶ beim Geschmacksmusterrecht über die eigenschöpferische Gestaltungsleistung,
▶ beim Markenrecht über die betriebliche Herkunft des Produkts und
▶ beim Wettbewerbsrecht über Herkunft oder Produktbesonderheiten.

Diese Schutzrechte unterscheiden sich hinsichtlich der Schutzvoraussetzungen und bezüglich der Schutzfolgen, und dies vor allem in ihrer Schutzdauer:

▶ Urheberrecht: 70 Jahre nach dem Tod des Urhebers
▶ Geschmacksmusterrecht: 25 Jahre ab der Anmeldung des Geschmacksmusters
▶ Markenrecht: 10 Jahre, unbegrenzt verlängerbar
▶ Wettbewerbsrecht: theoretisch unbegrenzt[316]

Urheberrecht („Kunst"-Schutz):

Hier geht es um die „Vermittlung geistigen Genusses", zum Beispiel durch Literatur, Musik, Tanz, Malerei, Bildhauerei, Film und Theater; Schutz wird aber auch gewährt für Computerprogramme und technische sowie wissenschaftliche Darstellungen.

Gegenstand des Schutzes sind persönliche geistige Schöpfungen, also sinnlich erfahrbare Werke höheren Niveaus, die Vorstellungen darüber aufkommen lassen, dass gesteigerte geistige Kreativität gewirkt hat.

---

316 Allerdings nur unter der Voraussetzung, dass eine Täuschung über die betriebliche Herkunft der Nachahmungen, eine Rufausbeutung oder -schädigung oder eine gezielte Behinderung des Nachgeahmten fortdauern.

Abbildung 15: Schrägansichten des Sessels LC-2 von *Le Corbusier*

Unverkennbar liegt der Gestaltung dieses Sitzmöbels die Idee des Würfels zugrunde, einer geometrischen Grundform, der keine Monopolrechte zugelassen werden dürfen und deren Benutzung allen freizuhalten ist. Aber dieser Sessel ist eben eine spezifische Konkretisierung dieser Idee, die im Bereich der Schutzfähigkeit liegt. Hier haben die Gerichte die Besonderheit der Umsetzung honoriert, die darin besteht, dass eine wuchtige Gestaltung der Polsterelemente mit einer eher filigranen Ausführung des Metallgestells kontrastiert.[317] Damit konnte die Eigenschaft dieser Gestaltung als Kunstwerk bejaht werden.

---

317 OLG Frankfurt 6 U 13/86, GRUR 1988, S. 302.

Abbildung 16: Unterschiedliche Ausführungen des „Hirschgewands" von
Gaby Frauendorf, Leipzig

Was bis dahin fast undenkbar war, hat das Landgericht Leipzig den Modede-
signern beschert, nämlich Urheberrechtsschutz für Couture-Creationen.[318] Ohne
die kreative Leistung der Modeschöpferin Gaby Frauendorf auch nur im Gering-
sten herabwürdigen zu wollen, kann dieses Urteil als ein Beispiel für die Herabsetzung der Schwelle für den Zugang zum traditionell hoch angesiedelten Urheberrechtsschutz gesehen werden kann, die von der Rechtswissenschaft energisch
eingefordert wird - gerade auch unter dem Gesichtspunkt der Harmonisierung
des deutschen Rechts mit anderen Rechten in Europa, insbesondere dem französischen, die bedeutend designschutzfreundlicher sind.

Geschmacksmusterrecht

Das Geschmacksmusterrecht gewährt Schutz für handwerkliche oder industrielle Erzeugnisse, die „neu" und „eigenartig" sind. „Neu" heißt in diesem Zusammenhang, dass die gewählte Gestaltung nicht dem bis dahin bekannten Formenschatz angehört. „Eigenartig" ist ein Muster, wenn sich das Muster deutlich
in seinem Gesamteindruck von anderen vorhandenen Mustern unterscheidet. Die

---

318   LG Leipzig 5 O 5288/01, GRUR 2002, S. 424.

Schutzvoraussetzungen, dass die Erscheinungsform „neu" und „eigenartig" sein muss, damit sie Schutz genießen kann, ist wiederum ein Appell, eine deutlich wahrnehmbare Andersartigkeit einer solchen Form im Vergleich mit anderen, älteren Erscheinungsformen von Produkten oder Erzeugnisteilen zu bewirken. Diese Unterschiedlichkeit, die vielleicht nicht ausreichend, aber in jedem Fall notwendig ist, um kommerziellen Erfolg auszulösen, ist zugleich rechtlich unabdingbar, um Schutz herbeizuführen. Und je größer diese sinnlich erfahrbare Andersartigkeit ausfällt, desto größer wird der Schutzumfang ausfallen, den das Geschmacksmuster für sich in Anspruch nehmen kann und der ihm von den Gerichten zugebilligt werden wird.

Das Geschmacksmusterrecht wird erworben durch Eintragung beim Deutschen Patent- und Markenamt (DPMA) oder beim europäischen Amt (Harmonisierungsamt für den Binnenmarkt, HABM) in Alicante/Spanien. Darüber hinaus kann es durch bloße Bekanntmachung in der Öffentlichkeit erlangt werden in Form des nicht eingetragenes Gemeinschaftsgeschmacksmusters; letzteres hat allerdings einen begrenzten Schutz. Es gewährt nämlich nur Rechtsschutz gegen Nachahmungen und nicht gegen unabhängige Parallelschöpfungen. Der Schutz dieses nicht eingetragenen Musters ist auf drei Jahre ab Bekanntmachung beschränkt und daher insbesondere für kurzlebige Designprodukte ein interessantes Schutzinstrument.

Wichtig ist es in diesem Zusammenhang, die Entwicklung und Veröffentlichung des Musters hinreichend beweisbar zu dokumentieren, damit im Ernstfall der Nachweis über den Nachahmungstatbestand erbracht werden kann.

Abbildung 17: Natursalz-Behälter „*SAL de IBIZA*"

Das Kammergericht Berlin hat in einer Entscheidung vom November 2004 diesem Behältnis Schutz aus dem nicht eingetragenen Gemeinschaftsgeschmacksmuster zugesprochen und ausgeführt, dass es in seiner betont schlichten („noblen") Gestaltung einprägsam sei und sich sogar deutlich von bislang vorhandenen Formen absetze.[319] Es hat damit die im Vergleich mit Konkurrenzerzeugnissen besondere Wahrnehmbarkeit der Form mit rechtlichem Schutz belohnt.

Markenrecht

Schutzgegenstand des Markenrechts sind unterscheidungskräftige, angemeldete und in das Markenregister eingetragene Zeichen (Kennzeichen), die Vorstellungen aufkommen lassen über die betriebliche Herkunft der Waren und/oder Dienstleistungen, für die die jeweilige Marke eingetragen ist. Typische und traditionell bekannte Marken sind solche, die aus Worten oder Bildern bestehen oder diese beiden Elemente miteinander kombinieren (Wortmarken, Bildmarken und Wort-/Bildmarken). Bei ihnen handelt es sich um Zeichen oder Symbole, die erkennbar nicht für sich selbst stehen, sondern für eine gedachte Beziehung zu einem Unternehmen. Sie sind bestimmt, diesen Bezug in der Vorstellungswelt des Markenadressaten herzustellen und grundsätzlich nicht dazu gedacht, irgendwie designschützend zu wirken.

Diese Funktion können aber dreidimensionale Marken übernehmen, die neben solchen „typischen/traditionellen" Wort- und Bildmarken vorkommen. Es handelt sich dabei um Formmarken, deren Gegenstand die Abbildung körperlicher Gegenstände ist. Solche Gegenstände können selbstverständlich auch Waren sein, und es ist auch denkbar, dass es gerade solche Waren sind, für die die jeweilige Marke eingetragen und benutzt werden soll. Es handelt sich dabei deswegen um „produktabbildende" Formmarken.

Ein Beispiel hierfür ist die nachstehend wiedergegebene, beim Deutschen Patent- und Markenamt und beim Harmonisierungsamt für den Binnenmarkt HABM eingetragene Marke, die aus vier Ansichten einer nicht ganz unbekannten und von bestimmten Konsumentinnen hochgeschätzten Damenhandtasche besteht (siehe Abbildung 18):

---

319   KG, Beschluss vom 19.11.2004, 5 W 170/04, CR 2005, S. 672.

Abbildung 18: Grafische Darstellung der 3D-Gemeinschaftsmarke
(*KELLY-Bag*)

Diese Marke ist angemeldet – und wurde eingetragen – u.a. für Ledererzeugnisse und ausdrücklich auch für Handtaschen. An sich ist jeder Betrachter dieser vier Bilder geneigt, dazu schlicht und einfach zu sagen: „Das ist eine Damenhandtasche." Damit wäre die Marke, die ja nur aus ihrer Abbildung besteht, rein beschreibend und hätte nicht ins Markenregister eingetragen werden dürfen. Denn eine Marke darf mit der Ware selbst nicht identisch, sondern muss von ihr unabhängig wahrnehmbar sein, indem sie einen „geistigen Überschuss" enthält;[320] schließlich ist sie dafür vorgesehen, dass sie eigentlich sogar auf der Ware angebracht und die Ware mit ihr markiert wird. Sinn der Marke ist, dass die Ware „unter dieser Marke" vertrieben werden soll. Die Marke soll identifizierend wirken und nicht mit der Ware verschmelzen oder in ihr aufgehen und unkenntlich werden.

Darüber, wie diese Handtaschen-Marke wirkt und wirken soll, belehrt uns eines der bekanntesten Bilder, die der belgische Maler René Magritte gemalt hat. Es ist das 1928/29 entstandene Werk mit dem Titel „La trahison des images" (Der Verrat der Bilder). Abgebildet ist eine recht triviale gebogene braune Pfeife mit einem

---

320 Vgl. Ingerl/Rohnke (2003), 2. Aufl., § 3 Rn. 6.

schwarzen Mundstück. Unter deren Abbildung hat Magritte die Aussage gesetzt „Ceci n'est pas une pipe." (Dies ist keine Pfeife).

Abbildung 19: Ölgemälde „La trahison des images"
(Der Verrat der Bilder) von René Magritte

Sog. „Großes Kleinzitat" gemäß § 51 Nr. 2 UrhG;
Quelle: http://en.wikipedia.org/wiki/Image:MagrittePipe.jpg.

Denkt man sich die Aussage „Dies ist keine Pfeife" weg, wäre wohl kaum jemand daran interessiert, das an sich ziemlich langweilige Bild zu betrachten. Die Behauptung, es handle sich bei dem, was der Betrachter eindeutig als Pfeife identifiziert, eben darum gerade nicht, reizt und ruft spontan Widerspruch hervor. Der wird indes von Nachdenklichkeit abgelöst. Hat der Maler nicht doch Recht mit seiner Behauptung? Denn ist die Abbildung einer Pfeife nicht doch etwas anderes als eine Pfeife?

Die Aufmerksamkeit, die Magritte mit seinem spannungsvollen Bild erzielt, ist beispielgebend für die so genannten „produktabbildenden Warenformmarken".

Der von Magritte erzogene Zeitgenosse wird sich darüber im Klaren sein, dass das, was er wahrnimmt, wenn der die oben eingeblendete Marke sieht, eben nicht eine Tasche ist, sondern („nur") die Abbildung einer solchen. Dann ist er aber auch schon auf dem besten Weg zur Erkenntnis, dass es sich nicht um irgendeine Abbildung, um das Erscheinungsbild irgendeiner Tasche handelt, sondern um ein visuelles Signal, das nicht allein für sich, sondern für etwas anderes steht, und von dem Aussender des Signals bewusst und absichtsgesteuert benutzt wird. Denn es steht für etwas außerhalb seiner selbst Liegendes, nämlich dafür, dass eine mit dieser Form „markierte", eine diese Marke tragende Damenhandtasche aus einem besonderen Herstellungsunternehmen stammt, das Verantwortung für die Güte, Identität und Authentizität der Ware übernimmt.

Damit kommuniziert die Form dieser Tasche tatsächlich mehr, als nur die Botschaft „ich bin eine Tasche". Allerdings lag das nach Auffassung der für die Eintragung der Marke zuständigen staatlichen Instanz in erster Linie daran, dass diese Tasche mit einem Vorhängeschlösschen versehen ist, was für eine Damenhandtasche ungewöhnlich oder sogar überraschend sei. Das warf die Frage auf, ob diese Marke durch Dritte - unbefugt - nur dann benutzt würde, wenn sie Taschen identischen oder ähnlichen Aussehens verbreiten würden, die auch ein solches Schlösschen aufweisen. Anders herum gefragt: Scheidet eine rechtswidrige Markenbenutzung durch Dritte aus, wenn an einer fremden - womöglich ansonsten sogar identischen - Taschenform das Schlösschen fehlt? Diese Frage stellte sich besonders deswegen, weil die Käuferinnen des Originals dieser Taschen in den meisten Fällen das Schloss - sofern überhaupt - im Innern der Tasche aufbewahren, sodass es nicht sichtbar in Erscheinung tritt. Es lag also für einen Nachahmer nahe, das Vorhängeschlösschen von vornherein wegzulassen.

Um dem entgegenzuwirken, entschied die Markenanmelderin, das Erscheinungsbild einer weiteren - ebenfalls hochgradig bekannten - ihrer Damenhandtaschen, zu der eigentlich auch ein Vorhängeschlösschen gehört, ohne das Schloss als Registermarke anzumelden:

Abbildung 20: Grafische Darstellung der 3D-Gemeinschaftsmarke
(*BIRKIN*-Bag)

Das wurde akzeptiert, weil das Bild dieser Tasche nach Einschätzung der Eintragungsbehörde im Vergleich zu den anderen auf dem Markt befindlichen Damenhandtaschen (auch ohne Vorhängeschlösschen) so ausreichend deutlich und eigenständig ausgefallen ist, dass es die Botschaft transportiert: „Ich stamme aus einem besonderen Stall. Mich macht nur einer und der steht dafür ein, dass die Vorstellungen - das Markenversprechen -, die man mit meinem Aussehen verbindet, auch erfüllt werden."

Die gewählten Beispiele sind absichtlich im Bereich der Massenprodukte gewählt worden: Auch wenn es sich bei den beiden Handtaschen um bekannte und sehr exklusive Erzeugnisse eines französischen Luxusgüterproduzenten handelt, gehören sie von der Gattung her zunächst doch der Kategorie extrem weit verbreiteter Güter an: Jede Frau besitzt zumindest eine Handtasche, die allermeisten Frauen jedoch mehrere. Die beiden gezeigten Handtaschen haben sich von der Masse der Produkte absetzen können. Sie haben es geschafft, von der bloßen Idee - eine gefällige Handtasche zu sein - zum „perfektes Angebot" zu avancieren und das Objekt einer starken, bisweilen unbändigen Begierde zu werden. Das beweist der Erfolg, den diese Taschen haben, und zwar trotz ihres exorbitant hohen Preises und trotz der manchmal ein- bis eineinhalbjährigen Wartezeit, die zwischen Kauf und Auslieferung liegt (verknapptes Warenangebot als Kennzeichen eines Luxusproduktes).

Die Beispiele verdeutlichen, dass es ganz entscheidend für den Erwerb des IP-Rechtsschutzes auf die Fähigkeit des Kommunikationsträgers – hier der Erscheinungsform der Ware und damit der produktabbildenden dreidmensionalen Marken – ankommt, starke, wahrnehmungskräftige Signale auszusenden, und zwar in Konformität mit der Natur des gewählten Schutzrechts, hier des Markenrechts.

Was an diesen Beispielen auffällt, ist Folgendes:

Die Form jeder der beiden erwähnten Handtaschen, wie sie von den Konsumentinnen aufgrund der Marketingmaßnahmen des herstellenden Unternehmens und der Berichterstattung über diese Handtaschen und ihre prominenten Trägerinnen in der Presse (!) wahrgenommen wird, steht für die Erfüllung des mit dem Warenangebot verbundenen Versprechens und der Verbrauchererwartung. Dieser Effekt wird maßgeblich verstärkt durch die Markenqualität der Erscheinungsform der Taschen. Einerseits wird dadurch ein gezielt markengestütztes Marketing im Sinne qualifizierter Markenführung ermöglicht. Andererseits bereichert die Eintragung dieser Erscheinungsformen als Marken die Marketinganstrengungen um das Element der Sicherheit und des Schutzes. Der Erscheinungsform dieser Taschen müssen sich aufgrund des Markenschutzes alle Wettbewerber mit ihren Produkten und ihrer Ankündigungskommunikation so deutlich fernhalten, dass jegliche Verwechslungsgefahr verlässlich vermieden wird. Auf dieser Grundlage kann sich das markengestützte Marketing dieses Herstellers unbehindert entfalten.

Abbildung 21: Grafische Darstellung der Marke
(Abschluss-/Kopfstück eines Schreibgeräts)

Ein interessantes und lehrreiches Gegenbeispiel für nicht ausreichend marketing-gestützten Markenaufbau: Das relevante Erkennbarwerden **als Marke** verfehlte das „Abschlussstück" (Kopfstück) eines Schreibgerätes (Druckbleistift, Kugelschreiber, Füllfederhalter), welches von der bekannten Firma *PARKER* als Marke für Schreibgeräte beim Deutschen Patent- und Markenamt angemeldet und auch eingetragen wurde.

In einem Prozess gegen einen vermeintlichen Nachahmer konnte sich diese Marke trotz des formal durch die Markeneintragung wirksam begründeten Schutzes gleichwohl nicht durchsetzen.[321] Voraussetzung für einen Anspruch aus einer Marke gegen eine Nachbildung ist das Bestehen einer Verwechslungsgefahr bei dem Verbraucher. Diese kann nur gegeben sein, wenn er nicht nur der als Marke eingetragenen Formgebung, sondern auch der Nachahmung eine Funktion zubilligt, die außerhalb einer reinen „Verzierung" oder Verschönerung liegt. Es muss so sein, dass der Verbraucher das Zeichen als „Markierung" für einen bestimmten Hersteller auffasst. Daran fehlte es hier: Das Abschlussstück spielte ebenso in der produktbezogenen Kommunikation von *PARKER* als auch bei dem Produkt des Nachahmers und seiner Präsentation lediglich eine untergeordnete Rolle und wurde nicht als Hinweis auf den Hersteller verstanden. Die Form hat sich dem Verbraucher also nicht als „Markierung" des Herstellers – als Marke – einprägen können.

Diese Entscheidung ist regelrecht ein Appell an den Hersteller von Designprodukten:

Der so attraktive und wirksame Markenschutz ist – neben dem reinen Designschutz (Geschmacksmusterschutz) – für Produktformen durchaus möglich! Markenschutz ist aber nur dann gegenüber Nachahmern durchsetzbar und damit effektiv, wenn über die bloße Eintragung hinaus die Marke gezielt als Herkunftshinweis benutzt und entsprechend beworben wird. Diesen Ansprüchen muss das Marketing genügen! Bei *PARKER*-Stiften müssen die Mittel, mit denen die Erkennbarkeit des Abschlussstücks als Marke gefördert wird, aber gerade besonders stark sein. Denn *PARKER* verwendet seit Jahrzehnten ein selbst kommunikativ stark wirkendes Zeichen, nämlich den Klipp aller Federhalter, Kugelschreiber, Druckbleistifte etc. in Form eines Pfeils. Umso stärker muss dann die eigene Aussagekraft des Abschlussstücks begründet und marketingmäßig unterstützt werden.

Wettbewerbsrecht

Das Wettbewerbsrecht gewährt ergänzenden Schutz zu den oben genannten Schutzquellen bei unlauterem Verhalten im Wettbewerb, beispielsweise bei der Irreführung über die Herkunft der Nachahmung aus einem bestimmten Betrieb oder bei der Ausnutzung oder Beschädigung des guten Rufs des Herstellers des Originalerzeugnisses.

---

321 Vgl. BGH, Urteil vom 5.12.2002 – Abschlussstück (GRUR 2003, 332).

Es kommt dabei nicht darauf an, um welche Art von gewerblicher Leistung es sich handelt, die nachgeahmt wird. Alle Produkte von gewisser gestalterischer Güte können Nachahmungsschutz nach dem Recht gegen den unlauteren Wettbewerb erlangen. Denn nur dann besitzen sie die so genannte „wettbewerbliche Eigenart". Hinter diesem Begriff verbirgt sich die Fähigkeit einer Formgebung, auf die Herkunft des Erzeugnisses aus einem bestimmten - nicht notwendigerweise namentlich bekannten - Betrieb hinzuweisen oder auf seine Besonderheiten, etwa seine Güte. Es kommt also auch hier auf eine Mitteilungsfähigkeit, auf Signalkraft an. Je stärker die transportierte Botschaft ausfällt, desto umfangreicher wird der Schutzbereich, den die nachgeahmte Formgebung beanspruchen kann. Denn eine stärkere „wettbewerbliche Eigenart" kann sogar einen etwas größeren Abstand ausgleichen, den die Nachahmung zum Original einhält, oder solche unlauteren Verhaltensweisen des Nachahmers, deren Unwert nicht gerade himmelschreiend ist.[322]

Die stets geforderte wettbewerbliche Eigenart kann sehr unterschiedlich konstituiert sein, etwa durch eine bei einer Vielzahl von Produkten durchgehaltene besondere Art der Formgebung.

Abbildung 22: Grafische Darstellung des seinerzeitigen
Beschlagprogramms der Fa. HEWI

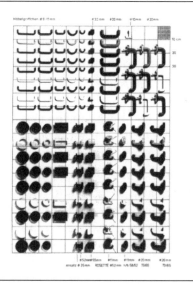

ABBILDUNG AUS BGH GRUR 1986, 673

---

322 So genannte wettbewerbsrechtliche Wechselbeziehung zwischen den drei Elementen wettbewerbswidriger Nachahmung: Wettbewerbliche Eigenartt des nachgeahmten Erzeugnisses, Intensität der Nachahmung und Unlauterkeit der Nachahmung.

Deutsche Gerichte haben diesem Programm für Möbel- und andere Beschläge wettbewerbsrechtlichen Schutz zugesprochen.[323] Hierfür war maßgeblich die gleiche, einheitliche Formgestaltung aller Teile des Programms mit durchgehaltenen, charakteristischen Besonderheiten, die der Serie ihr eigenes Gepräge gaben und sich so von Wettbewerbern abgrenzten. Auch wenn die schlichte abgerundete Gestaltung jedes einzelnen Beschlags für sich genommen nicht besonders aussagestark erscheint, gewinnt das Programm durch das konsequente Wiederkehren der diese Beschläge kennzeichnenden Charakteristika eine klare designerische Eigenständigkeit und Besonderheit. Hier beruht die Signalkraft der Form auf ihrer konsequenten Wiederholung.

Grenzen der Schutzgewährung

Das Recht gewährt Schutz gegen die unbefugte Benutzung patentierter Erfindungen, fremder Marken, geschützter Geschmacksmuster, gegen die Verletzung eines Urheberrechts etc. In Fällen deutlicher Rechtsverletzung, etwa der Marken- und Produktpiraterie, werden die Schutzvorschriften der einschlägigen Gesetze von den Gerichten rigoros angewandt. Dass dabei eine Tendenz zu spüren ist, Rechteinhaber zu schützen, und zwar sowohl auf der Ebene der Gesetzgebung als auch bei der Rechtsanwendung, wurde bereits ausgeführt.

Natürlich kennt auch dieser Schutz Grenzen. Hierzu ist häufig die landläufige Meinung zu vernehmen, ein Nachahmer brauche ja nur ganz geringfügige Änderungen vorzunehmen, und schon könne man sich nicht mehr gegen ihn zur Wehr setzen. Das ist allerdings ein Vorurteil, das sich fatal auswirken kann[324] und mit dem gründlich aufzuräumen ist. Die Rechtsprechung hat sich die größte Mühe gegeben, sichere Kriterien für die Abgrenzung zu entwickeln, wie weit ein Unternehmen sich mit seinen Hervorbringungen dem Leistungsergebnis eines anderen nähern darf, ohne dass es zu einer Rechtsverletzung kommt. Das Auffinden möglichst verlässlicher Kriterien hierfür war im Interesse der Rechtssicherheit dringend geboten.

Notwendig ist in allen Fällen ein Wiederfinden von nicht unwesentlichen Leistungselementen oder –merkmalen der geschützten Hervorbringung in der beanstandeten Leistung, etwa im Sinn einer Nachahmung. Von ihr kann nur die Rede sein bei einer Übernahme fremder Leistung durch Anlehnung an ein bekanntes Vorbild. Bei absolut geschützten Schutzrechten, wie Patenten und Marken, haftet der Hersteller des beanstandeten Produkts bzw. der Verwender der angegriffenen Kennzeichnung, auch ohne den Gegenstand des älteren Rechts gekannt zu haben.

---

323 BGH, Urteil vom 6.2.1986, I ZR 243/83, GRUR 1986, 673 – Beschlagprogramm.

324 Auf der Seite des Nachgeahmten etwa in der Weise, dass er es unter Umständen ohne Not unterlässt, wohlbegründete Ansprüche zu verfolgen, und seitens des Nachahmers dergestalt, dass er sich fälschlich in der Sicherheit wiegt, ihm könne nichts passieren.

Können in diesem Sinne Entsprechungen ausgemacht werden, stellt sich die Frage, ob sie für den Ausspruch rechtlicher Sanktionen ausreichen. Für diese Frage hat die Rechtsprechung eine Formel entwickelt, der im Bereich des Wettbewerbs(prozess)rechts des UWG der Name „Kerntheorie" gegeben wurde, deren Gedanke aber auch auf die weiteren Bereiche des gewerblichen Rechtsschutzes anwendbar ist: Lässt die Nachahmung (das beanstandete Erzeugnis, die angegriffene Marke ...) den Kern (das Charakteristische) des geschützten Objekts wiederkehren, ist von einer Rechtsverletzung auszugehen.[325] Generell wird man sagen können, dass ein Nachahmer einem gesetzlichen Verbot nicht entgeht, wenn er sich bei der Kopie (der Übernahme, der Nachahmung, des Plagiats) auf nur so geringe Abwandlungen beschränkt, dass der Verkehr eine Gleichwertigkeit mit dem Original, der Vorlage oder dem Vorbild feststellt.

Interessant ist, dass die maßgebliche Weichenstellung für die Feststellung einer Rechtsverletzung wiederum nach Aspekten der Wahrnehmung vorgenommen wird. Maßgeblich ist die Wirkung der Übereinstimmungen[326] zwischen dem Original (Vorlage, Vorbild) und der Kopie (Übernahme, Nachahmung, Plagiat) in den Augen des Verkehrs.

Kommunikation und Vernetzung

Wie erkennbar wurde, ist entscheidender Anknüpfungspunkt des systematischen Designschutzes der Begriff der Kommunikation. Design ist als Ergebnis menschlicher Kreativität, das auf die fünf Sinne einwirkt, eine Erscheinungsform des Phänomens Kommunikation. Deswegen liegt es nahe, das Produkt und seine Präsentation unter dem Aspekt ihrer Kommunikationsstärke und deren Optimierung zu betrachten. Beim Produkt-, Dienstleistungs- und Unternehmensdesign geht es also darum, die Kommunikationsstärke des jeweiligen Objekts und seiner Präsentation zu einem Maximum führen. Hierdurch wird die gewünschte starke und positive Wahrnehmbarkeit der Hervorbringung des Unternehmens - und damit seiner selbst - begründet.

Systematischer Designschutz hat nicht nur die Aufgabe, Resultate abzusichern, indem die rechtlichen Vorkehrungen den Markterfolg durch tauglichen Flankenschutz fördern. Systematischer Designschutz besteht vor allem darin, über alle Phasen der Wertschöpfungskette - und zwar so früh wie möglich - einen vernetzten Austausch zwischen allen hieran Beteiligten darüber stattfinden zu lassen, ob Produkt und Produktpräsentation die Entwicklungsstufe erreicht haben, auf der Markterfolg und Rechtsschutz optimiert sind.

---

325 Vgl. Hefermehl, W./Köhler, H./Bornkamm, J. (2007), § 18 UWG, Rn. 1.36.
326 Sie sind maßgeblich, nicht die Unterschiede: vgl. Mittelstaedt, A. (2007), WRP 2007, 1161.

Zwei Schlüsselbegriffe prägen somit auch das Thema „systematischer Designschutz", und zwar auf gleich mehreren Ebenen. Kommunikation und Vernetzung.

Designschutzmaßnahmen können fast überall ansetzen, wo Wertschöpfung betrieben wird und Leistungsergebnisse entstehen, die auf den Verbraucher sensuell einwirken und sein Kaufverhalten beeinflussen. Designschutz beginnt auf der Ebene der Produktentwicklung, setzt sich fort bei der Kreation von Produktnamen und ihrer Präsentation sowie Marketing- und Werbemaßnahmen. Alle diese Elemente kommunizieren, denn „es ist unmöglich, nicht zu kommunizieren" (Paul Watzlawick). Ihre unterschiedlichen Kommunikationsbeiträge wirken aufeinander und gemeinsam auf den Markterfolg ein. Damit sind sie zwangsläufig vernetzt.

In dieser Interdependenz werden Synergieeffekte ausgelöst. Hier im positiven Sinn Einfluss zu nehmen, ist (auch) eine Aufgabe von umfassenden Designlösungen, die das gesamte Spektrum der unterschiedlichen Wahrnehmungsvorgänge und -gegenstände erfassen. Produktformen, Verpackungen, Marken, Erscheinungsformen von Unternehmen etc. sind Kommunikationsinstrumente. Sie wirken im Verbund, also ebenfalls vernetzt, und stehen in Wechselwirkung zu den zur Verfügung stehenden Schutzquellen.[327] Betrachtet man die verschiedenen gesetzlichen Schutzquellen für Design näher, stellt man fest, dass auch sie untereinander vernetzt sind und sich nach ihren unterschiedlichen Schutzvoraussetzungen und -inhalten sowie Rechtsfolgen gegenseitig ergänzen.

Vernetzt sind auch die Beiträge der am Wertschöpfungsprozess Beteiligten, die optimalen Markterfolg und bestmöglichen Rechtsschutz bewirken sollen: Produktentwickler, Designer und Ingenieure, Marketing- und Werbeleute, Vertriebsverantwortliche etc. Für den systematischen Designschutz unabdingbar ist die Einbindung des beratenden qualifizierten Juristen, und zwar so früh wie möglich. Er ist aufgrund seiner Kompetenz in der Lage, auf die Entwicklung im Wertschöpfungsprozess so einzuwirken, dass optimaler Rechtsschutz für Design entsteht, womit zugleich darauf hingewirkt wird, dass das ökonomische Potenzial des Produkts ausgeschöpft wird. Denn je besser es gelingt, durch Verstärkung der Kommunikationskraft des Produktes und seiner Präsentation die Grundlage für den Rechtsschutz zu legen, desto größer wird seine Wahrnehmbarkeit durch die Zielgruppe und damit auch der Markterfolg ausfallen können. Dieses vernetzte Zusammenwirken ist systematischer Designschutz.

Der Fachjurist gibt also ein Feedback an den Produktentwickler, ob und inwieweit für das Erzeugnis ausreichender Rechtsschutz zu erlangen ist. Dies gilt insbesondere unter dem Gesichtspunkt, dass es nachahmungsgefährdet ist, sobald es am Markt Erfolg hat. An der Kommunikation sind die Marketing- und Vertriebsverantwortlichen zu beteiligen, die den Designer darüber informieren, ob und in wieweit die Form des Erzeugnisses weiterzuentwickeln ist, um den gewünschten Markterfolg zu erreichen.

---

327 Vgl. S. 173 ff.

Mit der gemeinsamen Anstrengung von Designer, Marketing-Spezialist und Fachjurist ab dem Beginn der Wertschöpfungskette wird das Erzeugnis attraktiver, marktgängiger, und die rechtlichen Schutzmöglichkeiten werden überhaupt erst richtig eröffnet. Denn Rechtsschutz für das Ursprungsdesign ist häufig mangels markanter Eigenart nicht zu erlangen. Die Kommunikationsstärke des Produktes, seiner Präsentation und damit sein Markterfolg werden auf diesem Weg gemeinsam zu einem Maximum geführt.

Beispiele für die Begründung systematischen Designschutzes durch kommunikative Vernetzung

Die nachfolgenden sieben Beispiele sollen verdeutlichen, dass systematischer Designschutz Synergieeffekte verschiedener Schutzmöglichkeiten aktiviert, Ansätze für Rechtsschutz vernetzt und damit Schutzwirkungen einzelner Schutzquellen verstärkt nach dem bekannten Motto „das Ganze ist mehr als die Summe seiner Teile".

Ein systematisches Konzept für Designschutz bewirkt die gemeinsame Begründung von Markterfolg und Rechtsschutz durch Stärken der Kommunikationskraft des Produkts und seiner Wahrnehmung durch seine Zielgruppe.

Ventilkappen-Schraubhülse, Design Eberhagen

Die Situation ist jedem geläufig: Der Luftdruck in den Reifen muss kontrolliert werden. Die Ventilkappen sind durch klebrigen Bremsabrieb verdreckt. Die Finger werden schmutzig. Man ist in Eile. Zum Waschen keine Zeit. Ein Tempotuch hilft auch nicht richtig. Man fährt mit schmutzigen Händen und unguten Gefühlen weiter. Da hilft diese Ventilkappen-Schraubhülse:

Abbildung 23: Ventilkappenschrauber

EIGENE AUFNAHME

Ein pfiffiges Produkt, das im Auto immer griffbereit ist und auf die Ventilkappen zum Los- und Festschrauben aufgesetzt wird. Es erregt durch seinen sinnfälligen Nutzwert sogleich Aufmerksamkeit. Allerdings wird es – soweit bekannt – gegenwärtig vom Designer lediglich als „give-away" und nicht als eigenständiges Erzeugnis vermarktet.

Ein attraktiver Ansatz für die Vermarktung! Allerdings drängen sich – wie immer – auch hier zwei Fragen auf:

a) Wird mit der Wahrnehmbarkeit dieses Objekts das kommerzielle Potenzial des Erzeugnisses bereits vollständig ausgeschöpft? Und:

b) Werden alle verfügbaren Schutzmöglichkeiten erlangt?

Zunächst zu b):

Viel kann dem Schöpfer der Ventilkappen-Schraubhülse in seinem Ursprungsdesign in rechtlicher Hinsicht nicht in Aussicht gestellt werden. Für den Patentschutz reicht die Erfindungshöhe nicht, wohl noch nicht einmal für ein Gebrauchsmuster. Für ein Geschmacksmuster ist es nicht eigenartig genug, als Marke wird die ausreichende Unterscheidungskraft fehlen, und der Wettbewerbsschutz wird im Zweifel versagt bleiben, weil die Ventilkappen-Schraubhülse wohl keine Vorstellungen vermittelt in Bezug auf ihre Herkunft aus einem bestimmten Herstellerbetrieb oder über ihre eigene Besonderheit (Güte). Grund: Ein hülsen- oder rohrförmiges Werkzeug hat an sich nichts Besonderes, was es über den Bereich der Alltagsprodukte oder Durchschnittserzeugnisse hinaushebt. In Form von Steck- oder z.B. Zündkerzenschlüsseln kommt es alltäglich vor.

Was ist dem Designer der Schraubhülse somit zu empfehlen?

Zu a):

Die Formgebung zu überdenken: Das Produkt sollte eine Gestalt erhalten, die die Idee von Produktpfiffigkeit, Bedienungserleichterung und Sauberbleiben nahe legt und damit kombiniert die Produktessenz vermittelt.

Natürlich würde der Designer, entwickelte er die Gestalt der Hülse weiter, eine Form entwerfen, die aus dem „give-away" in diesem Sinne ein begehrtes Designobjekt machen würde. Aber auch der bekannten Firma *KOZIOL* würde dazu durch Form-, Material- und Farbwahl sicherlich etwas einfallen. Ihr Einfallsreichtum wird hinlänglich durch die nachfolgenden Beispiele verdeutlicht (siehe Abbildung 24):

ABBILDUNGEN ÜBERNOMMEN MIT FREUNDLICHER GENEMIGUNG SEITENS KOZIOL IDEAS FOR FRIENDS GMBH

Eine diesem Gestaltungsniveau entsprechende Form der „Ventilkappen-Schraubhülse" hätte zweifellos größere Chancen als das präsentierte Urerzeugnis, Geschmacksmuster-, unter Umständen sogar Urheberrechtsschutz zu erlangen:

▶ Dann wäre auch Formmarkenschutz (3D-Marke) für das Erzeugnis zu erlangen, dessen Marktgängigkeit zugleich erlangt wäre.

▶ Würde eine „sprechende Marke" hierfür gefunden, wie etwa die Wendung „Der saubere Dreh!", käme Wortmarkenschutz für eine Produktbezeichnung in Betracht, die das Wesen des Erzeugnisses (Produktcleverness, Sauberbleiben) widerspiegelt. Der Kommunikationswert dieser Wendung „Der saubere Dreh!" ist in der Werbung zu nutzen.

▶ UWG-Nachahmungsschutz für Produktform und Slogan-Marke „Der saubere Dreh!" wird gegebenenfalls ebenfalls erreichbar.

Der aufgezeigte Mechanismus macht deutlich, dass es sich selbst bei einem „Pfennig-Produkt" lohnt, Geld für Design und rechtlichen Schutz auszugeben. Denn der Aufwand wird gerechtfertigt nicht durch die absolute Preishöhe des Endprodukts, sondern durch die – realistische – Erwartung von Marge und Absatzmenge. Das Erzeugnis hat wegen des breiten Bedarfs das Zeug zum Massenprodukt. Es ist ausreichend attraktiv und tritt dem Verbraucher als „must" entgegen. Somit kann die Marge auskömmlich bemessen werden.

„Fresh Surfer" von *Henkel*

Ganz anders als „Der saubere Dreh!" in der ursprünglichen Form erscheint der „Fresh Surfer" von *HENKEL*, den *ALESSI* designed hat. Es gibt so genannte WC-Erfrischer, Duftspüler, Klo-Deos oder „Toilettenkörbchen", die die Aufgabe haben, die Toilettenschüssel zu pflegen und stets wohlriechend zu halten. Es handelt sich der Gattung nach um relativ preiswerte und ihrer Erscheinung nach recht triviale Produkte, die von einer größeren Zahl von Anbietern vertrieben werden. Es gibt sie überall zu kaufen, sie erhalten keine große Aufmerksamkeit und so ist es nicht verwunderlich, dass in diesem Produktbereich keine besondere Markenbekanntheit und Aufmerksamkeit für Marken entsteht.

Auch die bekannte Düsseldorfer Firma *Henkel* KGaA stellt derartige Klo-Deos her. Ihre Produkte dieser Art hatten bislang das hierfür übliche triviale Aussehen – bis jemand im Unternehmen auf die Idee kam, etwas Ungewöhnliches zu tun. Dem unbedeutend erscheinenden Produkt wurde mehr als die normale Aufmerksamkeit geschenkt. Zusammen mit der berühmten italienischen Design-Firma im Haushaltswarenbereich *ALESSI* wurde ein Toiletten„körbchen" erdacht, das durch seine stark kommunizierende Form an die Welt des Surfens erinnert und damit an die Frische des Meeres und die reinigende Wirkung des Salzwassers. Es hat folgendes Aussehen:

Abbildung 25: „Fresh Surfer" von *HENKEL*

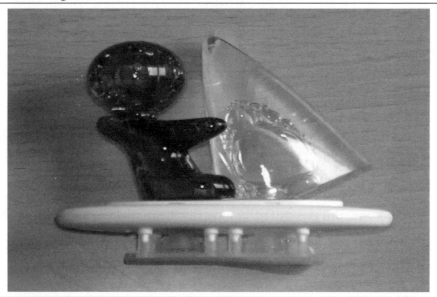

EIGENE AUFNAHME

Es handelt sich dabei um ein Behältnis, das in zwei Kammern Reinigungs- und deodorierende Substanzen enthält und ins Toilettenbecken eingehängt wird. Im Vergleich hebt sich dieser *HENKEL-ALESSI*-„Fresh Surfer" im Aussehen entscheidend von Konkurrenzprodukten ab:

Abbildung 26: „Fresh Surfer" von *HENKEL*,
umgeben von herkömmlichen „Klo-Deos"

Es besitzt für diesen Produktbereich ein hohes Maß an Unverwechselbarkeit. Deswegen darf es auch etwas mehr kosten. Das nach der Markteinführung erzielte Ergebnis spricht für sich: Das neue *HENKEL-ALESSI*-Toilettenkörbchen erzielte von allen *HENKEL*-Erzeugnissen in einem definierten Zeitraum die höchsten Zuwachsraten und gewann den für einen solchen Erfolg vorgesehenen hausinternen Preis.

Nur am Rand dazu: Nach einem Gerücht soll der Surfer am Po kitzeln, wenn man sich auf die Toilette setzt. Das hat sich für mich zwar nicht bestätigt, aber die Vorstellung, *HENKEL* hätte dieses Gerücht absichtsvoll unter Marketinggesichtspunkten selbst in die Welt gesetzt, ruft schon ein anerkennendes Schmunzeln hervor.

Unter dem Gesichtspunkt des Marketings handelt es sich dabei um ein herausragendes Beispiel des Einsatzes von Analogien oder Metaphern im Produktbereich.[328] Die Produktform wird einem ganz anderen Kontext entlehnt und ruft eine gesteigerte Wahrnehmbarkeit hervor durch eine hier ganz neue und überraschende Erscheinung.

---

328 Vgl. dazu Koppelmann, U./Oerkermann, G. (2008), Gelungene Überraschung, absatzwirtschaft Heft 7/2008, S. 40.

Der Bezug zum Thema dieses Buchs wird deutlich: Hier wurde, ausgehend von einem Trivialerzeugnis, das anscheinend nicht das Zeug zum Erfolgsprodukt hatte, durch planvolles Handeln im F&E-Bereich und Designanstrengungen ein kommunikations- und wettbewerbsstarkes Produkt hervorgebracht, das eine starke Identität besitzt und einen hohen Grad an Unverwechselbarkeit. Es bietet eine hervorragende Grundlage für die Verstärkung der Wahrnehmbarkeit des Unternehmens *HENKEL* unter der Wirkung dieses Erzeugnisses und für den Erwerb von Schutzrechten, speziell von Designschutzrechten, bei denen in diesem Fall auch Markenrechte in Betracht kommen.

Der Einsatz von Analogien oder Metaphern verschafft nicht nur Markterfolg, sondern bietet auch die Grundlag dafür, diesen Erfolg durch Schutzrechte abzusichern.

Die damit errungene Vorsprungsposition stärkt die Wettbewerbskraft des Unternehmens und ist Grundlage weiterer Entwicklungen. Allerdings ist eine Schutzrechtskultur so zu verstehen, dass die Vorsprungsposition umfassend abgesichert wird, um sie von daher noch zu verstärken. Ob das hier gelungen ist, erscheint als zweifelhaft. Denn bei den Großvertreibern *SCHLECKER* und *ALDI* fand sich in den Regalen das nachfolgend rechts abgebildete Erzeugnis:

Abbildung 27: „Fresh Surfer" von *HENKEL* in Gegenüberstellung mit blau-gelbem Konkurrenzprodukt

---

EIGENE AUFNAHME

Durch den Erwerb einer eingetragenen Marke für Toilettenartikel dieser Art bestehend aus der bloßen Kombination der beiden Farben gelb und blau in der Farbgebung des Produkts hätte *HENKEL* – sofern gewünscht – genau das verhindern können. Dabei stört *HENKEL* möglicherweise der Vertrieb des blau-gelben Billigklokörbchens durch die beiden Discounter kommerziell vielleicht nicht einmal besonders. Der Schaden droht, indem die Kennzeichnungskraft der blaugelben Erscheinung des *HENKEL-ALESSI*-Surfers verwässert und damit seine Wahrnehmbarkeit und der des Unternehmens in diesem Produktbereich verringert wird. Der Erwerb einer solchen abstrakten (konturlosen) Farbmarke, die hier Schutz gewähren könnte, ist zwar alles andere als leicht. Immerhin liegt er aber doch in der Reichweite von Unternehmen, die – wie *HENKEL* – über ausreichende Marketingmittel verfügen, der in Rede stehenden Farbkombination einen solchen Grad an Bekanntheit zu verschaffen, dass der Verkehr gewöhnt wird, mit genau dieser Farbenkombination ein bestimmtes Unternehmen zu verbinden, nämlich den Hersteller des Klo-Surfers (der Markenjurist spricht dann von „Verkehrsdurchsetzung").[329]

Mit dieser Formgebung und dem von *HENKEL* gewählten Produktauftritt trifft das seiner Art nach an sich anspruchslose Verbrauchsobjekt konkurrenzlos auf eine Konsumentenhaltung, die von den Mitbewerbern vernachlässigt wird. Bei dieser Zielgruppe sind produktzugeneigte Einstellungen wie diese denkbar: „Ich möchte sogar für mein Klobecken etwas Hübsches und Lustiges haben." und „Alle anderen WC-Reiniger zum Einhängen, die ich kenne, sind langweilig."

Das Gemeinsame des Klo-Surfers mit dem „sauberen Dreh" (Ventilkappenschraubhülse) besteht in der relativen Niedrigpreisigkeit des Erzeugnisses und dem breitgestreuten Bedarf. Während aber „Der saubere Dreh!" diesen Bedarf überhaupt erst bewusst macht, tritt der „Fresh Surfer" von *HENKEL* auf einen von zahlreichen Wettbewerbsprodukten gesättigten Markt. Gleichwohl eroberte der „Fresh Surfer" einen ansehnlichen Marktanteil und gewann den *HENKEL*-internen Preis für das Produkt mit der zeitweilig größten Wachstumsrate. Das überrascht letztlich nicht. Denn der „Fresh Surfer" von *HENKEL* weckt in seiner Gesamtanmutung Assoziationen von Frische („Meeresbrise"), Sauberkeit, Wohlgeruch, Aktivität, Helligkeit, Attraktivität, gestalterische Gefälligkeit etc. Dies sind alles positiv besetzte Vorstellungen, die herkömmlich mit einem „Klo-Deo" nicht in Verbindung gebracht werden. Ferner spielt eine gewisse Rolle, dass er insoweit für viele Konsumenten eine Produktnovität darstellt, als er die Leistung eines flüssigen WC-Reinigers mit der eines Lufterfrischers kombiniert und zusätz-

---

329 Vgl. Bingener, S. (2007), S. 24, 96. Im Falle des „Fresh-Surfers" optierte *HENKEL* statt für einen Markenschutz für „blau-gelb" für Produktdiversifizierung: Den Surfer gibt es auch in „blau-rot" und „blau-grün".

lich von optischem Reiz ist (überdies stimmt das lächelnde SMILEY-Gesicht der *HENKEL*-Surfer-Figur positiv ein).

Der „Fresh Surfer" von *HENKEL-ALESSI* bietet mit seinem ausentwickelten Design und seinen Gesamtauftritt als Erzeugnis einschließlich seiner produktkommunikativ vermittelten Botschaften Ansatz für multiplen gewerblichen Rechtschutz. Das Beispiel der Farbkombinationsmarke „gelb-blau" zeigte, das damit die Innovation absichernde Monopolopositionen gewonnen werden können, die im Fall der Marke sogar zeitlich unbeschränkt sind.[330] Dieses Beispiel verdeutlicht, dass das Erwirken von Rechtsschutz für gewerbliche Leistungen in dem Maße ermöglicht wird, wie Produkte und die auf sie abzielende, oder mit ihrer Hilfe ermöglichte Kommunikation des Herstellers/Vermarkters marktgerecht ausentwickelt sind.

Pinsel- und Rollenhalter, Design Schmiddem

Ein weiteres Beispiel für das Zusammenwirken von Gestaltung und Schutzrechtskultur:

Der bekannte Berliner Designer Jochen Schmiddem und sein Freund, der Schauspieler Tilo Keiner, ärgerten sich bei Renovierungsarbeiten in Räumen über das ewige Kleckern der Farbe beim Streichen von Wänden und Decken. Sie erdachten gemeinsam einen Pinsel- und einen Rollenhalter, die jeweils auf den Rand des Farbeimers gesteckt werden können und überschüssige Farbe von Pinsel und Rolle sauber und überdies verbrauchsreduzierend in den Eimer abtropfen lassen.

Abbildung 28: SCHMIDDEM-Rollenhalter mit Rolle (links) und
SCHMIDDEM-Pinselhalter mit Pinsel (rechts)

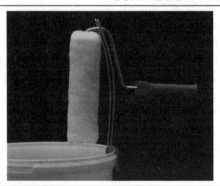 

FOTOS: JOCHEN SCHMIDDEM, BERLIN

---

330 Es sind für die Aufrechterhaltung des Schutzes nur alle zehn Jahre Verlängerungsgebühren zu zahlen.

Auch hier handelt es sich – wie beim Ventilkappen-Schrauber – um Erzeugnisse, die auf Anhieb Nutzen und Witz vermitteln. Gleichwohl sind auch hier die beiden Fragen zu stellen: Wird das kommerzielle Potenzial der Erzeugnisse ausgeschöpft? Und: Wie sieht es mit der rechtlichen Schutzmöglichkeit aus?

Diese Produkte bieten ebenfalls gute Ansätze für eine Mehrzahl von Designschutzmöglichkeiten und deren Vernetzung. Wie können die beiden Schöpfer von Pinsel- und Rollenhalter vorgehen (für die im Übrigen Patentschutz bereits erlangt wurde)? Man könnte folgenden gemeinsamen Ansatz für Markterfolg und Rechtsschutz finden:

Abbildung 29: SCHMIDDEM-Rollenhalter (links) und
SCHMIDDEM-Pinselhalter (rechts)

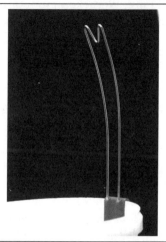

FOTOS: JOCHEN SCHMIDDEM, BERLIN

Die Form beider Erzeugnisse ist eine Umsetzung der „Idee des Bogens", wobei dies beim Pinselhalter (links) durch kleine Formkorrekturen (Aufbiegen der Seiten der Drahthalterung nach oben) noch deutlicher zum Ausdruck gebracht werden könnte. Das legt die Überlegung nahe, die Möglichkeiten der deutschen Sprache (vgl. „Der saubere Dreh!") auch hier zu mobilisieren. Der Pinselhalter könnte bei verstärkter Bogenform „der Bogen raus" genannt werden, der Rollenhalter „der Bogen rein". Die Firma, die die Erzeugnisse am Markt anbietet, hätte also „den Bogen raus" – und zusätzlich „den Bogen rein".

Damit sind auch schon die Ansätze für Rechtsschutz gegeben:

▶ Geschmacksmusterschutz für beide Produkte, weil es sich um neue und eigenartige Formgebungen handelt, die Vorstellungen aufkommen lassen über die eigenschöpferische Gestaltungsleistung des Musterschöpfers,

▶ Formmarkenschutz für die beiden Produkte, die ausreichend unterscheidungskräftig sind, weil sie Vorstellungen aufkommen lassen über die betriebliche
Herkunft dieser Waren,

▶ Wortmarkenschutz für die Slogans „Bogen raus" und „Bogen rein" – als Marke
für Malerwerkzeuge ebenfalls ausreichend unterscheidungskräftig,

▶ Bildmarkenschutz für grafische symbolkräftige Umsetzungen der sloganfä-
higen Bezeichnungen „der Bogen raus" und „der Bogen rein", aus denselben
Gründen ebenfalls markenschutzfähig.

Ergebnis: Hier entstehen durch bereichsübergreifende Ansätze differenzierte
marktfähige, in ihrem Erscheinungsbild und hinsichtlich des Transports von Kun-
den-(Anwender-)nutzen kommunikationsstarke Erzeugnisse und zusätzlich viel-
versprechende Ansatzpunkte für Designschutz. Dies ist systematischer Designschutz, weil die Bereiche Produktweiterentwicklung, Werbekommunikation und
juristische Schutzbegründung planmäßig zusammengeführt werden und synergetisch zusammenwirken.

Staubsauger, Design *DYSON*

Fast alles richtig gemacht im Sinne des systematischen Designschutzes wurde
bei einem ungewöhnlichen Beispiel aus dem Bereich der Elektrohaushaltsgeräte-
industrie:

James Dyson ist ein bekannter englischer Designer, der sich einmal darüber ge-
ärgert hat, dass beim Staubsaugen schon nach wenigen Minuten die Poren eines
frisch eingesetzten Staubsaugerbeutels mit Staub verstopfen und der Staubsauger so schon nach dem ersten Zimmer 60 Prozent seiner Saugleistung verliert. Das
hat ihn veranlasst, einen Staubsauger zu erfinden, der auf Staubsaugerbeutel verzichtet und während des Betriebs nichts von seiner Saugkraft einbüßt. Dabei verbindet der *DYSON*-Sauger in idealerweise revolutionäre Technik mit fortschrittli-
chem, außerordentlich gelungenem Design.

Beides, aber eben auch Letzteres, führt dazu, dass mit diesem Produkt Preis-
bereiche erreicht werden, die den Konkurrenzerzeugnissen verschlossen bleiben.
Nach der Besonderheit des Produkts lautet die Werbeaussage des Unternehmens
„Der *DYSON* hat keinen Staubbeutel und erleidet keinen Saugkraftverlust." Im Vordergrund stehen also der technische Aspekt des Geräts und sein Benutzungsvor-
teil.

Diese Werbung hebt hingegen nicht besonders hervor, dass das Gerät in allen
seinen verschiedenen Ausführungen ein ganz ausgefallenes und einprägsames
Design hat, dessen Besonderheit darin besteht, dass der Behälter, in den der
DYSON den Staub sammelt, aus durchsichtigem Plastik besteht.

Abbildung 30: *DYSON*-Staubsauger DC08T
in unterschiedlichen Ausführungen
(immer mit durchsichtigem Staubbehälter in der Mitte)

DC08T Telescope   DC08T Allergy   DC08T Allergy Parquet   DC08T Animalpro

Allein bei diesem Staubsauger kann man also während des Saugens sehen, wie fleißig und erfolgreich man arbeitet. Bei allen anderen verschwindet der Staub in dunklen Staubsaugerbeuteln zumeist aus Papier. Die Transparenz des Staubsammlers bei *DYSON* – zunächst nur ein Formgebungselement – hat also eine eminent wichtige Bedeutung für die Kommunikation der Produktbesonderheit und –einzigartigkeit.

Konsequenterweise hat *DYSON* versucht, Markenschutz (3D-Marke) für den transparenten Staubsammler zu erlangen. Der Versuch scheiterte indes vor einem englischen Gericht. Der englische Richter hatte kein Auge für die Besonderheit des durchsichtigen Staubsammlers und versagte Markenschutz mit der Begründung, die Transparenz habe ausschließlich eine technische Funktion: Diese erschöpfe sich darin, dem Benutzer des Staubsaugers zu zeigen, wann der Staubsammelbehälter voll ist und geleert werden müsse. Es ist spannend zu sehen, ob es bei diesem Richterspruch verbleiben wird.

Was lässt sich daraus lernen? *DYSON* hätte geraten werden müssen, ausreichende Zeit vor der Markenanmeldung Kommunikationswerkzeuge (Marketing- und Werbemittel) einzusetzen, die gerade Schutz für die Durchsichtigkeit des Staubsammlers bewirkt hätten, sodass der von Produkt, Marke und Marketingmaßnahmen Angesprochene nicht mehr – wie der englische Richter – hätte meinen können, der Staubsammler sei nur deswegen durchsichtig, damit man seinen Füllstand kontrollieren kann und ihn rechtzeitig leert. Vielmehr hätte er erkannt, dass die Transparenz des Staubsammelbehälters ein unterscheidungskräftiges Symbol ist, das markenwirksam auf die Herkunft des Staubsaugers aus der Fabrik *DYSON* hinweist.

Wie könnte das gehen? Indem man beispielsweise die Transparenz zum Gegenstand eines Slogans macht, für den Markenschutz erlangt werden kann. Zu denken ist etwa an eine produktbezogene („sprechende") Slogan-Marke wie „Der Durchblick beim Staubsaugen!" oder „Staubsauger mit Durchblick!" Dieser Slogan mit Markenschutz könnte schwerpunktmäßig zum Gegenstand von Marketingaussagen gemacht werden, für die ihrerseits Wettbewerbsrechtsschutz in Betracht kommt.

Auf diesem Weg kann das, was in den Augen der interessierenden Verbrauchergruppe die designerische Besonderheit des Produkts und das Kennzeichnende seiner Erscheinung ist, zum Gegenstand effektiven Rechtsschutzes gemacht werden. Dann tritt neben den bereits gegebenen Patentschutz wirksamer Designschutz.

Dazu nochmals der wichtige praktische Tipp: Es wäre fatal, sich auf einer bloßen Markenanmeldung auszuruhen! Es sollte stets auch auf die Wahrnehmung der Marke als Symbol des Herstellers der Ware durch entsprechende Marketingmaßnahmen hingewirkt werden.

Die *BMW*-Motorhaube

Aufschlussreich für das systematische Zusammenführen unterschiedlicher Kommunikationsgehalte und -formen, um Synergieeffekte zu erzielen, war auch der markenrechtliche Fall einer Automobil-Fonthaube.

Für *BMW* war die nachfolgend zeichnerisch dargestellte dreidimensionale Marke in Deutschland für die Ware Kraftfahrzeugteile eingetragen worden. Die Mehrheit der Betrachter wird unschwer erkennen, dass hier eine Motorhaube dargestellt ist. Ebenfalls viele werden feststellen, dass dieses Kraftfahrzeugteil im vorderen Teil Aussparungen aufweist, in denen der *BMW*-typische zweiteilige Kühlergrill in Form der „*BMW*-Niere" befestigt werden soll. Direkt in der Mitte darüber befindet sich eine runde Vertiefung im Blech mit zwei seitlichen Löchern: Dabei handelt es sich um einen Bereich zur Aufnahme des kreisrunden blau-weißen *BMW*-Emblems, das bereits seit der Zeit vor dem Zweiten Weltkrieg bei *BMW*-Personenkraftwagen mittig oberhalb der beiden „Nieren" angeordnet ist.

Auf Antrag eines Dritten wurde diese Marke gelöscht. Hiergegen wehrte sich *BMW* bis zur letzten Instanz – allerdings vergebens. Der BGH stellte dazu fest:[331]

Der Marke, bestehend aus der Abbildung dieser Motorhaube, fehle jegliche Unterscheidungskraft. Sie erschöpfe sich darin, die äußere Form der Ware- eines Kraftfahrzeugteils, nämlich der Motorhaube eines Kraftfahrzeugs – wiederzugeben. Damit handele es sich um ein Zeichen, das bloß Eigenschaften der Ware, nämlich deren äußere Gestaltung, beschreibt. Was nur beschreibe, könne nicht auf die

---

331 BGH, Beschluss vom 24.5.2007 _ I ZB 37/04, GRUR 2008, S. 71 - Fronthaube.

betriebliche Herkunft hinweisen. Das sei aber für eine Marke unverzichtbar. Überdies müssten solche rein beschreibend wirkenden Formgebungen für alle Hersteller solcher Produkte frei verfügbar bleiben.

Abbildung 31: Grafische Darstellung der 3D-Marke „Motorhaube"
von *BMW*

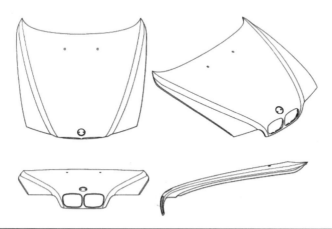

ABBILDUNG AUS BGH GRUR 2008, 71

Den Hinweis von *BMW*, die dargestellte Motorhaube habe eine ganz eigenwillige Form und unterscheide sich deutlich von den Motor- oder Fronthauben anderer Hersteller, ließ der BGH nicht gelten. Auch die Integrierung der Lufteinlassöffnungen für den Kühler in die Fronthaube finde sich – so der BGH – in vergleichbarer Weise auch bei anderen Herstellern.[332] Die Kennzeichnungskraft der *BMW*-typischen „Niere" könne nicht ins Feld geführt werden, denn mit der hier zur Debatte stehenden Formmarke werde Schutz für eine Motorhaube beansprucht und nicht für eine bestimmte Kühlergestaltung (in Form der unverwechselbaren „Niere"). Damit war *BMW* der Schutz dieser Formmarke aus der Hand geschlagen.

---

332 Hierbei handelte es sich eigentlich um eine Feststellung des Bundespatentgerichts, gegen dessen Entscheidung der BGH angerufen worden war. Aus prozessrechtlichen Gründen war der BGH an diese Feststellung gebunden. Sie wird ihn aber möglicherweise selbst gewundert haben. Denn *BMW* ist Inhaber mehrerer Marken, deren Gegenstand die Form der „Niere" ist. Das ist allgemein bekannt, gerade auch diesen BGH-Richtern, die außerordentlich viel mit Marken zu tun haben. Andere Hersteller werden sich deswegen wohlweislich von Aussparungen in Motorhauben fernhalten, die der Form nach für die Aufnahmen von nierenähnlichen Kühlergrills geeignet sind. Denn das Montieren von solchen Grills in die Aussparungen in der Motorhaube würde unweigerlich zur Verletzung der „Nieren"-Marke führen. Sollten also tatsächlich Motorhauben auf dem Markt sein, die in dem fraglichen vorderen Bereich zwei Lufteinlassöffnungen aufweisen, werden sie wohl entscheidend anders gestaltet sein als bei der *BMW*-Motorhaube, um die es hier geht.

Diese höchstrichterliche Entscheidung ist nicht leicht nachzuvollziehen, schon gar nicht für den, der sich für die Gestaltung von Automobilen interessiert. Es sind nicht gerade Wenige, die in der gezeigten Abbildung auf Anhieb eine von *BMW* geschaffene Motorhaube erkennen. Das BGH-Urteil wird aber verständlich, wenn man sich die Kommunikationsinhalte vor Augen führt, die mit der Formmarke „Motorhaube" zusammenhängen. Diese dreidimensionale Marke besteht ausschließlich aus der Form der Ware „Motorhaube". In aller Regel sind Marken in ihrer Erscheinung von der Form der Ware getrennt und können eben aufgrund dieser Trennung ein Symbol sein für etwas anderes, nämlich die Herkunft der Ware aus einem bestimmten Unternehmen. In dieser Dreiecksbeziehung Ware – Marke – Hersteller entfaltet eine für sich selbst stehende, genügend kennzeichnungskräftige Marke diese Herkunftsfunktion meist mühelos.

Wenn Marke und Ware sich hingegen auf einer Ebene vereinigen – eben in der Warenformmarke – dann muss die Form der Ware diese Symbolwirkung mit ausreichender Kraft selbst übernehmen, um den unverzichtbaren Hinweis auf den Hersteller zu leisten. Im Fall der *BMW*-Motorhaube wies sie selbst nur die eingangs beschriebenen Gestaltungsmerkmale auf (Aussparungen für „Nierengrill", Vertiefung für die Aufnahme des blau-weißen *BMW*-Symbols). Sie waren nach Auffassung des BGH indes nicht stark genug, als dass die Form der Haube für sich genommen (z. B. ohne den Kühlergrill) auf *BMW* als Hersteller hätte hinweisen können. Diese Auffassung mag nicht jeden überzeugen, indes ist festzuhalten, dass den Richtern die Signale, die von den gestalterischen Besonderheiten der Haube ausgehen, für einen Herstellerhinweis nicht ausreichten.

Wie hätte dieser Fall zu einem günstigeren Ergebnis für *BMW* geführt werden können? Unterstellt, bei *BMW* wäre es immer so gewesen, dass die Motorhauben aller *BMW*-Fahrzeuge die Aussparungen für den Nieren-Kühlergrill aufweisen und auch die Vertiefung für das blau-weiße *BMW*-Emblem. Weiter unterstellt, *BMW* hätte zusätzlich den Verkehr in seiner Unternehmenskommunikation ausreichend stark auf diesen Umstand hingewiesen, dass bei *BMW* schon die bloßen Motorhauben die *BMW*-typischen „Nieren" erkennen lassen. Dann hätte der Verkehr aufgrund dessen bei dem Anblick der Motorhaube, die Gegenstand dieser Formmarke war, gar nicht anders denken können, als: „Dies ist eine typische *BMW*-Motorhaube." In diesem Fall hätte die Warenform selbst die Funktion der Marke erfüllt, auf den Hersteller hinzuweisen – und wäre damit Marke gewesen.

Unter solchen Umständen hätte sich der BGH wohl gehindert gesehen, dieser Formmarke jegliche Unterscheidungskraft abzusprechen. Er wäre stattdessen wahrscheinlich zur Auffassung zu gelangt, dass eine solche Form für *BMW* über den Markenschutz durchaus monopolisiert werden darf. Mit einem solchen Aussehen braucht diese Gestaltung einer Fronthaube nicht für alle anderen Hersteller von Fronthauben freigehalten zu werden.

Bei einer Verbindung von Produkt-Formgebung und (sonstiger) Unternehmens-kommunikation ist es, wie sich hier zeigt, möglich, der in der Gestaltung von Ware enthaltenen „Sprache" ein größeres Gewicht zu verleihen, das ausreicht, um ein Schutzrecht zu begründen. Entsteht dann das Schutzrecht – hier die Formmarke „Fronthaube" – wird das Unternehmen in die Lage versetzt, durch deren Einsatz das Besondere der Produktform noch stärker wahrnehmbar zu machen, sodass die Verbindung zwischen dem Erscheinungsbild der Form und dem Unternehmen in den Köpfen der Autokunden noch stärker wird.

Der *LEGO*-Baustein

Ein ähnliches Schicksal wie die *BMW*-Motorhaube erlitt die nachstehend wie-dergegebene dreidimensionale Marke, die beim deutschen Patent- und Markenamt für die Ware „Spielzeug, nämlich Spielbausteine" eingetragen war. Auch sie wurde auf Antrag Dritter zur Löschung freigegeben.[333]

Abbildung 32: Grafische Darstellung der 3D-Marke „*LEGO*-Stein"

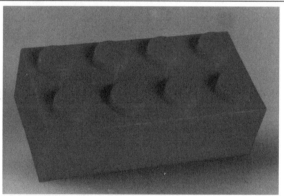

ABBILDUNG AUS BGH GRUR 2008, 71

Wohl jeder wird beim Anblick des in der Marke dargestellten Gegenstandes auf den Gedanken kommen, dass es sich hierbei um einen *LEGO*-Baustein handelt. Die Wiedererkennung wird durch die Quaderform und – vor allem – die noppenförmi-gen Erhebungen auf der Oberseite gewährleistet, die eine runde, zylindrische und abgeflachte Gestalt haben. Diese Gesamterscheinungsform deutet vergleichswei-se kräftig auf das Herstellerunternehmen *LEGO* hin. Die wesentlich Funktion einer Marke, auf die betriebliche Herkunft des mit ihr versehenen Erzeugnisses hinzu-weisen, wird von der Marke also in jedenfalls ausreichendem Maße erfüllt.

---

333 Noch nicht rechtskräftiger Beschluss des Bundespatentgerichts vom 2.5.2007 – 26 W (pat) 86/05, GRUR 2007, 786 – *Lego*-Baustein.

Gleichwohl hat das Bundespatentgericht in seiner Entscheidung die Marke für löschungsreif erachtet. Da die dreidimensionale Wiedergabe dieser Warenform „als bevorzugte Ausführungsform im Wesentlichen technisch bedingt" sei, fehle diesem Zeichen die Markenfähigkeit.

Sollte es tatsächlich aufgrund dieser Entscheidung endgültig zur Löschung dieser Marken kommen, wäre das für *LEGO* ein herber Verlust, denn die anderen Schutzrechte, die *LEGO* in Bezug auf dieses Produkt besaß (Patente, Geschmacksmuster) sind längst abgelaufen.

Aber § 3 Abs. 2 Nr. 2 MarkenG bestimmt in der Tat, dass dem Schutz als Marke solche Zeichen nicht zugänglich sind, die ausschließlich aus einer Form bestehen, welche zur Erreichung einer technischen Wirkung erforderlich sind.

Der Zweck dieser Regelung soll darin bestehen, die Monopolisierung technischer Lösungen oder Gebrauchseigenschaften von Waren im Wege des Markenschutzes zu verhindern.[334]

Es lässt sich nicht gut bestreiten, dass die Warenform des *LEGO*-Bausteins tatsächlich im Wesentlichen technisch bedingt ist. Die Noppen greifen in die Unterseite anderer Bausteine, um eine Verbindung mit ihnen herzustellen, sodass das Bauen und Spielen damit möglich wird. Man fragt sich aber, ob das genügt, der dreidimensionalen Abbildung des Bausteins die Eignung abzusprechen, Marke zu sein.

Die Bestimmung des § 3 Abs. 2 Nr. 2 MarkenG ist eine gesetzliche Regelung, die offenkundig im öffentlichen Interesse erlassen wurde, um unmäßige Monopolbildungen zu verhindern. Im öffentlichen Interesse liegt es aber auch, dass Formgebungen, die als Herkunftskennzeichen dienen und vom Verkehr auch so gedeutet werden, gesetzlichen Schutz gegen Missbrauch erfahren und nicht zum Zweck der Täuschung oder der Ausbeutung oder des Schmarotzens an fremder Leistung durch Konkurrenten benutzt werden dürfen. Das damit angesprochene Verbraucherschutzinteresse wird vom Gesetzgeber ganz allgemein hoch veranschlagt. Und das unternehmerische Interesse von *LEGO* am Erhalt seiner Marke braucht und darf jedenfalls nicht völlig unter den Tisch zu fallen.

Die Form des Bausteins weist - wie gesagt - deutlich auf *LEGO* hin, und der Verkehr vertraut auch darauf, dass *LEGO* verantwortlich hinter den Produkten steht, die dieses Aussehen haben.[335] Dieses Vertrauen verdient Schutz, und es würde enttäuscht werden, wenn auch solche Bausteine mit diesem Aussehen *LEGO* zugeordnet werden, die ein ganz anderer Anbieter in den Verkehr gebracht hat.

---

334 Allgemeine Ansicht, vgl. z. B. Stöbele P. /Hacker, F. (2006), § 3 Rn. 93.
335 Dass z. B. zu deren Herstellung Kunststoffe verwendet warden, die im Laufe des Lebens dieser Spielbausteine keine gesundheitsgefährdenden Substanzen absondern.

Zwischen den unterschiedlichen involvierten Interessenlagen muss – wie immer bei Kollisionen legitimer Interessen – eine Abwägung stattfinden, die einen angemessenen Ausgleich der konkurrierenden Belange zulässt. Dabei ist zu beachten, dass der Regelung des § 3 Abs. 2 Nr. 2 MarkenG ein Ausnahmecharakter zukommt, sodass sie zurückhaltend anzuwenden ist.[336]

Die technische Lösung und die Gebrauchseigenschaften der Ware (Baustein), die nach Auffassung des Bundespatentgerichts nicht durch eine Markeneintragung monopolisiert werden dürfen, bestehen darin, dass die abgeflacht-zylindrischen Noppen auf der Oberseite des Bausteins im Zusammenspiel mit den Aussparungen in den Unterseiten baugleicher Bausteine eine (vorübergehende) Verbindung mehrerer Bausteine zu einer jederzeit wieder auflösbaren Kombination möglich machen.

Das Erreichen dieser technischen Lösung oder diese Gebrauchseigenschaften des Bausteins sind aber nicht davon abhängig, dass er nun gerade abgeflacht-zylindrische Noppen aufweist.[337] Haben die Noppen, von oben betrachtet, eine dreieckige, quadratische oder sonst mehreckige Form, können sie ebenfalls die Verbindung von mehreren Bausteinen bewerkstelligen. Möglicherweise sogar besser. Denn mit einer drei- oder mehreckigen Form besitzen die Noppen eine längere Anliegekante an die unteren Aussparungen der anderen Bausteine als runde Noppen, die dort nur in einem Punkt anliegen. Die Verbindung wäre dann stabiler. Entscheidend ist dabei aber Folgendes: Das Erscheinungsbild eines Bausteins mit beispielsweise dreieckigen oder quadratischen Noppen dürfte sich signifikant von dem Aussehen des *LEGO*-Steins mit runden Noppen unterscheiden. *LEGO* hat bei der Option für runde Noppen eine freie Entscheidung getroffen und sich für – von oben gesehen – runde und gegen anders geformte Noppen entschieden. Die Entscheidung zugunsten mehrerer andersartiger – nichtrunder – Noppenformen steht Mitbewerbern von LEGO aber weiterhin frei – auch heute noch. Sie ist ihnen auch zumutbar, was kaum weiterer Begründung bedarf.

Überdies: *LEGO* könnte jeden Tag Bausteine mit eckigen Noppen produzieren und am Markt einführen. Indem *LEGO* das unterlässt, wird klar, dass die Formsprache der runden Noppen weiter wirken soll.

Diese Feststellungen machen es ausreichend deutlich, dass mit dem Erwirken von Markenschutz *LEGO* keineswegs eine Monopolisierung der technischen Verbindungslösung oder der Gebrauchseigenschaften solcher Bausteine erlangt hat. Mitbewerber von *LEGO* können mit anders geformten Noppen ihrer Bausteine die Rechte von *LEGO* respektieren und die gegebenen Wettbewerbsspielräume nutzen.

---

336 Vgl. Fezer, K, (2001), § 3 Rn. 230a.
337 Vgl. dazu z.B. die Ausführungen des Schweizerischen Bundesgerichts in seiner Entscheidung vom
     2.7.2003 (GRUR Int. 2004, 262, 265 – LEGO-Formmarke II).

Diese Erwägungen zeigen, dass die Entscheidung des Bundespatentgerichts in Frage zu stellen ist. Es wäre - gerade zum Schutz berechtigter Verbrauchervorstellungen - außerordentlich zu bedauern, wenn *LEGO* die eingangs wiedergegebene Marke endgültig verlieren würde.

An dieser Stelle soll es aber zusätzlich um etwas Anderes gehen, nämlich um die Frage, wie *LEGO* die Gefahr einer Löschung seiner Marke von vornherein hätte vermeiden können.

Anknüpfungspunkt der Überlegung ist, dass die Form der *LEGO*-Bausteine mit den runden Befestigungsnoppen als eindeutiges Zeichen auf *LEGO* schon seit geraumer Zeit hochgradig bekannt ist. Seit langen Jahren „spricht" die Erscheinung dieser Spielwaren zu dem Betrachter und Benutzer und teilt ihm mit „ich komme von *LEGO*" oder gar „ich bin *LEGO*". Das genügte indes nicht, das Bundespatentgericht daran zu hindern, zu erklären, dass die Marke nichts im deutschen Markenregister zu suchen hätte. *LEGO* hätte dafür sorgen müssen, dass es den Fall auf der Basis einer ganz anderen Entscheidungsgrundlage hätte betrachten müssen. Denn zusätzlich beinhaltet die *LEGO*-Botschaft nach dem über Jahrzehnten gewachsenen Verständnis des Verkehrs: „Ein Baustein, der solche flachen und runden Noppen hat, kommt immer von LEGO." Solange der Baustein durch Patente und/oder Geschmacksmuster geschützt war, hätte es nahe gelegen, dieses Verständnis des Verkehrs durch entsprechende Botschaften zu verstärken und es zu fixieren, etwa so:

"*LEGO* - nur mit den runden Noppen"

"Runde Noppen stehen für *LEGO*" und

"Dies (Foto der Produkte) ist kein Baustein - dies ist eine Marke!"

Zweifellos wären dem Marketing der *LEGO*-Gruppe sehr viel einprägsamere und elegantere Mitteilungen eingefallen. Gleichzeitig hätte das Wiedererkennen von *LEGO*-Bausteinen an den runden Noppen durch Preisausschreiben und Gewinnspielen gefördert werden können.

Schließlich hätte *LEGO* - unter anderem Namen! - einen Baustein gleicher Größe mit acht quadratischen oder noch anders gearteten Noppen (zumindest vorübergehend) auf den Markt bringen können, um den Beweis zu liefern, dass diese Ausführung technisch ebenfalls zweckmäßig und marktfähig ist. Aufwendungen und Anstrengungen dieser Art hätten durchaus gerechtfertigt sein können, um Monopolpositionen zu wahren.

Das alles hätte zur Folge haben können, dass das kräftige Erscheinungsbild der kreisrunden Noppen sich auch als ein vergleichsweise stark wirkendes Markenelement eingebürgert und weiten Verbraucherschichten als solches vermittelt hätte. Dann hätte sich die Erkenntnis noch stärker durchgesetzt, dass ein Kunststoffbaustein mit flachen und runden Noppen immer von *LEGO* stammt. Angesichts dessen hätte der Gedanke, dass die Bausteinform auch technisch bedingt ist, im Rahmen der oben erwähnten Interessenabwägung von vornherein nicht das Gewicht von „im Wesentlichen technisch bedingt" erlangt. Die Wahrnehmung der Richter des Bundespatentgerichts hätte die Vorstellung „konkretes Aussehen des Bausteins = Marke" nicht mehr ausblenden können.

So hätten die unterschiedlichen Kommunikationsgehalte und -formen „Gestalt der Ware" einerseits und Marketingaussagen andererseits zusammengeführt werden können mit dem Ergebnis, die Eintragung der Marke im Register zu erhalten und Wettbewerber unter dem Schutzschirm des Markenrechts daran zu hindern, Bausteine mit verwechselbarer, den Verkehr täuschender Formensprache auf den Markt zu bringen

Dieser Synergieeffekt konnte herbeigeführt werden. Vielleicht genügt aber nach Auffassung des BGH, der nunmehr mit dieser Markenlöschungssache befasst ist, zur Erhaltung der Marke bereits das, was *LEGO* in der Vergangeheit unternommen hat.

Die Welt von *Coca-Cola*

Bei *Coca-Cola* wird im Sinne systematischen Designschutzes wohl alles richtig gemacht – und das mit Folgen, die die wirtschaftliche Bedeutung von Design und Designschutz sinnfällig deutlich machen: Mit außerordentlichen Design-Leistungen – und deren Verteidigung! – hat es *Coca-Cola* zu einem Wert der Marke von 73 Mrd. US-Dollar gebracht (Stand 2003). Der Wert der Marke, die mit einem Bekanntheitsgrad um die 99 Prozent die schlechthin bekannteste Marke weltweit ist, übersteigt dabei deutlich den Wert aller tangible assets von *Coca-Cola*.

Abbildung 33: Entwicklung der Form der Flasche von *Coca-Cola* seit den Anfängen (links)

QUELLE: COCA-COLA GMBH; MIT FREUNDLICHER GENEHMIGUNG

Dabei ist hervorzuheben, dass bei der „Ware *Coca-Cola*" selbst das Produktdesign Nebensache ist (immerhin ist Cola eine an sich wenig attraktive braune Flüssigkeit). Es geht um wesentlich diffizilere Kreationen auf dem Gebiet des Vertriebsdesigns, Verpackungsdesigns, Unternehmensdesigns (Corporate Design, gestaltete Corporate Identity), Lifesytle-Kommunikation. Maßgeblich für den Erfolg des Hauses *Coca-Cola* und der Verteidigung seiner Rechte war und ist die Vernetzung dieser Komponenten der Wahrnehmbarkeit zur Welt von *Coca-Cola* und natürlich ihren Erzeugnissen.

Die Wirkung von Marke und Auftritt von *Coca-Cola* wurde sinnfällig belegt durch eine Studie aus dem Jahr 1992. Während bei einem Blindtest 51 Prozent den besseren Geschmack *Pepsi* und nur 44 Prozent *Coca-Cola* zumaßen, änderten sich die Prozentzahlen drastisch zugunsten *Coca-Cola*, sobald die Marke zu erkennen war: 65 Prozent für *Coca-Cola* und nur 23 Prozent zugunsten *Pepsi*.[338] Die von *Coca-Cola* eingesetzten Kommunikationsinstrumente und -inhalte führten auf der Wahrnehmungsebene zu einem eindeutigen, psychologisch wirkenden Zusatznutzen.

Soweit es den Bereich des Neuromarketings angeht, erweckt die Unternehmenskommunikation von *Coca-Cola* durch den Einsatz des von der Farbe Rot dominierten Farbcodes, der Form der Flasche und vor allem den Ausdruck der für *Coca-Cola* typischen Lebensfreude bei den Zielgruppen starke positive Gefühle.[339] Sie lassen das Vorstellungsbild einer starken Marke in den Köpfen der Verbraucher aufkommen. Die wechselseitig aktive Idealkombination „Positive Gefühle – starke Marke" wirkt maßgeblich bei dem Markenerfolg von *Coca-Cola* mit.

Die Mittel des systematischen Designschutzes: Prävention, Überwachung und Reaktion

Prävention

Hierfür sind folgende Aussagen maßgeblich:

▶ Begründung von Designschutz durch optimalen Schutz-Mix nach individuellen Bedürfnissen unter Nutzung aller vom Gesetzgeber vorgehaltenen Schutzquellen.

▶ Integration der Gegenstände von Designschutz in die Unternehmenskommunikation mit designschutzverstärkender Wirkung.

▶ Schaffen und Integrieren eines Systems zur Aufdeckung von Rechtsverletzungen.

▶ Das Anstreben rechtlichen Schutzes auf jeder Stufe der Wertschöpfungskette.

---

338 Vgl. Göttgens, O./Gelbert, A./ Böing, C. (2003), S. 7.

339 Vgl. dazu Möll, Th., Esch, F.-R., Emotionen machen den Unterschied, „absatzwirtschaft" 7/2008, S. 34 ff.

Überwachung

Dafür ist maßgeblich:

▸ Kontrolle des Marktes und der Konkurrenten.
▸ Systemtische Beobachtung der Verletzer.
▸ Aufdecken von Wiederholungstätern.

Reaktion

Stufen und Mittel der Reaktion sind:

▸ Identifikation von Piraten und ihrer Netzwerke.
▸ Bekämpfen der Piraterie an der Quelle.
▸ Ausgleich des Vermögensschadens (Einfordern von Schadensersatz und Vertragsstrafen).

Zusammenfassung

Systematischer Designschutz beruht auf der Erkenntnis, dass die tatsächlichen und rechtlichen Schutzansätze vernetzt sind, und zwar durch das Instrument der Kommunikation. Letztere führt zur konsumfördernden Wahrnehmung der unternehmerischen Hervorbringungen und in letzter Konsequenz zu deren Bevorzugung durch die Zielgruppen.

Kommunikation ist Austausch von Informationen und Vorstellungen. Alles kommuniziert, ob man es will oder nicht, und alles kommuniziert vernetzt. Auf die Verbraucherwahrnehmung wirken u.a. ein die Produktform, die Werbung und das Erscheinungsbild des Unternehmens, und zwar wechselwirksam. Die Kaufentscheidung wird hierdurch wesentlich beeinflusst. Gleichzeitig kann der erstrebte und dann erreichte Markterfolg durch Ausschöpfung der rechtlichen Instrumente, die bei den Kommunikationsinstrumenten ansetzen, nachhaltig gesichert werden.

Es gilt, den Rückenwind zu nutzen, den das Recht anbietet: Je breiter und komplexer die Basis für den Rechtsschutz gelegt werden kann, desto eher wird sich ein potenzieller Nachahmer davon abhalten lassen, Kopien herzustellen und in Verkehr zu bringen, und desto besser sind die Verteidigungsmöglichkeiten im Konfliktfall.

Nachdem im ersten Teil dieses Buchs die Grundlagen des strategischen IP-Managements dargelegt wurden und im zweiten Teil aufgezeigt wurde, welche Möglichkeiten der Implementierung den Unternehmen zur Verfügung stehen, um dieses Management des geistigen Eigentums in die unternehmerische Realität konkret und praktisch zu integrieren und nutzbar zu machen, soll der dritte Teil in besonderer Hinsicht verdeutlichen, dass es bei der Herstellung der vorteilhaften Sichbarmachung des Unternehmens und seiner Hervorbringungen um eine genu-in kommunikative Aufgabe geht. Die Verbindung von SIP und der Unternehmens-kommunikation soll an dieser Stelle vertieft betrachtet werden.

KOMMUNIKATIONSORIENTIERTER ANSATZ

Verknüpfung von SIP mit der Integrierten Unternehmenskommunikation (IUK)

Wesentlich für Entscheider

▶ Die erforderliche starke und deutlich vorteilhafte, mit dem Versprechen eines hohen Kundennutzens positiv aufgeladene Wahrnehmbarkeit des Unternehmens und seiner Leistungen führt zur ihrer gewünschten effektiven Wahrnehmung durch Beachtung der Grundsätze der Integrierten Unternehmenskommunikation.

▶ Die besten Resultate erzielen auf Dauer die Unternehmen, die die Gegenstände der Wahrnehmung mit den Methoden und Mitteln des Marketings und des Brandings unter enger Verknüpfung mit den rechtlichen Absicherungsinstrumenten präsentieren.

Auf dem Feld der Unternehmenskommunikation treffen die wahrnehmbaren Hervorbringungen des Unternehmens und die Wahrnehmungen der Bezugsgruppen aufeinander. Dabei unterliegen die Vorgänge des kommunikativen Austausches nicht den Vorgaben des Senders, sondern es sind die Empfänger, die die Botschaft bestimmen.[340] Die soziale Kommunikationswissenschaft interessiert sich denn konsequenter Weise auch nicht mehr so sehr dafür, wer was sagt, sondern wer was versteht.[341]

Damit gilt für Kommunikation insgesamt, was wir bereits für einzelne Kommunikationsinstrumente gesehen haben. Eine Marke etwa existiert nur in der Vorstellung des Kunden, sie gehört dem Kunden, oder sie lebt als Marke schlechthin nicht.[342]

---

340 Vgl. Vgl. Schultz v. Thun, F. (1981), S. 61; Löbler, „Abschied von der Sender-Empfänger-Logik", absatzwirtschaft 5/2007, S. 76.
341 Friedrich Krotz, Prof. für soziale Kommunikation, in DIE ZEIT vom 28.8.08, S. 37.
342 Siehe S. 100 u. Fn. 11.

Ähnliches ist über Kommunikation zu sagen: Ausgesandte Signale führen erst dann zu Kommunikation, wenn sie aufgefangen und verarbeitet werden. Aber der Empfänger bestimmt nicht nur, ob Kommunikation stattfindet; auch die Frage, welche Inhalte Kommunikation hat, beantwortet sich allein vom Standpunkt des Empfängers her. Nach der lateinischen Sprachwurzel (communicare = teilen, mitteilen, gemein machen, vereinigen) kann von Kommunikation nur die Rede sein, wenn als Resultat dieses Vorgangs ein wie auch immer auf einander bezogenes, gemeinschaftliches Handeln entsteht. Bleibt dieses aus, fndet keine kommunikative Verbindung statt oder sie bleibt jedenfalls beziehungslos und ist letztlich „unkommunikativ".

Die Empfänger von Botschaften, die das Unternehmen aussendet (Bezugsgruppen), besitzen eine Disposition zur differenzierten ästhetischen, emotionalen und rationalen Wahrnehmung. Hierauf wirken die Signale ein, die von allen Wahrnehmungsgegenständen ausgesendet werden, die Produktformen, die im Kontext des Leistungsangebots verwendeten Zeichen und Symbole, die Vertriebswerkzeuge in ihrer Erkennbarkeit etc. Das Feld, auf dem der Wahrnehmungsprozess stattfindet, die Schnittstelle zwischen den unternehmerischen Hervorbringungen und der Perzeptionsbereitschaft der Bezugsgruppen, bietet zugleich den Ansatz für die Bestimmung der korrespondierenden leistungsbezogenen Schutzrechte. Hier entscheidet sich somit, was Markterfolg haben und überdies durch starke Schutzrechte gesichert sein wird.

Wenn es um die Rendite und die Zukunftssicherung der Unternehmen geht, wird die Integrierte Unternehmenskommunikation inzwischen als Schlüsselbegriff erkannt.[343] Bei derartigen Betrachtungen werden jedoch bislang immer die gewerblichen Schutzrechte außen vor gelassen. Zu Unrecht: Denn durch die Einbindung des Schutzes des geistigen Eigentums wird die Integrierte Unternehmenskommunikation maßgeblich verstärkt und eigentlich erst vollendet. Die darin liegenden Chancen sollten sich Unternehmen nicht entgehen lassen. Die erreichbaren Vorteile können bisweilen spektakulär sein.

Noch einmal der „Idealfall" *Coca-Cola*: Wer wollte nicht eine so professionell konzipierte und durchgeführte stimmige Unternehmenskommunikation haben, wie die bereits erwähnte Firma *Coca-Cola*, ein derart starkes, einzigartiges Persönlichkeitsbild, das dazu führt, dass viele eine *Coca-Cola* einer Pepsi immer wieder vorziehen?

Das kommt nicht von ungefähr: Alle Kommunikationsinstrumente von *Coca-Cola* werden unter- und miteinander abgestimmt eingesetzt. Zudem werden sie optimal durch die Rechte am geistigen Eigentum (gewerbliche Schutzrechte) abgesichert und verstärkt.

---

343 Vgl. nur Herbst, D. (2003), S. 125 ff.

Das hat zum Beispiel dazu geführt, dass *Coca-Cola* einer Einzelhandelsfirma die Benutzung der Geschäftsbezeichnung Cocoa (in der typischen Schrift von *Coca-Cola*) gerichtlich verbieten lassen konnte, obwohl hierunter lediglich Bekleidung vertrieben wurde.

In der Werbung von *Coca-Cola* sind alle Faktoren vernetzt, die emotionale Aufladung der Marke bewirken und Erlebniskultur – auch im wechselseitigen Dialog B2C – verbreiten.

Aber auch der kommunikative Auftritt von *Coca-Cola* erscheint noch steigerungsfähig. Die „Hausfarbe" von *Coca-Cola* ist ein leuchtendes Rot. Der Bekanntheitsgrad dieses Umstandes liegt *Coca-Cola* am Herzen: Wie viele Menschen haben nicht in den Printmedien[344], an ihren Bildschirmen oder sogar vor Ort den roten Pavillon des *Coca-Cola* Shuang Experience Centers gesehen, das auf dem Pekinger Olympiagelände aufgestellt war? Aber auch das braucht nicht der letzte Schritt der Einfärbung der *Coca-Cola*-Wahrnehmung mit dieser stärksten aller Signalfarben sein. Man stelle sich vor, alle *Coca-Cola*-Fahrzeuge hätten statt der üblichen schwarzen als Einzige *Coca-Cola*-rote Reifen. Dadurch entstünde ein veritabler eye-catcher. Dessen Kommunikationskraft könnte durch Anmeldung einer roten Farbmarke für Reifen und einer dreidimensionalen Marke „roter Reifen" und vor allem deren kommunikativen Einsatz bedeutend verstärkt werden. Das Wahrnehmungselement „rot" für *Coca-Cola* würde noch einmal gestärkt und zusätzlich abgesichert. Darum geht es hier.

Ob man es will oder nicht, Unternehmenskommunikation – wie jede andere – findet immer statt. („Man kann nicht nicht kommunizieren." – Paul Watzlawick). Die Entstehung und die Wirkungen des Vorstellungsbildes eines Unternehmens können dem Zufall überlassen werden – es kann aber auch durch einen bewussten, planvollen und kreativen Prozess auf das Entstehen eines strategisch beabsichtigten Corporate Images und Corporate Designs hingewirkt werden.

Sobald ein Unternehmen beginnt, wirtschaftlich zu handeln, fängt es an, von seinen Bezugsgruppen, insbesondere seiner Zielgruppe, wahrgenommen zu werden. Alle Wahrnehmungsinhalte ergeben immer ein ganzheitliches Unternehmensbild. Auf dessen positive Entwicklung kann gezielt und sollte Einfluss genommen werden.

Integrierte, abgestimmte Unternehmenskommunikation entwickelt sich für Unternehmen immer mehr zu einem strategischen Erfolgsfaktor. Alle Kommunikationsfaktoren werden beherrscht und wirken – vernetzt – planmäßig zusammen, denn unkontrollierte Instrumente der Unternehmenskommunikation entwickeln Kannibalismustendenzen. Widersprüche zwischen dem Unternehmensbild und dem seiner Leistungen werden strikt vermieden.

---

344 Vgl. DIE ZEIT vom 21.8.08, S. 47.

Gewerbliche Schutzrechte erwirbt das Unternehmen ab der Aufnahme der gewerblichen Tätigkeit – gewollt oder nicht, geplant oder unbewusst: In der Anfangsphase erfolgt der Rechtserwerb ohne jede Eintragung in ein amtliches oder staatliches Register (Handelsregister, Markenregister, Geschmacksmusterregister etc.), etwa bezüglich des Unternehmensnamens bzw. der Firma oder der Geschäftsabzeichen. Dafür reicht es aus, wenn sie benutzt werden.

Sie und alle späterhin etwa registrierten Schutzrechte, wie Patente, Marken etc. tragen zum Erscheinungsbild des Unternehmens bei. Erst recht gilt das für die Art, wie das Unternehmen seine Schutzrechte einsetzt und verteidigt – vor allem die der Kommunikation direkt dienenden Rechte, wie Kennzeichen und Geschmacksmuster.

Die einzelnen Gewerblichen Schutzrechte sind äußerst unterschiedlich und stehen doch miteinander in Zusammenhang. Deswegen gibt es auch hier eine natürliche Vernetzung und zu hebende Synergie-Schätze.

Unternehmenskommunikation und gewerbliche Schutzrechte sind somit zwei Vernetzungsbereiche, die miteinander in natürlicher Beziehung stehen. Sie wirken unvermeidlich aufeinander ein. Geschieht das ungesteuert, bleiben interessante Chancen ungenutzt, und das kann sogar zu erheblichen Nachteilen führen. Deswegen sollten die Unternehmenskommunikation und die Gewerblichen Schutzrechte vereint zum Gegenstand eines planvollen Einsatzes im Rahmen einer umfassenden Kommunikationsstrategie gemacht werden. Erst eine solche Verbindung führt dazu, dass die Wirkungen der Unternehmenskommunikation zur vollen Entfaltung kommen.

Alle Kommunikationsinstrumente müssen einen starken Mix bilden. Richtig verstandene Integrierte Unternehmenskommunikation schließt deswegen die kommunikationsfördernde Wirkung der gewerblichen Schutzrechte ein. Sie gehören zu dem Mix!

Unangreifbar begründete Schutzrechte sind in der Lage, die Unternehmenskommunikation nachhaltig zu unterstützen.

Zusatznutzen entsteht dadurch, dass die effiziente Integrierte Unternehmenskommunikation den Schutzumfang der Rechte regelmäßig erweitert infolge eines nachhaltigen Einsatzes. Zusatznutzen entsteht ferner dadurch, dass die Kommunikationsinstrumente des Unternehmens an Wahrnehmbarkeit zulegen. Es entsteht eine Aufwärtsspirale sich synergetisch stützender Rechte und Kommunikationsinstrumente.

Die Bedeutung einzelner Schutzrechte

Den einzelnen Schutzrechten, speziell unter dem Aspekt der Unternehmenskommunikation[345], kommt große Bedeutung zu.

Patente

Ein Patent ist nicht nur ein bedeutungsvolles und höchst effektives Schutzinstrument für technische Erfindungen. Es ist zugleich ein bedeutendes Kommunikationsmittel.

Das beginnt mit der Anmeldung des Patents. Dieses wird in Form der ausformulierten Patentanmeldung und der in Sprache gefassten Patentansprüche (i.e. Beschreibung derjenigen technischen Errungenschaft, für die der Patentanmelder den rechtlichen Schutz des Staates in Anspruch nehme möchte) an das Patentamt kommuniziert. Das Gesetz sieht vor, dass jede Patentanmeldung vom Amt für alle Interessierten offengelegt wird. Es vermittelt die Kommunikation des Inhalts der Patentanmeldung an die Öffentlichkeit. Über diesen Weg hat der Patentanmelder die Möglichkeit, in zweifacher Hinsicht den Informationsfluss zu steuern. Durch die Auswahl der zum Patent anzumeldenden Elemente der Erfindung verfügt der Anmelder über die Möglichkeit, das als Botschaft verbreiten zu lassen, was ihm genehm ist. In zeitlicher Hinsicht gestatten ihm die patentrechtlichen Gesetzesvorschriften, in Bezug auf die einzelnen Etappen des Anmelde- und Registrierungsverfahrens Gestaltungsräume zu nutzen.[346] Auf diese Weise kann der Patentanmelder seine Patentanmeldung zu einem bedeutenden unter mehreren Kommunikationsmitteln machen.

Die erheblichen Vorteile einer Vernetzung der Bereiche F&E, Patente und Unternehmenskommunikation soll am Beispiel des bekannten Transport- und Logistikunternehmens *UPS*, Führer seiner Branche[347], verdeutlicht werden. Der Ruf der Transport- und Logistikbranche, speziell der Paketdienste, hatte in den Neunzigerjahren erheblich gelitten. Pakete gingen massenweise verloren, und die Zuverlässigkeit war entscheidend beeinträchtigt. Ein Riesenproblem war die Kontrolle der Schnittstellen unterschiedlicher Gewahrsamsbereiche. Der Übergang des Trans-

---

345 Vgl. dazu auch „Informationsmanagement", S. 67.
346 Siehe hierzu „Patentinformationsmanagement", S. 67.
347 Transport und Logistikbereich der Kurier-, Express- und Paketdienste (KEP); Marktvolumen (2002): Deutschland 150 Milliarden Euro, Europa: 585 Milliarden Euro (vgl. Gassmann, O./Bader, M. (2006), S. 156); wesentliche Konkurrenten von UPS: FedEx, DHL, Danzas, Royal Mail, Hermes Logistik, TNT.

portguts von dem Gewahrsam eines der an der Logistikkette Beteiligten zu dem eines anderen war nicht selten nur unzulänglich organisiert und dokumentiert. Dasselbe galt für den Wechsel der anvertrauten Ware von einem Gewahrsamsbereich in den nächsten bei ein und demselben Logistikpartner des Versenders. Die Problematik fand ihren augenfälligen Niederschlag in höchstrichterlicher Rechtsprechung, die Paketdienste, darunter auch *UPS*, in einer Vielzahl von Entscheidungen wegen groben Organisationsverschuldens zu Schadensersatz verurteilte, wobei es den Logistikunternehmen nicht gestattet wurde, sich auf Haftungsbeschränkungen in ihren Allgemeinen Geschäftsbedingungen oder gesetzlichen Bestimmungen zu berufen.

Auf diese Situation, die für die Branche sowohl finanziell problematisch als auch prestigemäßig prekär war, reagierte *UPS* mit der Entwicklung von standardisierten Kundendienstleistungen und die Zuverlässigkeit maßgeblich steigernden technischen Innovationen im Bereich Packanlagen, Paketwaagen, technisch hoch entwickelter Logistiksoftware und elektronischer Hardware. Damit erzielte *UPS* einen deutlichen Know-how-Vorsprung vor den Mitbewerbern. Die dabei gemachten Erfindungen wurden zum Patent angemeldet. Mit ca. 75 Prozent der Patentanmeldungen von Logistikunternehmen überhaupt seit etwa Mitte der Neunzigerjahre ist *UPS* Branchenführer.[348]

Zugleich nutzte UPS die erreichte Verbesserung der Zuverlässigkeit der Logistiksysteme zur positiv aufgeladenen Kommunikation der Unternehmensmarke. Sie steht seither für Innovation im Transport- und Logistikwesen allgemein und positioniert das Unternehmen in deutlich positiverer Weise als zuvor.

Für die Bezugsgruppen, die *UPS*-Dienste in Anspruch nehmen, wird das sinnfällig deutlich durch die Möglichkeit, auf der Website von *UPS* das Schicksal einer Sendung durch die „Paket- und Frachtverfolgung" nachzuvollziehen. Die dadurch gegebene Transparenz ansonsten undurchschaubarer Logistikprozesse vermittelt den Eindruck, dass UPS die Vorgänge im eigenen Bereich klar „im Griff" hat.

Zugleich zahlte sich diese SIP-Anstrengung von UPS auch auf anderem Gebiet aus: Nach seinen Geschäftsberichten ist *UPS* - bis dahin völlig untypisch für Paketdienste - bedeutender Lizenzgeber und Einnehmer von Lizenzzahlungen geworden.

Die Doppelwirkung ist beeindruckend: Der Güteausweis „patentiert" verbürgt sowohl Logistikkunden als auch potenziellen Lizenznehmern Qualität: Hier lässt man ebenso gern befördern, wie man von technologischem Niveau oder gar Standard profitiert. Nutzen wird wahrnehmbar und dessen Kommunikation führt dazu, dass *UPS* seinen Mitbewerbern vorgezogen wird.

---

348 Vgl. Gassmann, O./Bader, M. (2006), S. 157.

Marken

Marken aller Art sind die wirkungsmächtigsten und wertvollsten Instrumente der Unternehmenskommunikation überhaupt. Starke Marken sind zentrale immaterielle Wertschöpfer in Unternehmen. Starke Marken wirken positiv auf die Menge und den Preis. Gerade sie haben die nötige „emotionale Schubkraft".

Eine kürzlich bekannt gewordene Untersuchung[349] über das so genannte Neuromarketing bestätigte die Erkenntnis[350], dass Marken - nicht mehr, aber auch nicht weniger als - Vorstellungsbilder in den Köpfen der Konsumenten sind. Den Unterschied zwischen starken und schwachen Marken machen dabei Emotionen aus, die die Unternehmenskommunikation hervorruft. Starke Marken werden nach den beteiligten Hirnregionen positiv beurteilt, bewirken eine relativ hohe Erregung und stoßen beim Verbraucher auf vergleichsweise großes Markenwissen. Die Empfindungen sind über die positive Markeneinstellung hinaus gepaart mit starker Markenbindung, hohem Markenvertrauen und großer Markenbegehrlichkeit. Bemerkenswerter noch als diese Feststellung der Wirkung starker Marken ist die Erkenntnis der erwähnten Studie, dass schwache Marken Verbraucher keineswegs ungerührt lassen, sondern sogar negative Gefühle auslösen.[351] Die Schwäche einer Marke macht sie damit regelrecht zu einem Risiko für andere, stärkere Elemente der Unternehmenskommunikation. Hier frisst Schwach Stark.

Die Schlussfolgerung liegt auf der Hand: Nur solche Marken rechtfertigen den hohen Aufwand einer rechtlich soliden Grundlegung und des Aufbaus zum bedeutenden Baustein der Unternehmenskommunikation, die eine hohe und positiv einstimmende Kommunikationskraft haben. Sie müssen leicht „gelernt" werden können und schnell Markenwissen vermitteln. Unter Umständen muss das Marketing hierbei Hebammendienste leisten und den Marken hierzu verhelfen. Auf diese Weise entsteht Markenwert.

---

349 Möll, Th., 7/2008, S. 34 ff.
350 Siehe S. 104.
351 So Möll, Th., Esch, F.-R., 7/2008, S. 34 ff.

⏸ Beispiel: „Abschlussstück" (Kopfstück) von Schreibgeräten

Abbildung 34: Grafische Darstellung der *PARKER*-Marke
„Abschlussstück"

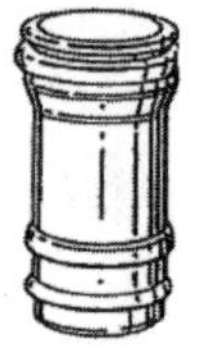

Abbildung aus BGH GRUR 2003, 332

Dieses Bild wurde als Marke für Schreibgeräte angemeldet und auch eingetragen.

In einem Prozess gegen einen vermeintlichen Nachahmer konnte sich diese Marke nicht durchsetzen. Das Abschlussstück spielte in dem Gesamtprodukt lediglich eine untergeordnete Rolle und wurde zum Beispiel auch in der Bewerbung nicht als Hinweis für den Hersteller besonders hervorgehoben. Die Form hat sich dem Verbraucher nicht als „Markierung" einprägen können. Entsprechende Vorstellungen entstanden beim Markenadressaten nicht.

Hier wäre es notwendig gewesen, das „Abschlussstück" als Instrument der Unternehmenskommunikation durch geeignete Marketingmaßnahmen aufzubauen und den Verbrauchern dessen Besonderheit bewusst zu machen. Das kann etwa erreicht werden, indem die Marke dazu verleitet, über sie zu sprechen. Sie muss erzählenwert werden. Hier hätte es sich gegebenenfalls angeboten, den Ursprung der Gestaltung dieses „Abschlussstücks" im „Art Déco"[352] herauszustellen und beispielsweise bekannt zu geben, welche noch heute bekannten Größen der damaligen Zeit mit Schreibgeräten solcher Art umgegangen sind, ggf. sogar Werke der Literatur geschaffen haben.

⏸ Beispiel: „*SMART*"-Glasturm

Auch dieses Beispiel verdient hier eine Betrachtung unter dem Gesichtspunkt der Kommunikation. Der Vertrieb des „*smart*" von DaimlerChrysler verfügt über ein besonderes Element der Visualisierung, das heißt der bildlichen Unternehmenskommunikation, das im Bereich des Automobilvertriebs einzigartig[353] ist, nämlich den gläsernen Turm („*smart*-Turm"), in dem ein jeder „*smart*"-Händler Fahrzeuge „stapelt" und präsentiert.

---

352 Designperiode von den Zwanziger- bis Neunzigerjahren.
353 Im Mai 2008 sah ich allerdings in Münster von Nottuln kommende einen ganz entsprechenden Glasturm, auf dem die Marke „*Toyota*" prangte. Es wird beobachtet werden können, wie *smart* darauf reagiert.

Abbildung 35:	Grafische Abbildung der angemeldeten EU-Gemeinschaftsmarke „*smart*-Turm"

ABBILDUNG AUS HABM GRUR 2004,1033

Das bekannte Erscheinungsbild dieses „*smart*"-Glasturms wurde ebenfalls als europäische Gemeinschaftsmarke angemeldet – aber nicht eingetragen: Der Verkehr verstehe dieses Erscheinungsbild nicht als Hinweis auf einen bestimmten Autohersteller, sondern als bloße Abbildung eines gläsernen Gebäudes, das zur Ausstellung und Präsentation von Autos bestimmt sei.

Es fehlte auch hier ein kraftvolles kommunikatives Verbindungsstück zwischen dem, was der „*smart*"-Glasturm ist – ein einmaliges Symbol im Bereich des Autovertriebs –, und der Vorstellung der Verbraucher. Somit konnte ein Vorstellungsbild nicht belegt werden, wonach dieses Symbol als eindeutiger Hinweis auf den Hersteller von „*smart*"-Fahrzeugen verstanden wird. Dieses hätte vor der Markenanmeldung mit geeigneten Marketingmaßnahmen hergestellt werden müssen.[354]

▶ BEISPIEL: TUC-SALZCRACKER

Dagegen ist ein gelungenes Beispiel zu setzen, welches dafür steht, dass das Bekanntwerden einer an sich trivialen Produktgestaltung zu einer entscheidenden Ausweitung des Markenschutzes führen kann. Es betrifft den *TUC*-Salzcracker.[355] Dieses Beispiel verdeutlicht das Synergieeffekte generierende Zusammenwirken von Unternehmenskommunikation und Schutzrechten. Es ging dabei um die Ausdehnung des Markenschutzes auf an sich nicht schutzfähige Markenbestandteile durch Kommunikationsvorgänge, die zu deren Bekanntheit bei den Verbrauchern geführt haben.

354 Vgl. dazu näher S. 90.
355 Siehe S. 42.

Für Kekse eingetragen war die Bildmarke:

Abbildung 36: Grafische Darstellung der Marke, entsprechend der
Erscheinungsform des *TUC*-Crackers

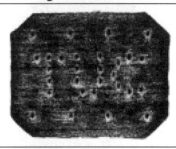

ABBILDUNG AUS BGH BGH GRUR 2008, 505

---

eine rechteckige Keksform mit abgeschrägten Ecken. Die Aufschrift *TUC* wird
aus 21 Einstanzungen gebildet; es gibt ferner jeweils vier weitere Einstanzungen
darüber und darunter, oberhalb und unterhalb der Aufschrift. Diese *TUC*-Kekse
werden in Deutschland in großen Mengen vertrieben.

Ein türkischer Konkurrent des *TUC*-Herstellers bot in Deutschland ebenfalls
einen Salzcracker an, der allerdings abgerundete Ecken zeigt und anders eingestanzt ist: Zudem trägt dieser Salzkeks nicht die Buchstaben *TUC*.

Abbildung 37: Türkischer Salzcracker

ABBILDUNG AUS BGH BGH GRUR 2008, 505

Gegen die Verbreitung des türkischen Crackers ging der *TUC*-Hersteller wegen
Verletzung seiner Marke vor. Für den BGH[356] hatte die Grundgestalt des *TUC*-
Crackers mit der rechteckige Form und den abgeschrägten Ecken selbst keine
Unterscheidungskraft. Sie selbst steht nicht unter Markenschutz. Allerdings
stand fest, dass diese Gestaltung durch die umfangreiche Benutzung der Marke

---

356 BGH GRUR 2008, 505 – *TUC*-Salzcracker.

als solcher bei den Verbrauchern eine hinreichende Kennzeichenkraft erlangt und sich infolgedessen dem Publikum aufgrund ihrer Eigenart und ihrer Bekanntheit als Marke eingeprägt hatte. Diese Feststellung veranlasste den BGH zu entscheiden, dass die aus der Form der Ware bestehende Gestaltung, auch wenn sie von Haus aus nicht unterscheidungskräftig ist, den Gesamteindruck einer aus mehreren optischen Elementen zusammengesetzten Marke maßgeblich mitbestimmt. Dann kann auch sie markenrechtlich geschützt sein.

Dieser Fall zeigt deutlich auf: Mit den Mitteln der Unternehmenskommunikation (Gestaltung des Kekses, der Verpackungen, der Werbung, Präsentation im Internet, der Präsenz der Ware in Verkaufsstellen) und der Verbreitung der *TUC*-Salzcracker gelang es, den Schutzbereich der Marke auszuweiten. Am Schutz der Marke nahm im Ergebnis dann auch die Form des *TUC*-Crackers als solche teil. Die intensive Wahrnehmung der Form durch den Verkehr führte hier dazu, dass am Markenschutz zusätzlich ein Element beteiligt ist – die Form des Crackers -, dem ansonsten kein Schutz zugesprochen werden könnte.

Hieran wird klar: Das Recht greift die Wirkungen der Kommunikation auf. Die an sich triviale Form des *TUC*-Kekses wird in den Schutzbereich hineingezogen. Der Schutzumfang vergrößert sich damit entscheidend. Wettbewerber müssen nicht nur einen gehörigen Abstand zu den von vornherein kennzeichnungskräftigen Markenelementen und ihrer Kombination („*TUC*", Einstanzungen) einhalten, sondern auch noch zur Basisform des *TUC*-Crackers, auch wenn diese für sich genommen keinen Markenschutz beanspruchen konnte.

Geschmacksmuster („Design")

Für die Unternehmenskommunikation ist dieses Schutzrecht als Instrument von besonderem Interesse.[357] Es ist in den Jahren 2002 in Europa als Gemeinschaftsgeschmacksmuster und 2004 als neues deutsches Geschmacksmuster regelrecht „neu erfunden" worden.

Hier wird – sehr weitreichend – Schutz gewährt ganz generell für Erscheinungsformen von Erzeugnissen (oder Teilen davon), deren optische Wahrnehmbarkeit sich insbesondere „aus den Merkmalen der Linien, Konturen, Farben, der Gestalt, der Oberflächenstruktur oder der Werkstoffe des Erzeugnisses selbst oder seiner Verzierungen ergibt"[358]. Dem Schutz zugänglich ist jeder neue und eigenartige „industrielle oder handwerkliche Gegenstand", „einschließlich Verpackung, Ausstat-

---

357 Vgl. dazu Mittelstaedt (2008), S. 1173, Rn. 44 bis 57.
358 § 1 Nr. 1 GeschmMG; Art. 3 a) GGV.

tung, grafischer Symbole und typografischer Schriftzeichen sowie von Einzelteilen, die zu einem komplexen System zusammengesetzt werden".

Entgegen dem allgemeinen Sprachgebrauch werden sogar grafische Symbole und typografische Schriftzeichen zu „Gegenständen" erklärt. Selbst sie können als Gemeinschaftsgeschmacksmuster EU-europaweit oder als nationales Geschmacksmuster in der gesamten Bundesrepublik Deutschland Schutz genießen.

Für den Schutz genügt in Deutschland die Anmeldung und Eintragung des Geschmacksmusters beim Deutschen Patent- und Markenamt in München. Noch leichter geht das in Europa: Gegen Nachahmungen (Übernahme in Kenntnis des Originals[359]) ist schon das so genannte nicht eingetragene Gemeinschaftsgeschmacksmuster geschützt, das allein durch den Schöpfungsakt eines neuen und eigenartigen Musters entsteht und dadurch, dass es der Öffentlichkeit zugänglich gemacht worden ist. Weitaus mehr Schutz bietet in der ganzen europäischen Union das eingetragene EU-Gemeinschaftsgeschmacksmuster, das auch dann niemand nachahmen (beutzen) darf, wenn er davon keine Kenntnis hat.[360]

Die geschützten Gestaltungen wirken auf die Sinne der Kunden und laden die Kommunikations-Atmosphäre zugunsten der Wahrnehmbarkeit und der Wertschätzung des Unternehmens und seiner Produkte insgesamt auf. Man denke hier nur an die wegweisende Gestaltung der *BRAUN*-Erzeugnisse, speziell die von Dieter Rams gestaltete *BRAUN*-Radios – etwa der Typ „Schneewittchensarg" SK4 (Design Dieter Rams und Hans Gugelot) oder auch an elektrische Küchengeräte von *BRAUN*, die bekannten *BRAUN*-Sixtant-Rasierer etc., die der Firma *BRAUN* zu einer gesteigerten Aufmerksamkeit beim Publikum und einem hohen Ansehen verholfen haben, die durch die Produktqualität allein nicht erklärbar sind. Zudem entstand eine *BRAUN*-typische Designhandschrift, die eine hohe (Wieder-) Erkennbarkeit der Geräte garantierte, die Merkmale dieser Handschrift aufwiesen. Alle diese *BRAUN*-Produkte waren und sind jeweils dem Geschmacksmusterschutz zugänglich, soweit sie nicht sogar unter Urheberrechtsschutz stehen.

---

359 Genauer: Übernahme fremder Leistung durch Anlehnung an ein dem Nachahmer bekanntes Vorbild.
360 Vgl. dazu S. 119.

FOTOGRAF: XAVAX – GEMEINFREI GEMÄß ANGABE WIKIPEDIA VOM 25.9.2008;

ABGEBILDET IST DIE AUSFÜHRUNG SK61;

QUELLE: HTTP://DE.WIKIPEDIA.ORG/W/INDEX.PHP?TITLE=BILD:SK61.JPG&FILETIMESTAMP=20060627170025

Geistiges Eigentum im Wettbewerbsrecht

Eine Vielzahl der Tatbestände, die das Gesetz gegen den unlauteren Wettbewerb (UWG) regelt, sind von hoher Relevanz für die Kommunikation von Unternehmen. So ist etwa an prägnante, originelle und individuelle Werbeslogans zu denken, die als wettbewerblich eigenartig unter dem Nachahmungsschutz des UWG stehen. Produktformen, die durch die gestaltungsgetriebene Kommunikation beim Betrachter Vorstellungen über die betriebliche Herkunft des Erzeugnisses hervorrufen oder über seine Besonderheit und Güte, dürfen nicht übernommen werden, auch dann nicht, wenn damit der gute Ruf des Originals oder seines Herstellers ausgebeutet oder beeinträchtigt wird.

Auch hier zeigt sich sehr deutlich: Der Rückenwind, den das Recht bietet und den es zu nutzen gilt, fällt um so stärker aus, je kraftvoller die Kommunikationsmaßnahmen im Rahmen der Gestaltung von Wahrnehmungsobjekten des Unternehmens dazu beitragen, ein starkes, einzigartiges und unverwechselbares Vorstellungsbild der Unternehmenspersönlichkeit zu vermitteln.

Abschließend ein Blick auf die Kommunikation eines Unternehmens, die ebenfalls als exemplarisch gelten kann.

Marlboro (Wert der Marke (2005): 17,6 Mrd. Euro) hat durch gleich bleibende Kommunikationsbotschaften in allen Medien eine einzigartige Bilderwelt aufgebaut, die unübertreffbar prägnante Vorstellungen über seine Unternehmenspersönlichkeit vermittelt.[361] Jeder von uns kennt die Welt der Cowboys und ihrer Pferde in den herrlichen Landschaften der Rocky Mountains. Die Qualität der Bildersequenzen in der Kinowerbung und des ihnen unterlegten Sounds ist beispielhaft.

Auf die Tabakindustrie kommen schon aktuell weitere Werbeverbote zu. *Marlboro* hat infolge dieses einzigartigen, überaus starken Vorstellungsbilds seiner Unternehmenspersönlichkeit die Möglichkeit, die Folgen von Werbeverboten zu mildern oder ganz zu kompensieren. Die Bilder der *Marlboro*-Welt werden für sich sprechen und kraftvoll auch in den Rauchverbotszonen nachwirken.

Die vom Recht gewährten Positionen haben hohen Wert. Deren Inhaber können aber Schutz hierfür nur solange beanspruchen, wie sie sich hinreichend wachsam zeigen und sich der Benutzung ihrer Rechte durch Unbefugte widersetzen.[362]

Der Einsatz der Rechte im Rahmen der Integrierten Unternehmenskommunikation muss damit notwendig ergänzt werden durch deren effiziente Verteidigung. Eigentlich sollte das eine Selbstverständlichkeit sein. Denn durch Missbrauch Dritter verwässerte Marken, Designs etc. haben ihre Kommunikationskraft - und ihren merkantilen und finanziellen Wert - in starkem Maße eingebüßt oder bereits ganz verloren.

Bei der Behandlung des Themas „Integrierte Unternehmenskommunikation und gewerbliche Schutzrechte" wird sehr schnell klar: Die diversen Mittel und Instrumente der Unternehmenskommunikation sind untereinander naturgegeben vernetzt, sodass sie sinnvoller Weise - oder sogar notwendig - koordiniert werden müssen.

Vernetzt sind miteinander auch die gewerblichen Schutzrechte. Und sie haben eng mit den Instrumenten der Unternehmenskommunikation zu tun. Auch diese Vernetzung besteht schlechthin und ohne gezieltes menschliches Zutun. Diese Situation kann aber durch gezielte Einflussnahme mit beachtlichem Gewinn genutzt werden. Die Rendite und die Zukunftssicherung der Unternehmen können davon maßgeblich profitieren.

---

361 Die Folge: 30% Marktanteil! Vgl. Göttgens, O./Gelber, A./Böing, C. (2003), S. 12.
362 Siehe „Verteidigungsstrategie", S. 54.

Sowohl der Erwerb als auch der Schutz geistigen Eigentums werden in der wissensbasierten Wirtschaftsgesellschaft zu einem immer wichtigeren Erfolgsfaktor. Beides, der Wissenserwerb und das Erlangen von Schutz, sind mithilfe strategischer Managementprozesse aktiv und systematisch zu betreiben.

Dabei ist der Blick darauf zu richten, dass die auf Wissen beruhende Kompetenz des Unternehmens und seine geschützten Wettbewerbspositionen von seinen Bezugsgruppen so wahrgenommen werden, dass bei diesen ein zugleich starkes und einzigartiges Vorstellungsbild der Persönlichkeit des Unternehmens entsteht. Es wird das Erreichen der Unternehmensziele fördern und zur Steigerung des Unternehmenswerts beitragen. Dieses Ziel kann erreicht werden, wenn das Unternehmen wahrnehmungskräftige Instrumente der integrierten Unternehmenskommunikation besitzt und neue aufbaut, die starke Botschaften über die auf Wissen und Positionierung im Wettbewerb beruhende Unternehmenspersönlichkeit vermitteln. Das Recht bietet die konkurrenzlose Möglichkeit, eben diese Kommunikationsinstrumente, die Gegenstände der Wahrnehmung des Unternehmens und seiner Hervorbringungen wirksam und nachhaltig zu schützen. Um maximalen Schutz zu erzielen, sind die beteiligten Disziplinen der Wertschöpfung und Wertesicherung zusammenzuführen.

❙ ANHANG   ❙

Anhang 1:
Fragenkatalog SIP für Entscheider

1. Was sagen Ihnen die Begriffe „geistiges Eigentum" bzw. „Intellectual Property"?
2. Welche Erscheinungsformen hat „geistiges Eigentum" in Ihrem Unternehmen?
3. Wenn Sie für die unterschiedlichen Bereiche Ihres Unternehmens Wichtigkeitsnoten (von 10 = äußerst wichtig bis 1 = unwichtig) vergeben würden, welche der nachfolgenden Disziplinen verdienen welche Noten für Ihre unternehmerische Realität:
   ▶ Einkauf
   ▶ Produktion
   ▶ Vertrieb
   ▶ Marketing
   ▶ Controlling
   ▶ Geistiges Eigentum
4. Welche Aussagekraft hat das Wort „Monopolposition" für Sie? Was bringen Sie damit in Verbindung?
5. Wenn Sie „Monopolpositionen" anstreben, auf welchem Weg erreichen Sie sie?
6. Welche Zusammenhänge sehen Sie, wenn Sie die Begriffe Marktmacht und Schutzrechte - wie Patente und Marken - zueinander in Verbindung bringen?
7. Welche Maßnahmen ergreifen Sie, um folgende Ziele zu erreichen:
   ▶ vergrößerte Handlungsfreiräume gewinnen
   ▶ mehr Unternehmenswert schaffen
   ▶ mindestens temporäre Monopole erringen
8. Wie würden Sie Schutzrechte - wie Patente und Marken - nutzen, um die Ziele nach Frage 7. zu erreichen?
9. Welche Ressourcen setzen Sie bei der Verfolgung dieser Ziele ein?
   ▶ unternehmenseigene
   ▶ unternehmensexterne

10. Welche Gedanken ruft der folgende Satz bei Ihnen hervor: „Besser gar keine Schutzrechte als Schutzrechte ohne maximalen Schutzumfang."

11. Über welche Kompetenzen muss Ihrer Auffassung nach ein externer Berater verfügen, dem Sie Ihre Unterstützung im Bereich Schutz des geistiges Eigentums anvertrauen?

12. Welche Vorteile würden Sie sich davon versprechen, dass

   a. der Bestand des geistigen Eigentums Ihres Unternehmens einmal aufgenommen,

   b. dieser Bestand rechtlich analysiert und

   c. Ihnen hierzu ein Gutachten und eine Expertenempfehlung zur Entwicklung des Geistigen Eigentums vorgelegt wird?

13. Was würden Sie daraus machen können, wenn Ihnen folgende Erkenntnisquellen zur Verfügung stünden:

   ▶ Der IST-Zustand des Geistigen Eigentums wird verlässlich abgebildet.
   ▶ Die Schwächen im Bereich IP werden aufgedeckt.
   ▶ Die Werte werden erkennbar gemacht, gegebenenfalls sogar fundiert beziffert.
   ▶ Es wird IP-Sicherheit geschaffen.
   ▶ Lücken werden geschlossen.

Anhang 2:
Betrachtung der Problematik
mit systemtheoretischem Ansatz

Grundaussage:

Der Erfolg von Unternehmen und Produkten hängt davon ab, wie ihre Bezugsgruppen diese wahrnehmen und bewerten. Für eine starke und mit dem Versprechen eines hohen Kundennutzens positiv aufgeladene **Wahrnehmbarkeit** von Unternehmen und Produkten sorgen die Innovationskraft des Unternehmens und seine Unternehmenskommunikation einschließlich aller Marketingmaßnahmen.

1. Wahrnehmung ist ein überaus komplexer Vorgang, auf den eine Vielzahl von Faktoren interdependent einwirkt. Diese können mit einem Vorgehen im Wege der isolierten Einzelbetrachtung nicht ausreichend genau und erschöpfend er-

kannt und beschrieben werden. Ihre Vernetztheit erfordert vielmehr eine ganzheitliche Erfassung und Erklärung. Dem entspricht ein Beschreibungs- und Erklärungsansatz nach den Grundsätzen der Systemtheorie.

2. Für die hier interessierende Problematik seien folgende Grundaussagen genannt:

   a. Einzelne Phänomene treten in der Realität grundsätzlich nicht isoliert auf.

   b. Sie kommunizieren miteinander und hängen von einander ab. Sie wirken aufeinander ein. Sie sind vernetzt.

   c. Ihre Vernetztheit wird bei Einzelbetrachtung nicht erfasst.

   d. Einzelphänomene sind nicht schlicht linear logisch miteinander gekoppelt.

   e. Ein Ziel der systemtheoretischen Erfassung ist die Ermittlung und Einschätzung von Wechselbeziehungen oder Wechselwirkungen zwischen einzelnen Elementen eines Systems.

   f. Erkenntnisse nach den Grundsätzen der Systemtheorie helfen, auf die Systemelemente in der Weise einzuwirken, dass die Wechselwirkungen zwischen ihnen genutzt werden und Synergieeffekte entstehen.

   g. Komplexe Systeme gliedern sich in Untersysteme.

   h. Ändern sich Untersysteme aus sich heraus oder durch äußere Einflüsse, verändert sich das Gleichgewicht der Untersysteme und damit auch das System selbst.

3. In Anwendung dieser Aussagen ist folgendes festzustellen:

   Das System Wahrnehmung unterteilt sich in folgende Subsysteme:

   a. Wahrnehmungssubjekt > Dispositionen, insbes. Aufnahmefähigkeit und -bereitschaft

   b. Eigenschaften des Wahrnehmungsprozesses > störend oder fördernd

   c. Gegenstände der Wahrnehmung > unterteilt sich in folgende Sub-Subsysteme (d. – l.)

   d. Präsenz des Wahrnehmungsobjekts – Wahrnehmbarkeit

   e. Marketing

   f. IP-Intellectual Property

   g. IUK-integrierte Unternehmenskommunikation

   h. Innovativität

   i. Preis des Angebots

   j. Qualität

   k. Service

   l. etc.

4. Unter den Subsystemen bestehen ebenso Wechselwirkungen, wie sie im Übrigen auch zwischen den Sub-Subsystemen des Subsystems „Gegenstände der Wahrnehmung" festzustellen sind.

Hier geht es speziell um die Wechselwirkungen der drei Elemente der Wahrnehmbarkeit

▶ Marketing
▶ IP
▶ IUK

Deren Handhabung wirkt auf die Synergieeffekte ein, die ihr Zusammenwirken hervorbringt. Die Optimierung dieser Synergieeffekte für die Unternehmen ist Anliegen dieser Veröffentlichung.

Anhang 3:
Checkliste SIP

Warum SIP (Strategisches IP-Management) sich lohnt, wer es machen sollte, was es bringt.

Was bedeutet SIP?

Definition: SIP ist das strategische Ausbauen, Bewahren und Schützen des geistigen Eigentums (Intellectual Property) eines Unternehmens.

Es geht beim geistigen Eigentum um die Gewinnung zumindest temporärer Monopolpositionen. Das Eintreten dieses Effekts ist im Zusammenwirken mit den Mitteln des Marketings in besonderer Weise geeignet, die Wettbewerbsstärke des Unternehmens zu steigern und den Unternehmenserfolg und die Zukunftsfähigkeit des Unternehmens zu sichern.

SIP ist ein noch neues Dienstleitungsprodukt, zu dessen Erbringung sich externe Dienstleister interdisziplinär mit Angehörigen des Unternehmens zusammenschließen. Dazu gehören Spezialisten der Forschungs- und Entwicklungsabteilung des Unternehmens, Marketingverantwortliche, Patentanwälte und Fachjuristen des Gewerblichen Rechtsschutzes.

Wer sollte SIP durchführen?

Im Unternehmen ist SIP in erster Linie Aufgabe der Unternehmensführung. Als strategische Aufgabenstellung ist SIP Teil der allgemeinen Unternehmensstrategie und des Risikomanagements. Damit ist SIP eine Kernaufgabe und „Chefsache".

Zu beteiligen sind: Risikomanagement, Forschung und Entwicklung, Patentabteilungen, Anwendungsentwicklung, Unternehmenskommunikation und die sonstigen Bereiche, deren Aufgabe ebenfalls die Gestaltung und der Ausbau der Intellectual Property ist.

Wann ist SIP sinnvoll?

1. Wenn beabsichtigt wird, die Wettbewerbsstärke mit der systematischen Nutzung von Schutzrechten zu steigern und das Unternehmensvermögen durch die Einbeziehung des geistigen Eigentums zu vermehren.

2. Bei anstehenden Kooperationen mit anderen Unternehmen - namentlich im Ausland, oder anstehenden M&A-Aktivitäten. SIP hilft, den Wert dieses Assets zu erfassen und ermöglicht es, an den o.g. Vorgängen ohne Einbußen und statt dessen - soweit möglich - mit Gewinn teilzunehmen. SIP stellt Assets besser dar und vergrößert gegebenenfalls deutlich spürbar den finanziellen Aktionsradius der Unternehmen.

Wie identifiziert man den passenden externen SIP-Dienstleister?

Der qualifizierte externe SIP-Dienstleister versteht:

1. Jedes Unternehmen besitzt geistiges Eigentum. Seine Bedeutung für die Unternehmen wächst, und zwar sowohl als strategisches Element als auch als erheblicher Teil des Unternehmenswertes.

2. Das geistige Eigentum eines Unternehmens muss ganzheitlich, das heißt bereichsübergreifend erfasst werden.

3. IP steht in engem thematischen und funktionellen Zusammenhang mit der Unternehmenskommunikation. Die Art und Weise, wie das Unternehmen die Elemente seines geistigen Eigentums einsetzt (z.B. Marken, Darstellung seiner technologischen Kompetenz, Patente) ist mit den Mitteln seines Marketings zu harmonisieren.

Dem externe Dienstleister stehen die Werkzeuge des SIP zur Verfügung, vornehmlich

▶ IP-Audit

▶ systematischer Aufbau des Wettbewerbsvorsprungs

- strategische Schaffung von Schutzrechtspositionen
- Management von Schutzrechtsportfolien
- systematischer Designschutz
- Nutzen der integrierten Unternehmenskommunikation zur Stärkung der Schutzrechtslage des Unternehmens.

Welche Schritte beinhaltet SIP?

1. IP-Audit: Bestandsaufnahme und -bewertung
2. Abgleich des Ergebnisses des IP-Audit mit den Zielen der Unternehmensstrategie
3. Formulierung eines IP-Strategie-Konzepts unter Berücksichtigung der allgemeinen Unternehmensstrategie
4. Implementierung des IP-Strategie-Konzepts
5. Kontrolle und Evaluation der Ergebnisse des SIP

Was bringt SIP?

1. Inhaltlich: SIP verschafft dem Unternehmen einen klaren Blick auf seine Schutzrechtslage und deren strategische Entwicklungsmöglichkeiten. Deutlich wird auch die Einbindung des geistigen Eigentums in die allgemeine Unternehmensstrategie und die Unternehmensplanung insgesamt.
2. Rechtlich: SIP verhilft dazu, dass die Schutzrechte des Unternehmens bestmöglich entwickelt und geschützt werden. Es entstehen temporäre oder sogar – im Fall der Marken – unbefristete Monopolpositionen, auf die die allgemeine Unternehmensstrategie aufgebaut werden kann.
3. Finanziell: SIP verschafft wertvolle Informationen über den Wert der Schutzrechtspositionen sowie des eigenen Unternehmens. Beispiel: Marktwert der 500 größten US-Unternehmen – in erster Linie durch geistiges Eigentum: Buchwert mal Faktor 6 bis 6,5. Tendenz steigend!

Ferner ermöglicht SIP dem Unternehmen, Lizenzen in teilweise erheblichem Umfang zu erwirtschaften. Erstes Beispiel: Seit über 15 Jahren übersteigen die Lizenzeinnahmen von *Texas Instruments* die Produktionsumsätze. Zweites Beispiel: Die französische *THOMSON*-Gruppe finanziert ihre gesamten Forschungs- und Entwicklungstätigkeiten durch Patentlizenzeinnahmen.

Anhang 4:
IP-Audit – Prüfungsstruktur
(umfassendes IP-Audit)

1. Unternehmensbezogene Daten
   1.1 Größe des Unternehmens
       (Kategorienzugehörigkeit: Konzern, KMU; Marktanteil)
   1.2 Spezialisierung, Fokussierung auf Nischen
   1.3 Maßgebliche Branche
   1.4 Charakteristik der Branche (Modeabhängigkeit, Bedeutung von Trends etc.)
   1.5 Innovationsgeschwindigkeit der Branche
   1.6 Differenzierungsgrad bei Produkten der Branche
   1.7 Struktur des Wettbewerbs
   1.8 An welchen Wertschöpfungsstufen beteiligt?
   1.9 Besitz von Kerntechnologien/-kompetenzen
   1.10 Geografischer Aktionsradius
   1.11 Ressourcen für IP-Management
        (für Schutzrechtsbegründung und –verteidigung)
2. Produktbezogene Daten
   2.1 Technologisches Niveau
   2.2 Diversifizierbarkeit des Produkts/der Produkte?
   2.3 Substituierbarkeit
   2.4 Aktualitätsattraktivität (trendiness)
   2.5 Innovationszyklen
3. Warum ist ein IP-Audit veranlasst?
   3.1 Soll das Unternehmen (ganz oder teilweise) verkauft werden?
   3.2 Soll ein Unternehmen (ganz oder teilweise) gekauft werden?
   3.3 Steht eine Fusion bevor?
   3.4 Steht die Börseneinführung bevor?
   3.5 Sollen einzelne Schutzrechte gekauft/verkauft werden?
   3.6 Steht der Abschluss von Lizenzverträgen (Franchiseverträgen etc.) bevor?

3.7 Sollen Werte des IP-Bestands ermittelt werden für Finanzierungsgespräche / Kreditverhandlungen?

3.8 Benötigt die Unternehmensführung eine Übersicht über die Kosten des Aufbaus und der Verteidigung des geistigen Eigentums?

3.9 Werden Erkenntnisse benötigt über den return on investement bezüglich der für das geistige Eigentums investierten Summen?

3.10 Ist das Unternehmen in Streitigkeiten über das geistige Eigentum verwickelt?

4. Definition des Audit-Ziels

5. Benennung der Audit-Beteiligten

6. Festlegung des Audit-Verfahrens/der IP-Audit-Methoden

   7. Wahrnehmbarkeit

   7.1 Gibt es im Unternehmen strategische Entscheidungen bezüglich seiner eigenen Wahrnehmbarkeit und der seiner Hervorbringungen? (Erfassen der strategischen Kommunikationsziele des Unternehmens)

   7.2 Wird die diesbezügliche Strategie des Unternehmens im IP-Bereich umgesetzt?

   7.3 Gibt es dazu ein Controlling?

   7.4 Gibt es beim Unternehmen – etwa auf Grund von Recherchen/Verkehrsbefragungen oder sonstiger Untersuchungen – Erkenntnisse darüber, wie das Unternehmen und sein Auftritt (einschließlich der Unternehmenssymbole und -kennzeichen), seine Erzeugnisse und deren Präsentation von den Angehörigen der Zielgruppe und weiteren Bezugsgruppen wahrgenommen werden? Welche Inhalte kommunizieren sie, welche Werte verkörpern sie? Gibt es ein kontinuierlich durchgeführtes „trend-scouting"?

8. Ermittlung der IP-Substanz des Unternehmens

   8.1 Über welches IP-relevantes Wissen und welche Schutzrechte verfügt das auditierte Unternehmen?

   Sind die folgenden IP-Vermögenspositionen identifiziert, erfasst und bewertet?

   ▶ Erfindungen
   ▶ Schöpfungen
   ▶ Know-how
   ▶ Geschäfts- und Betriebsgeheimnisse
   ▶ in-house entwickelte Software
   ▶ Ideen und Publikationen der Angehörigen des Unternehmens
   ▶ Patente

- ▶ Marken aller Art
- ▶ Formschöpfungen/Geschmacksmuster
- ▶ Domain-Namen
- ▶ Urheberrechte

Welchen Stand hat das Wissensmanagement des Unternehmens?

8.2 Welches sind die weiteren Bestandteile seines geistigen Eigentums? Substanzbestandteile: Wie werden die identifizierten IP-Vermögenspositionen von den unterschiedlichen, mit IP befassten Unternehmensteilen gehandhabt? Prozessbestandteile: Wie gehen die unterschiedlichen, mit IP befassten Unternehmensteile mit dem Management des geistigen Eigentums um?

8.3 IP-Geschichte des Unternehmens

8.4 IP-Kultur des Unternehmens

8.5 IP-relevante Vernetzungen im Unternehmen
speziell: IP – Marketing – Unternehmenskommunikation

8.6 IP-HRM

9. Die einzelnen Positionen des geistigen Eigentums

9.1 Patente

9.1.1 Über welche Patente verfügt das Unternehmen? (Rechtsinhaberschaft)

9.1.2 Bestandskraft der Patente

9.1.2.1 Einspruchsverfahren
9.1.2.2 Nichtigkeitsverfahren
9.1.2.3 Unterlassungs-Verpflichtungserklärungen
9.1.2.4 Verlängerungsgebühren

9.1.3 Schutzdauer

9.1.4 Patentportfolio und Patentportfoliomanagement

9.1.5 Bewirken die Patente ausreichenden Schutz für die gemachten Erfindungen?

9.1.6 sachlicher Schutzbereich (Patentansprüche)

9.1.7 geografischer Schutzbereich

9.1.8 Ist die Inanspruchnahme von „Abrundungslizenzen" erforderlich und möglich?

9.1.9 Lizenzierungspotential des Patentbestands

9.1.10 Verletzungsverfahren

9.1.11 Patentinformationsmanagement

9.1.12 Patentanmeldungen

9.1.13 Patentaufrechterhaltungen (rechtfertigt das kommerzielle Potenzial des Patents und dessen zukünftige Nutzung die Zahlung der Aufrechterhaltungsgebühren?)

9.2 Marken

9.2.1 Über welche Marken verfügt das Unternehmen? (Rechtsinhaberschaft)

9.2.2 Bestandskraft der Marken

9.2.2.1 Widerspruchsverfahren
9.2.2.2 Löschungsverfahren
9.2.2.3 Unterlassungs-Verpflichtungserklärungen
9.2.2.4 Verlängerungsgebühren

9.2.3 Markenportfolio und Markenportfoliomanagement

9.2.4 Kontrolliert Ihr Unternehmen regelmäßig die Rechtsgültigkeit seiner Marken?

9.2.5 Kontrolliert Ihr Unternehmen regelmäßig die Unterscheidungskraft/Kennzeichnungskraft der Marken?

9.2.6 Kontrolliert Ihr Unternehmen regelmäßig Bekanntheitsgrad/Notorietät/Ruf der Marke?

9.2.7 Stimmt das Waren-/Dienstleistungsverzeichnis mit der tatsächlichen Benutzung der Marke überein? Sind Nachanmeldungen erforderlich?

9.2.8 Kann es auf Grund durchgeführter Recherchen verlässlich das Bestehen älterer/besserer Rechte ausschließen?

9.2.9 Bisherige Benutzung der Marke. Insbesondere: Wurden die Marken so benutzt (rechtserhaltend), wie sie registriert sind?

9.2.10 Sachlicher Schutzbereich

9.2.11 Geografischer Schutzbereich

9.2.12 Kennt das Unternehmen den Grad der Bekanntheit seiner Marken?

9.2.13 Gibt es Erkenntnisse über den Ruf der Marken?

9.2.14 Weiß Ihr Unternehmens, wie seine Marken von den Bezugsgruppen wahrgenommen werden?

9.2.15 Kennt Ihr Unternehmen den Wert seiner Marken?

9.2.16 Hat Ihr Unternehmen eine gesicherte Vorstellung von dem Maß der Unterscheidungskraft seiner Marken?

9.2.17 Verfügt Ihr Unternehmen über eine Dokumentation darüber, wie seine Marken bislang benutzt wurden?

9.2.18 Verfügt Ihr Unternehmen über eine Dokumentation darüber, wie seine Marken lizenziert wurden?

9.2.19 Verfügt Ihr Unternehmen über eine Dokumentation darüber, wie seine Marken beworben wurden (Art der Werbung, Kosten, geografische Ausdehnung der Werbung)

9.2.20 Verfügt Ihr Unternehmen über Kenntnisse, dass seine Marken von Dritten unbefugt benutzt werden und toleriert es diese Benutzung?

9.2.21 Markenüberwachung?

9.2.22 Existiert ein Markeninformationsmanagement?

9.3 Formschöpfungen/Design-Audit (Geschmacksmuster/Urheberrechte)

9.3.1 Datum der Schöpfung (Beweisbarkeit des Schöpfungszeitpunkts)

9.3.2 Vorgeschichte der Kreation (Dokumentation?)

9.3.3 Identität des Schöpfers

9.3.4 Überprüfung des Stands der Kunst/des gestalterischen Umfelds/älterer Rechte (Sind Recherchen vor der Schöpfung durchgeführt worden?)

9.3.5 Offenbarung der Formschöpfung (Ort/Zeit-Dokumentation, Beweisbarkeit)

9.3.6 Erwähnung der Formschöpfung/Gestaltung in Medien

9.3.7 Wurden bezüglich der Kreation Schutzrechte angemeldet?

9.3.8 vertragliche Beziehungen zwischen Schöpfer und Unternehmen/Rechtsinhaberschaft bezüglich der an den Kreationen entstandenen Rechte

9.3.9 Bestandskraft der Rechte

    9.3.9.1 Löschungsverfahren
    9.3.9.2 Unterlassungs-Verpflichtungserklärungen
    9.3.9.3 Verlängerungsgebühren

9.3.10 Verfügungen über entstandene Rechte?

9.3.11 Bestehen generell hinsichtlich Formschöpfungen Schutzstrategien? (Inland/Ausland)

- ▶ Anmeldung von Rechten?
- ▶ Geheimhaltungsstrategien?

9.3.12 Bestehen Verwertungsstrategien? (Inland/Ausland)

▶ Vertragsstrategien?

▶ Beteiligung der betroffenen Unternehmensstrukturen?

9.3.13 Wie werden Formschöpfungen genutzt? Selbst/durch Dritte?

9.3.13.1 Umsätze im Inland

9.3.13.2 Umsätze im Ausland

9.3.13.3 Werbeaufwendungen

9.3.13.4 Marktanteil

9.3.13.5 Bekanntheitsgrad

9.3.13.6 Marktpräsenz (Internet?)

9.3.14 Verlängerungen der Schutzdauer?

9.3.13 Portfolio und Portfoliomanagement (Geschmacksmusterportfolio)

9.3.16 Sind Ansätze für „systematischen Designschutz" erkennbar?

9.4 Werkschöpfungen sonstiger Art (Urheberrechte)

9.5 Know-how

9.5.1 Identifikation der Geschäfts- und Betriebsgeheimnisse

9.5.2 Systematische Erfassung

9.5.3 Welches Know-how des Unternehmens kann und sollte in Schutz-rechte umgemünzt werden?

9.5.4 Für welches Know-how sind Geheimhaltungsvorkehrungen getrof-fen worden? Wie sind sie zu beurteilen?

9.5.5 Für welches Know-how sind Geheimhaltungsvereinbarungen ge-troffen worden? Wie sind sie zu beurteilen?

9.5.6 Welche Erfahrungen hat das Unternehmen mit Geheimhaltungs-strategien gemacht?

9.5.7 Sind diesbezüglich Prozesse anhängig? Wie sind sie zu beurteilen (Chancen/Risiken)?

9.6 Domain-Namen

9.7 In-house entwickelte Software

10. Vertraglicher Bereich (insbesondere Lizenz- und Franchise-Verträge)

10.1 Auswertung der IP-relevanten Verträge mit Dritten (Bestandsanalyse)

10.1.1 Katalogisierung nach Vertragsart und -gegenstand

10.1.2 Qualifizierte Dokumentation vorhanden?

10.1.3 Bewertung der Verträge

10.1.3.1 Vertragsgegenstand

10.1.3.2 Wirksamkeit der Verträge (auch kartellrechtlich)

10.1.3.3 Vertragsgebiet

10.1.3.4 Laufzeiten/Kündigungsfristen/Kündigungsgründe

10.1.3.5 Exklusive/nicht-exklusive Berechtigung

10.1.3.6 Nutzungspflicht

10.1.3.7 Vereinbarungen bezüglich Verbesserungen

10.1.3.8 Lizenzgebühren (Art der Lizenz, Berechnung)

10.1.3.9 Erkennbare Risiken

10.1.4 Saldierte Vorteilhaftigkeit der Verträge für das Unternehmen

10.2 Kooperation der Abteilungen des Unternehmens beim Zustandekommen von Verträgen?

10.3 Implementierung von Verträgen

10.3.1 Kontrolle der Vertragserfüllung

10.3.1 Krisenmanagement bei Störungen der Vertragsimplementierung

10.3.1 Feed-back-Wesen aus der Erfahrung mit Verträgen und Vertragserfüllung

10.3.1 Strategien bei Problemen mit der Implementierung von Verträgen

11. Arbeitnehmererfindungswesen

Gibt es im Unternehmen Richtlinien für die Behandlungen von Erfindungen?

11.1 Existieren Richtlinien über technische Verbesserungsvorschläge?

11.2 Umsetzung dieser Richtlinien

11.3 Umsetzung der gesetzlichen Bestimmungen des Gesetzes über Arbeitnehmererfindungen

11.4 Akute Fälle

12. IP-Streitigkeiten/Konfliktmanagement

12.1 Gibt es eine Strategie zur Vermeidung von eigenen Rechtsverletzungen?

12.2 Gibt es eine Strategie zur Aufdeckung von fremden Rechtsverletzungen?

12.3 Wie werden diese Strategien konkret umgesetzt?

12.4 Werden die Möglichkeiten der Mediation nutzbar gemacht?

12.5 Welche IP-Streitigkeiten sind in der Vergangenheit geführt worden?
Welche Rechte/Positionen waren betroffen?
Wie waren die Resultate?
Zu welchen Ergebnissen führt eine Schwachstellenanalyse?

12.6 Wie sind die Funktionen zwischen Unternehmen und externen Beratern verteilt?

12.7 Risikobeurteilung der anhängigen Streitigkeiten

12.8 Risikobeurteilung der drohenden Auseinandersetzungen – Inanspruchnahmen

12.9 Beurteilung der Möglichkeiten, Konflikte in eine „win-win"-Richtung aufzulösen

13. Bewertungs-Audit

13.1 Beurteilung der Werte der einzelnen Positionen, Besitzstände und Rechte (Auswahl der Bewertungsmethode)

13.2 Erfassen der Kosten

13.3 Beurteilung der Budgets

14. Steuerliche Gestaltung des IP-Wesens/-Bestands des Unternehmens

14.1 Inanspruchnahme der gegebenen Abschreibungsmöglichkeiten

14.2 Nutzung von geografischen Steuergefällen

15. Ergebnis des IP-Audit

15.1 Analyse in Form eines Gutachtens
Beurteilung des Ergebnisses der Aufnahme der Ist-Situation
Insbesondere: Entsprechen die IP-Positionen des Unternehmens seinen strategischen Entscheidungen bezüglich seiner eigenen Wahrnehmbarkeit und der seiner Hervorbringungen? Unterstützen sie das Erreichen der strategischen Kommunikationsziele des Unternehmens?

15.2 Beurteilung des IP-Bestands
Welche Qualität weist der IP-Bestand auf
▶ in ökonomischer Hinsicht (wirtschaftliche Verwertbarkeit, ggf. auch durch licensing out; Ergänzungsbedürftigkeit, evtl. durch licensing in von externer Technologie)
▶ in rechtlicher Hinsicht (Bestandssicherheit, Schutzumfänge)

15.3 Vorschläge für die IP-Politik des Unternehmens

16. Festlegung der Häufigkeit eines IP-Audit/des Zeitpunkts des nächsten IP-Audit

Anhang 5:
IP-Audit-Fragebogen

1. Bedeutung und Wesen eines IP-Audit

    1.1 Kennen Sie den Begriff IP-Audit?   ja/nein

    1.2 Hat sich Ihr Unternehmen schon einmal
         mit dem Thema IP-Audit befasst?   ja/nein

    1.3 Wurde in Ihrem Unternehmen schon einmal
         ein IP-Audit durchgeführt?   ja/nein

    1.4 Bestand danach die Absicht, ein IP-Audit
         regelmäßig durchzuführen?   ja/nein

2. Kennen Sie Gründe für die Durchführung eines IP-Audit? Falls ja, welche?

    Antwort:

    _____

    _____

    _____

3. Wenn Sie die Frage 2. nicht beantwortet haben, kreuzen Sie bitte die nachstehenden Gründe für ein IP-Audit entsprechend ihrer Wichtigkeit an:

    3.1 Investitionsentscheidungen
         des Unternehmens erleichtern: sehr wichtig/wichtig/weniger wichtig

    3.2 Die Richtigkeit der Schutzrechtsstrategie
         zu überprüfen: sehr wichtig/wichtig/weniger wichtig

    3.3 Zusätzliche Schutzmöglichkeiten
         entdecken: sehr wichtig/wichtig/weniger wichtig

    3.4 Nutzen gewerblicher Schutzrechte
         erkennen: sehr wichtig/wichtig/weniger wichtig

    3.5 Wert einzelner Schutzrechte
         ermitteln: sehr wichtig/wichtig/weniger wichtig

    3.6 Zweckmäßigkeit der IP-Instrumente
         des Unternehmens ermitteln: sehr wichtig/wichtig/weniger wichtig

    3.7 Rentabilität der Verfahren zur Verteidigung
         der Schutzrechte testen: sehr wichtig/wichtig/weniger wichtig

    3.8 Übertragung oder Erwerb von Schutzrechten
         oder Schutzrechtsportfolien: sehr wichtig/wichtig/weniger wichtig

3.9 Wert beabsichtigter Beteiligungen/
Firmenübernahmen ermitteln: sehr wichtig/wichtig/weniger wichtig

4. Welchen der nachstehend aufgeführten Schutzrechten/Wettbewerbspositionen würden Sie welche Bedeutung für Ihr Unternehmen beimessen?

4.1	Marken	hoch/mittel/gering
4.2	Patente	hoch/mittel/gering
4.3	Gebrauchsmuster	hoch/mittel/gering
4.4	Geschmacksmuster	hoch/mittel/gering
4.5	Urheberrechte/Copright	hoch/mittel/gering
4.6	Know-how	hoch/mittel/gering
4.7	Geschäfts- und Betriebsgeheimnisse	hoch/mittel/gering
4.8	Domain-Namen	hoch/mittel/gering
4.9	Design	hoch/mittel/gering
4.10	Ruf	hoch/mittel/gering
4.11	Bekanntheit	hoch/mittel/gering
4.12	Qualitätsstandard	hoch/mittel/gering
4.13	Computerprogramme	hoch/mittel/gering
4.14	Spitzenstellung/Monopol	hoch/mittel/gering

4.15 Haben Sie den Eindruck, dass das Datenmanagement in Ihrem Unternehmen bezüglich dieser Schutzrechte (bezüglich des Nachweises der Inhaberschaft der Rechte, der Aufrechterhaltung des Schutzes etc.) berechtigten Erfordernissen entspricht und die relevanten Daten auf Anforderung ohne Mühe und Aufwand dokumentiert werden können?   ja/nein

5. Sind diese vorstehend aufgeführten Schutzrechten/ Wettbewerbspositionen optimal geschützt?   ja/nein

Wenn nein: Wo sehen Sie Defizite?

_____

_____

_____

6. Grundsätzliches zum IP-Management des Unternehmens:

6.1 Beschränkt sich IP-Management
auf den Schutz des Unternehmens? ja/nein

6.2 Beinhaltet IP-Management auch:
Zugang zu neuen Geschäftsfeldern? ja/nein

6.3 Erfolgt unter Synergienutzenbetrachtung eine
Kombination von formalen Schutzinstrumenten
(gesetzliche Schutzrechte) und faktisch-
strategischen Schutzinstrumenten
(z.B. zeitlicher Vorsprung, Geheimhaltung,
Komplexität der Gestaltung) ja/nein

6.4 Sind IP-Strategie und die allgemeinen Unternehmens-
und Innovationsstrategien miteinander vernetzt? ja/nein

6.5 Verfügt das Unternehmen über eine eigene
Entwicklung seiner Kennzeichen und Technologien? ja/nein

6.6 Beinhaltet das Schutzrechtswesen des Unternehmens
die aktive Akquisition und Verwertung von schützbaren
Gegenständen und Inhalten (Kennzeichen, Technologien
und Patenten)? ja/nein

6.7 Betreibt das Unternehmen ein aktives Patent-/
Markeninformationsmanagement? ja/nein

6.8 Existiert im Unternehmen ein Wissensmanagement? ja/nein

6.9 Ist das Wissensmanagement mit dem jeweiligen
Schutzrechtsmanagement verbunden? ja/nein

6.10 Existiert im Unternehmen ein Ideenmanagement? ja/nein

6.11 Verfolgt das Unternehmen die Entwicklung
von Werten seiner Schutzrechte? ja/nein

6.12 Ist das IP-Management mit dem Marketing vernetzt? ja/nein

6.13 Ist die Zusammenarbeit mit externen
IP-Experten organisiert? ja/nein

7. IP-Prozesse im Unternehmen

7.1 Gibt es eine klare Zuständigkeitsregelung für die
Identifikation und Steuerung der IP-Prozesse im Unternehmen? ja/nein

7.2 Wenn diese nicht der Geschäftsführung zugeordnet ist,
gibt es dort einen offiziellen Ansprechpartner? ja/nein

7.3 Sind die diversen IP-Prozesse im Unternehmen
identifiziert und organisiert? ja/nein

7.4 Ist für sie Systematisierung, Strukturierung
und Formalisierung kennzeichnend? ja/nein

7.5 Sind Initialisierungs- und Weiterbildungsvorgänge
(IP-HRM) im Unternehmen vorgesehen? ja/nein

7.6 Haben die Regelungen des Arbeitnehmererfindungsrechts
in die Unternehmensabläufe Eingang gefunden? ja/nein

8. Speziell zum Markenwesen des Unternehmens:

8.1 Kontrolliert Ihr Unternehmen die
Rechtsgültigkeit seiner Marken? ja/nein

8.2 Werden die Marken so benutzt (rechtserhaltend),
wie sie registriert sind? ja/nein

8.3 Können Sie auf Grund durchgeführter Recherchen verläßlich
das Bestehen älterer/besserer Rechte ausschließen? ja/nein

8.4 Kennt Ihr Unternehmen den Grad
der Bekanntheit seiner Marken? ja/nein

8.5 Gibt es Erkenntnisse über den Ruf der Marken? ja/nein

8.6 Weiß Ihr Unternehmens, wie seine Marken
von den Bezugsgruppen wahrgenommen werden? ja/nein

8.7 Kennt Ihr Unternehmen den Wert seiner Marken? ja/nein

8.8 Hat Ihr Unternehmen eine gesicherte Vorstellung
von dem Maß der Unterscheidungskraft seiner Marken? ja/nein

8.9 Verfügt Ihr Unternehmen über eine Dokumentation
darüber, wie seine Marken bislang benutzt wurden? ja/nein

8.10 Verfügt Ihr Unternehmen über eine Dokumentation
darüber, wie seine Marken lizensiert wurden? ja/nein

8.11 Verfügt Ihr Unternehmen über Kenntnisse,
dass seine Marken von Dritten unbefugt benutzt werden
und toleriert es diese Benutzung? ja/nein

8.12 Welche sonstigen Kennzeichnungsmittel
setzt Ihr Unternehmen für welche Zwecke ein?

_____

_____

_____

9. Speziell zum Patentwesen des Unternehmens:

9.1 Entscheidet sich Ihr Unternehmen bewusst gegen Know-how-Schutz und für den Patentschutz? ja/nein

9.2 Trifft es bewusste Entscheidungen zwischen Gebrauchsmuster- und Patentschutz? ja/nein

9.3 Wird die Art und der Umfang von anzustrebenden Erfindungen und Patenten bewusst und strategisch festgelegt? ja/nein

9.4 Wird die geografische Reichweite des Patentschutzes strategisch entschieden? ja/nein

9.5 Besteht Klarheit über die verschiedenen Patentfunktionen (Blockier- und Schutzfunktion, Informationsfunktion, Signalfunktion, Reputationsfunktion, Tauschmittelfunktion, Finanzierungsfunktion etc.)? ja/nein

9.6 Hat sich das Unternehmen bewusst zwischen den unterschiedlichen Patentstrategien entschieden? ja/nein

9.7 Beinhaltet das Patentwesen die aktive Akquisition und Verwertung von Technologien und Patenten? ja/nein

10. Speziell zum IP-Vertragswesen des Unternehmens:

10.1 Verfügt Ihr Unternehmen über eine detaillierte Dokumentation bestehender Verträge? ja/nein

10.2 Ist ein Vertragskontrollwesen installiert? ja/nein

10.2 Werden bei der Vertragsimplementierung gemachte Erfahrungen aufbereitet und für neue Verträge systematisch nutzbar gemacht? ja/nein

11. Kooperation der Unternehmensabteilungen in Hinsicht der gewerblichen Schutzrechte und interne Unternehmenskommunikation

11.1 Ist eine solche Kooperation der Unternehmensabteilungen strukturell installiert? ja/nein

11.2 Findet eine derartige Kooperation regelmäßig statt? ja/nein

11.3 Ist die Wahrung der Unternehmensgeheimnisse bei dieser Kooperation sichergestellt? ja/nein

12. Konfliktmanagement im Fall der Schutzrechtskollision

12.1 Verfügt Ihr Unternehmen über ein Konfliktmanagement im Fall der Schutzrechtskollision? ja/nein

12.2 Hat Ihr Unternehmen ein System der
Schutzrechtsüberwachung installiert?   ja/nein

12.3 Gibt es in Ihrem Unternehmen eine Technik der
Streitvermeidung mit Inhabern älterer Schutzrechte
mit besserem Rang?   ja/nein

12.4 Hat Ihr Unternehmen für den Fall der Verletzung
eigener Schutzrechte Vorkehrungen getroffen für
eine Interessenwahrnehmung nach dem Grundsatz
der Kosten-Nutzen-Optimierung?   ja/nein

12.5 Hat Ihr Unternehmen Erfahrungen mit MEDIATION
im Fall der Schutzrechtskollision?   ja/nein

12.6 Gedenkt es, im Fall der Schutzrechtskollision die
Möglichkeiten der Mediation in Anspruch zu nehmen?   ja/nein

13. Verbesserung der Nutzung gewerblicher Schutzrechte

13.1 Werden die Schutzrechte Ihres Unternehmens (s.o. Ziff. 4.)
durch Ihr Unternehmen selbst optimal genutzt?   ja/nein

13.2 Wird die Lizensierbarkeit seiner Schutzrechte
optimal genutzt?   ja/nein

14. Gibt es in Ihrem Unternehmen Sicherheits-Vorkehrungen
gegen Industriespionage?   ja/nein

15. Wer nimmt im Unternehmen einen IP-Audit vor?

15.1 Bei einem internen IP-Audit?

_____

15.2 Wem berichten die internen Auditoren?

_____

15.3 Bei einem externen IP-Audit?

_____

15.4 Wer ist bei einem externen IP-Audit
im Unternehmen Ansprechpartner
der externen Auditoren?

_____

15.5 Wer verfügt im Unternehmen
über die für einen IP-Audit
notwendigen Informationen?

_____

16. Wie soll ein IP-Audit durchgeführt werden?

Wer definiert die Ziele eines IP-Audit?

_____

Wer bestimmt die Methoden eines IP-Audit?

_____

17. Wie häufig sollte ein IP-Audit durchgeführt werden?

    17.1 Generelles IP-Audit: _____

    17.2 Spezielles IP-Audit: _____

18. Nach welcher Methode wird das Ergebnis eines IP-Audit ausgewertet?

    18.1 Wer ist beteiligt an der Auswertung?

    18.2 Wer ist über die Auswertungsergebnisse zu informieren?

    18.3 Wie sind die Entscheidungsprozesse und -ergebnisse nach Auswertung eines IP-Audit zu dokumentieren?

Statistische Angaben:

1. Größe des Unternehmens?
   - ▶ Mitarbeiter
   - ▶ Jahresumsatz
2. Branche
3. Marktstufe
4. Zahl der Schutzrechte
   - 4.1 Patente
   - 4.2 Marken
   - 4.3 Lizenzverträge
5. Zukunftsträchtigkeit/Entwicklung
   - 5.1 Des Unternehmens
   - 5.2 Der Branche

▎ ABKÜRZUNGSVERZEICHNIS ▎

abgek.	abgekürzt
a. E.	am Ende
BGH	Bundesgerichtshof
CD	corporate design
CI	corporate identity
CR	Computer und Recht
ders.	derselbe
DPMA	Deutsches Patent- und Markenamt
EuGH	Europäischer Gerichtshof
F&E	Forschung und Entwicklung
Fn.	Fußnote
GebrMG	Gebrauchsmustergesetz
GeschmMG	Geschmacksmustergesetz
GGV	Verordnung (EG) Nr. 6/2002 über das Gemeinschaftsgeschmacksmuster
GMV	Gemeinschaftsmarkenverordnung
GRUR	Gewerblicher Rechtsschutz und Urheberrecht (jur. Fachzeitschrift)
GRUR Int.	Gewerblicher Rechtsschutz und Urheberrecht, internationaler Teil (jur. Fachzeitschrift)
HABM	Harmonisierungsamt für den Binnenmarkt
Hj.	Halbjahr
i. e.	id est
IP	Intellectual Property
IP-Audit	Audit des geistigen Eigentums
MarkenG	Markengesetz

MarkenR	Markenrecht (jur. Fachzeitschrift)
Mitt.	Mitteilungen der deutsche Patentanwälte (jur. Fachzeitschrift)
m. w. N.	mit weiteren Nachweisen
PatG	Patentgesetz
Rn.	Randnummer
Sh.	siehe
SIP	strategisches IP-Management
UrhG	Urheberrechtsgesetz
UWG	Gesetz gegen den unlauteren Wettbewerb
Vgl.	vergleiche
wrp	Wettbewerb in Recht und Praxis (jur. Fachzeitschrift)

I LITERATURVERZEICHNIS I

ABSATZWIRTSCHAFT-SONDERVERÖFFENTLICHUNG 2004: Markenbewertung Die Tank-AG; jeweils mit weiterführenden Hinweisen.

ACHLEITNER, A./JARCHOW, S./SCHRAML, S./NATHUSIUS, E. (2008), Projekt „Management und Bewertung von IP-basierten Unternehmen", GRUR Int. 2008, S. 585.

ANN, C. (2007), Stiefkind des geistigen Eigentums?, in: GRUR 2007, S. 40.

BELLIGER, A./KRIEGER, D. (2007), D., Wissensmanagement für KMU, Zürich.

BENKARD, G. (2006), Patentgesetz, 10. Aufl., München.

BINGENER, S. (2007), Markenrecht, München.

BOSWORTH, D./WEBSTER, E. (2006), The Management of Intellectual Property, Cheltenham, UK, Northampton, USA.

BREESÉ, P. (2002), Stratégies de Propriété Industrielle, Paris.

BREESÉ, P./KAISER, A. (2004), L´évaluation des droits de propriété industrielle, Paris.

BRUHN, M. (2006), Integrierte Unternehmens- und Markenkommunikation, 4. Aufl., Stuttgart.

BUGDAHL (2006), Stumpft der Mensch von Gaffen ab?, in: Mitteilungen der deutschen Patentanwälte.

BURR, W./STEPHAN, M./SOPPE, B./WEISHEIT, S. (2007), Patentmanagement, Stuttgart.

DREYFUS, N./THOMAS, B. (2006), Marques, dessins & modèles, 2. Aufl., Paris.

EICHMANN H./V. FALCKENSTEIN, R. (2005), Geschmacksmustergesetz, 3. Aufl., München.

EICKEMEIER, D. (2006), Chefsache Geistiges Eigentum, Ideen erfolgreich schützen, Frankfurt.

ERNST, H. (2002), Strategisches IP-Management in schnell wachsenden Technologieunternehmen. In: HOMMEL U./KNECHT, T., Wertorientiertes Start-Up Management, München.

ESCH, F.-R. (2005), Markenführung, 3. Aufl., München.

ESCH, F.-R./HERRMANN, A./SATTLER, H. (2006), Marketing, München.

FEZER, K.-H. (2001), Markengesetz, 3. Aufl., München.

GASSMANN, O./BADER, M.A. (2007), Patentmanagement, Berlin, Heidelberg.

GÖTTGENS, O./GELBERT, A./BÖING, C. (2003), Profitables Markenmanagement, Wiesbaden.

GOTTSCHALK, B./KALMBACH, R. (2003), Markenmanagement in der Automobilindustrie, Wiesbaden.

HANSER, P. (2004), Monetäre Markenbewertung, Die Marke als Kapitalanlage, in: absatzwirtschaft 2004, S. 26 ff.

HARKE, D. (2001): Ideen schützen lassen? Patente, Marken, Design, Werbung, Copyright., München

HAUPT, S./SCHMIDT, R. (2007): Markenrecht und Branding - Schutz von Marken, Namen, Titeln, Domains und Herkunftsangaben, München.

HEFERMEHL, W./KÖHLER, H./BORNKAMM, J. (2007), Wettbewerbsrecht 25. Aufl., München.

HERBST, D. (2003), Unternehmenskommunikation, Berlin.

INGERL, R./ROHNKE, C. (2003), Markengesetz, 2. Aufl., München.

JOLLY, A./PHILPOTT, J. (2007), European Intellectual Property Management, London und Philadelphia.

LINXWEILER, R. (2004), Marken-Design, 2. Aufl., Wiesbaden.

LÖBLER, H. (2007), „Abschied von der Sender-Empfänger-Logik", in: absatzwirtschaft 5/2007, S. 76.

MARTIUS, W., (2008), Fairplay Franchising., Wiesbaden.

MAST, C. (2006), Unternehmenskommunikation, 2. Aufl., Stuttgart.

MEFFERT, H./BURMANN, C./KIRCHGEORG, M., (2008), Marketing, 10. Aufl., Wiesbaden.

MEFFERT, H./BURMANN, C./KOERS (2003), Markenmanagement, Bern.

MITTELSTAEDT, A. (2007), Kommt es für die Feststellung der Geschmacksmusterverletzung auf die Unterschiede oder auf die Gemeinsamkeiten an? WRP 2007, 1161.

MITTELSTAEDT, A. (2008), Geschmacksmusterrecht, in: Erdmann/Rojahn/Sosnitza (Hrsg.), Handbuch des Fachanwalts Gewerblicher Rechtsschutz, 1. Aufl., Köln.

MOELL, TH./ESCH, F.-R. (2008), Emotionen machen den Unterschied, in: absatzwirtschaft 7/2008.

MOELL, TH. (2008), Messung und Wirkung von Markenemotionen - Neuromarketing als neuer Verhaltenswissenschaftlicher Ansatz, in: absatzwirtschaft 7/2008.

OSTERRIETH, C. (2007), Patentrecht, 3. Aufl., München.

PEIFER, K.-N. (2008), Urheberrecht für Designer, Einführung in das Designrecht, München.

PIPER, H./OHLY, A. (2006), Gesetz gegen den unlauteren Wettbewerb, 4. Aufl., München.

PIRCK, P. (2005), Marke ist machbar, in: planungsanalyse, 3/2005, S. 4

REBEL, D. (2007), Gewerbliche Schutzrechte, 5. Aufl., Köln, Berlin, München

REPENN W./WEIDENHILLER, G.(2005), Markenbewertung und Markenverwertung, 2. Auflage, München.

SAMLAND, B. (2006), Unverwechselbar / Name, Claim & Marke, Planegg/München.

SATTLER, H./VÖLCKNER, F. (2007), Markenpolitik, 2. Aufl., Stuttgart.

SCHLÖGL, G. (2003), Integrierte Unternehmenskommunikation, Wien.

SCHULTZ VON THUN, F. (1981), Miteinander Reden, Störungen und Klärungen, 46. Aufl., Reinbek 2008.

SIMON, H. (2007), Hidden Champions, Frankfurt/M.

STRÖBELE P./HACKER F. (2007), Markengesetz, 8. Aufl., Köln, Berlin, München.

ULLMANN, E. (2003), Die Form einer Ware als Marke - Illusion oder Chance, in: NJW-Sonderheft 100 Jahre Markenverband.

VOLLHARDT, K. (2007), Management von Markenportfolios, Dissertation Universität Mainz, Wiesbaden.

WANDTKE, A./BULLINGER, W. (2002), Praxiskommentar zum Urheberrecht, München.

WODTKE, C./RICHTERS, S. (2004), Schutz von Betriebs- und Geschäftsgeheimnissen, Berlin.

WURZER, A. J. (2004), Patentmanagement, Eschborn.

WURZER, A. J. (2008), IP-Management - Schlüsselkompetenz in einer Wissensökonomie, in GRUR 2008, 577.

WURZER, A. J./GRÜNEWALD, T. (2007), Patentinformation - Wettbewerbsvorsprung im Innovationsprozess, München.

ZEC, P. (1992), Frische in Form, Tupperware - Mythos und Ästhetik einer Alltagskultur, Essen.

| STICHWORTVERZEICHNIS |

A

Aktivierungspflicht 151
ALESSI 191 f.
Arbeitnehmererfinderwesen 139
Arbeitnehmererfindung 61
Arbeitnehmererfindungsrecht 128
Arbeitsrecht 128
Audit 156

B

Basel II 139
Basiserfindung 58
Basispatent 148 f.
Berufsrecht 129
Betrachtung, ganzheitliche 136
Betriebsgeheimnis 128
Betriebsspionage 126, 145
Beziehungsmarketing 142
Bezugsgruppe 73, 76, 212
Bezugsgruppen 5
Bilanzrechtsmodernisierungsgesetz 151
BMW-Motorhaube 200
BRAUN 222

C

Coca-Cola 207, 212
Controlling 160
cross-licencing 71, 83, 116 f., 124, 139

D

Design 170, 172, 221
Designschutz 171 f.
Designschutz, systematischer 170, 187 f.
Diensterfindung 128

Dienstleistung 154
DYSON 198
Dyson, James 198

E

EG-Durchsetzungs-Richtlinie 166
eingetragene europäische Gemeinschafts-
    geschmacksmuster 73
Einspruch 133
Erfindung 117 ff.

F

Ford, Henry 172
Formmarke 171
Formmarke, produktabbildende 178
Forschung und Entwicklung 62
Franchisenehmer 129
Frauendorf, Gaby 176
freedom to operate 13, 81, 116 f.
Fresh Surfer 191

G

Ganzheitlichkeit 130
Gattungsbegriff 96
Gebrauchsmuster 119
Geheimhaltungsstrategie 145 f.
Gemeinschaftsgeschmacksmuster 120, 222
Gemeinschaftsgeschmacksmuster, nicht
    eingetragenes 120, 177
Geschmacksmuster 119, 221
Geschmacksmusterportfolio 165
Geschmacksmusterrecht 176 f.
Gesellschaftsrecht 129
Globalisierung 118

Grundlagenforschung 63
Gugelot, Hans 222

H

Handelsrecht 129
Handelsvertreter 129
Handlungsfreiheit 81
Henkel 191 f.
hidden champions 151
HRM 56
Hugo, Victor 85
Human Resources Management 56

I

Ideenmanagement 61
Informationsmanagement 67
Informationsstrategie 51
Innovation 31
Innovationswettbewerb 116
Insiderrecht 129
Internet-Domains 115
IP-Audit 155

K

Kannibalisierung 135
Kannibalisierungseffekt 131
Keiner, Tilo 196
Kennzeichnungskraft 102
Kerntheorie 187
Know-how 25, 125, 146, 151, 164
Kommunikation 187 f., 212
Kommunikationsinstrument 188
Kommunikationsstärke 187
Kommunikationsstrategie 53
Kommunikationsziel 166
Kontrollstrategie 54
Kooperation, betriebsinterne 59
Kooperationsstrategie 53
Kreuzlizenzvertrag 139
Kundennutzen 19

L

Le Corbusier 175
LEGO-Baustein 203
Lizenz 124, 159
Lizenzaustausch 139
Lizenzierungsstrategie 139
Lizenzvergabe 141

M

Magritte, René 179 f.
Marke 15, 217
Markenallianzen 138
Markencluster 51
Markenentwickler 80
Markenführung 138
Markenmanagement 136
Markenportfolio 133, 137, 165
Markenportfolio-Management 135
Markenpositionierung 138
Markenrecht 178
Markenschaffung 138
Markenstrategie 114
Markenüberwachung 138
Markenverteidigung 138
Markenwert 217
Marketing 5, 13, 15 ff., 73, 171
Marlboro 224
Mental Convenience 66
Monopol 28
Monopolpositionen 20

N

Nachahmung 73, 121, 123, 186
Naumann, Peter 191
Neuromarketing 208, 217
Nichtigkeitsklage 133, 143

O

Organisationsstrategie 50

P

Patent 116, 215
Patentanmeldung 139
Patentbewertung 141
Patentcluster 51, 131
Patentfunktion 142
Patentinformation 143 f.
Patentinformationsmanagement 59, 67, 71, 148
Patentmapping 66
Patentportfolio 132, 139 f., 165
Patentrecherche 142
Patentstrategie 132 f., 141, 148
Portfolio 130
Portfolioarchitektur 137
Portfoliostrategie 132
Positionierungsmarke 107
Produktidee 78
Prozessrecht 129

R

Rams, Dieter 222
Rating-Know-how 150
return on investment 160
return on personal investment 58
Risikomanagement 38, 150

S

Schlüsselerfinder 58 f.
Schlüsselpatent 66, 70, 149 f.
Schlüsselpatente 148
Schmiddem 196
Schmiddem, Jochen 196
Schneewittchensarg 222
Schriftzeichengesetz 123
Schutzbereich 185
Schutzdauer 98
Schutzquelle 56, 97, 99, 122, 126, 170, 173, 188
Schutzrechtsportfolio 129, 131, 158
Schutzrechtsverlust 152
Schutzumfang 20, 22, 102 f., 131, 144, 146, 151, 177, 214
Schutz von Geschäfts- und Betriebsgeheimnissen 125
Service 154
SIP-Initialisierung 60
SIP-Training 60
Sloganmarke 171
Sortenschutzgesetz 123
Stakeholder-Marketing 136
Stendhal 172
Strategie der Schutzbegründung 51
Synergieeffekt 6, 16, 22, 78, 130, 188 f., 200, 207, 219
Synergien 171

T

Technologiemanagement 61, 71, 117, 140
Topographiegesetz 123
trend-scouting 166
Tupperseufzer 112

U

Unternehmensfinanzierung 83, 132, 139, 150 f.
Unternehmenskennzeichen 115
Unternehmenskommunikation 15 f., 19, 22, 26 f., 159, 171, 211
Unternehmenskommunikation, integrierte 7, 29, 211, 224
Unternehmensrendite 171
Unternehmensschutz 127
Unternehmensstrategie 22
Unternehmensvermögen 21, 162
Unternehmenswert 13 f., 22, 32, 38, 150, 159, 225
Unternehmensziele 13
UPS 215
Urheberrecht 122, 174

V

Verkehrsauffassung 84, 109
Vernetzung 16, 110, 129, 138, 187 f.

Verteidigungsstrategie 54
Vertragshändler 129
Verwertungsstrategie 54
Volumenstrategie 132

W

Wahrnehmbarkeit 5 f., 14 ff., 65, 70, 73, 79,
    81, 93, 131, 147, 165, 170 f., 187, 211
Wahrnehmung 38, 73, 93, 119, 136, 153, 162
Watzlawick, Paul 188, 213
Wechselwirkung 188

Wertschöpfungskette 153, 189
wettbewerbliche Eigenart 185
Wettbewerbsrecht 184, 223
Wettbewerbsvorsprung 142
Wettbewerbsvorteil 5, 13, 19, 21 f., 37, 84,
    130, 142
Wissen, explizites 64
Wissensgesellschaft 13, 88, 143
Wissensmanagement 63
Wissen, stillschweigendes 64
Wissensvorsprungsgesellschaft 67, 88
Wissensvorsprungswirtschaft 24, 88

▌DER AUTOR ▌

AXEL MITTELSTAEDT studierte Rechts- und Wirtschaftswissenschaften in Paris und Bonn. Er ist seit über 30 Jahren als selbstständiger Rechtsanwalt und mehr als 25 Jahre hiervon im Bereich des Gewerblichen Rechtsschutzes in Europa tätig. Dabei sammelte er besondere Erfahrungen bei der Bekämpfung der Produkt- und Markenpiraterie und des Produktnachahmungsschutzes. Vertraut wurde ihm daneben auch die Problematik des Erwerbs von Monopolpositionen durch wirksame Begründung von Schutzrechten und des systematischen Aufbaus eines Schutzrechtsportfolios. Axel Mittelstaedt ist in der Vergangenheit mehrfach als Fachautor, Referent und Dozent zu Themen des Gewerblichen Rechtsschutzes in Erscheinung getreten.

Seit einiger Zeit gehört sein Interesse neben den ihn betreffenden fachjuristischen Themen der Unternehmenskommunikation und dem Marketing, was er unter anderem durch ein ehrenamtliches Vorstandsengagement im Marketing-Club Köln/Bonn dokumentiert. Entsprechend seiner Erfahrung in einer Vielzahl von gerichtlichen Auseinandersetzungen besteht ein enger Zusammenhang zwischen dem Grad der Wahrnehmbarkeit von Unternehmen und ihren Erzeugnissen und Kennzeichen einerseits und der Durchsetzungsqualität ihrer zumeist auf Schutzrechten basierten Rechtspositionen andererseits. Je stärker ein Unternehmen wahrnehmbar ist, desto eher ist es in der Lage, durchsetzungsfähige Schutzrechte zu begründen, die ihrerseits wieder auf die Wettbewerbskraft des Unternehmens stärkend einwirken. Diese Beobachtung und die aus ihr gewonnene Schlussfolgerungen haben den Autor veranlasst, eine Vielzahl von höchstrichterlichen Entscheidungen unter den hervorgehobenen Gesichtspunkten zu analysieren. Seine Erkenntnisse stellt er in diesem Buch dar.

Kontakt:

LADM, Standort Köln

Richard-Strauss-Str. 3 ▌ D-50931 Köln

Telefon: +49 (0) 221 9 40 62-0 ▌ Telefax: +49 (0) 221 9 40 62-62

www.designvocat.com ▌ E-Mail: info@designvocat.com